经济管理虚拟仿真实验系列

管理实验教程

Management Experiment

（第三版）

陈丽新 饶莉 黄洁 编著

西南财经大学出版社
Southwestern University of Finance & Economics Press

图书在版编目(CIP)数据

管理实验教程/陈丽新编著.—3 版.—成都:西南财经大学出版社,
2018.8(2023.1 重印)
ISBN 978-7-5504-3674-9

Ⅰ.①管…　Ⅱ.①陈…　Ⅲ.①管理学—教材　Ⅳ.①C93

中国版本图书馆 CIP 数据核字(2018)第 193857 号

管理实验教程(第三版)
GUANLI SHIYAN JIAOCHENG
陈丽新　饶　莉　黄　洁　编著

责任编辑:林　伶
封面设计:杨红鹰　张姗姗
责任印制:朱曼丽

出版发行	西南财经大学出版社(四川省成都市光华村街55号)
网　　址	http://cbs.swufe.edu.cn
电子邮件	bookcj@swufe.edu.cn
邮政编码	610074
电　　话	028-87353785
照　　排	四川胜翔数码印务设计有限公司
印　　刷	四川新财印务有限公司
成品尺寸	185mm×260mm
印　　张	15.25
字　　数	354 千字
版　　次	2018 年 8 月第 3 版
印　　次	2023 年 1 月第 4 次印刷
印　　数	7001— 9000 册
书　　号	ISBN 978-7-5504-3674-9
定　　价	38.00 元

总　序

高等教育的任务是培养具有实践能力和创新创业精神的高素质人才。实践出真知。实践是检验真理的唯一标准。大学生的知识、能力、素养不仅来源于书本理论与老师的言传身教，更来源于实践感悟与经历体验。

随着我国高等教育从精英教育向大众化教育转变，客观上要求高校更加重视培育学生的实践能力和创新创业精神。以往，各高校主要通过让学生到企事业单位和政府机关实习的方式来训练学生的实践能力。但随着高校不断扩招，传统的实践教学模式受到学生人数多、岗位少、成本高等多重因素的影响，越来越无法满足实践教学的需要，学生的实践能力的培育越来越得不到保障。鉴于此，各高校开始探索通过实验教学和校内实训的方式来缓解上述矛盾，而实验教学也逐步成为人才培养中不可替代的途径和手段。目前，大多数高校已经认识到实验教学的重要性，认为理论教学和实验教学是培养学生能力和素质的两种同等重要的手段，二者相辅相成、相得益彰。

相对于理工类实验教学而言，经济管理类实验教学起步较晚，发展相对滞后。在实验课程体系、教学内容、（实验项目）、教学方法、教学手段、实验教材等诸多方面，经济管理实验教学都尚在探索之中。要充分发挥实验教学在经济管理类专业人才培养中的作用，需要进一步深化实验教学的改革、创新、研究与实践。

重庆工商大学作为具有鲜明财经特色的高水平多科性大学，高度重视并积极探索经济管理实验教学建设与改革的路径。学校经济管理实验教学中心于 2006 年被评为"重庆市市级实验教学示范中心"，2007 年被确定为"国家级实验教学示范中心建设单位"，2012 年 11 月顺利通过验收成为"国家级实验教学示范中心"。经过多年的努力，我校经济管理实验教学改革取得了一系列成果，按照能力导向构建了包括学科基础实验课程、专业基础实验课程、专业综合实验课程、学科综合实验（实训）课程和创新创业类课程五大层次的实验课程体系，真正体现了"实验教学与理论教学并重、实验教学相对独立"的实验教学理念，并且建立了形式多样，以过程为重心、以学生为中心、以能力为本位的实验教学方法体系和考核评价体系。

2013 年以来，学校积极落实教育部及重庆市教委建设国家级虚拟仿真实验教学中心的相关文件精神，按照"虚实结合、相互补充、能实不虚"的原则，坚持以能力为导向的人才培养方案制定思路，以"培养学生分析力、创造力和领导力等创新创业能力"为目标，以"推动信息化条件下自主学习、探究学习、协作学习、创新学习、创业学习等实验教学方法改革"为方向，创造性地构建了"'123456'经济管理虚拟仿真实验教学资源体系"，即："一个目标"（培养具有分析力、创造力和领导力，适应经济社会发展需要的经济管理实践与创新创业人才）、"两个课堂"（实体实验课堂和虚拟仿真实验课堂）、"三种类型"（基础型、综合型、创新创业型实验项目）、"四大载体"（学科专业开放实验平台、跨学科综合实训及竞赛平台、创业实战综合经营平台和实验教学研发平台）、"五类资源"（课程、项目、软件、案例、数据）、"六个结合"（虚拟资源与实体资源结合、资源与平台结合、专业资源与创业资源结合、实验教学与科学研究结合、模拟与实战结合、自主研发与合作共建结合）。

　　为进一步加强实验教学建设，在原有基础上继续展示我校实验教学改革成果，由学校经济管理虚拟仿真实验教学指导委员会统筹部署和安排，计划推进"经济管理虚拟仿真实验教学系列教材"的撰写和出版工作。本系列教材将在继续体现系统性、综合性、实用性等特点的基础上，积极展示虚拟仿真实验教学的新探索，其所包含的实验项目设计将综合采用虚拟现实、软件模拟、流程仿真、角色扮演、O2O操练等多种手段，为培养具有分析力、创造力和领导力，适应经济社会发展需要的经济管理实践与创新创业人才提供更加"接地气"的丰富资源和"生于斯、长于斯"的充足养料。

　　本系列教材的编写团队具有丰富的实验教学经验和专业实践经历，一些作者还是来自相关行业和企业的实务专家。他们勤勉耕耘的治学精神和扎实深厚的执业功底必将为读者带来智慧的火花和思想的启迪。希望读者能够从中受益。在此对编者付出的辛勤劳动表示衷心感谢。

　　毋庸讳言，编写经济管理类虚拟仿真实验教材是一种具有挑战性的开拓与尝试，加之虚拟仿真实验教学和实践本身还在不断地丰富与发展，因此，本系列实验教材必然存在一些不足甚至错误，恳请同行和读者批评指正。我们希望本系列教材能够推动我国经济管理虚拟仿真实验教学的创新发展，能对培养实践能力和创新创业精神的高素质人才尽绵薄之力！

重庆工商大学校长、教授

2017 年 12 月 25 日

序 言

实验是科学之母。管理学从经验上升为理论，正是从以泰罗为代表的先贤们所做的一系列管理实验开始的。在管理学的发展历史上，无论在古典的管理思想阶段还是在今天的管理丛林阶段，管理实验始终是促进管理学发展的一个重要研究、推广手段。管理实验贯穿了整个管理学发展史。

管理实验和自然科学的实验一样，既是一种重要的研究方法，也是一种重要的教学方法。近年来，在我国一些普通高等院校的经济管理类专业，管理实验已经成为为培养复合型、实践型人才而新设的一门基础实训课程。管理实验教学也以其独有的特色和优势，成为管理学教学体系中的重要环节。

不可否认的是，目前我国管理实验教学媒介——教材的开发还处在缺失和探索阶段。本教程的编写，正是希望通过作者们的尝试与努力，为这种缺失和探索画上一个不成熟的标点，起到抛砖引玉的作用。本教程充分考虑到管理实验作为一门独立课程的特点，在结构安排上强调了课程的系统性和科学性，重视每个实验项目的目标设定、流程控制和实际可操作，使实验项目明确指向特定管理知识点群的验证和特定管理技能的培育，总体上强调过程可控、结果可检。

本教程共8章。第1章对管理实验、管理实验教学等问题进行了介绍。第8章列示了一些管理实验教学的支持文件模板。教程主体部分第2~7章按决策类实验、计划类实验、组织类实验、领导类实验、控制类实验、综合类实验这样几个类型展开，每个类型都安排了8个左右的相关实验项目。可以看出，教程的主体部分大体上是以管理的职能活动为实验项目划分依据的，这也是本教程结构安排的一个内在逻辑线路，而且，本教程在每个类型的实验项目之前，都安排了一节内容系统介绍本章实验要涉及的主要管理理论知识和管理基本原则，特别以图表方式简单明了地阐述抽象概念之间的关系，以期更鲜明地指引和支持每个类型具体实验的进行。此外，基于对管理几大职能活动相互支持、相互包含关系的认识，我们在第7章专门设计了几个综合类管理实验项目，以实现对管理学基本知识点群的全面覆盖。

本教程主要是为普通高等院校经管专业本、专科的管理实验教学而编写的，当然也可以作为企业管理人员的内训教程；同时，也希望对管理实践和管理理论抱有兴趣的读者能够通过阅读和使用本教程而在管理知识和管理能力上有所提升。

本教程各章节编写的具体分工如下：

陈丽新：第一章第一节、第二节、第三节；第二章第一节，第二节的第一、二、三、四个实验项目；第三章第二节的第一、二、三、四个实验项目；第四章第二节的第一、二、三、四个实验项目；第五章第二节的第一、二、三、四个实验项目；第六章第二节的第一、二、三、四个实验项目；第七章第一节，第二节的第一、二、三、四个实验项目；第八章文件一、文件二和文件三。

饶莉：第二章第二节第五个实验项目；第三章第二节的第五、六个实验项目；第四章第二节的第五、六、七、八个实验项目；第五章第一节，第二节的第五、六、七个实验项目；第六章第一节，第二节的第五、六个实验项目；第七章第二节的第五实验项目。

黄洁：第二章第二节的第六、七、八实验项目，第三章第一节、第二节的第七、八、九实验项目，第四章第一节、第二节的第九、十实验项目，第五章第二节的第八、九实验项目，第六章第二节的第七实验项目，第七章第二节的第六、七实验项目。

陈静：第七章第二节的第八实验项目。

本教程的编写，自始至终都得到了重庆工商大学管理学院王溥教授、何廷玲教授的鼓励、支持与帮助。实际上，她们对本教程的结构设计有着实质贡献，在此致以深深的谢意。另外，在编写过程中参阅、借鉴了大量文献，除本教程列出的之外，还有很多网络资料未能一一列出，在此也谨向所有的网络文献作者表示谢意。

本教程的编写完成实际上是一个开始、一次尝试，书中不尽如人意之处仍有许多，在此由衷地希望使用本教程的所有读者能够给予批评、指正。

编者

2018 年 7 月

目 录

第一章　管理实验与管理学实验教学

第一节　管理实验概述

实验既是科学研究者发现和探索未知世界的重要手段，也是学习者验证知识、培育技能的有效途径。在自然科学的发展过程中，实验一直以来都扮演着不可或缺的角色。自然科学如此，人文社会科学也是一样。以实验手段作为重要研究方法之一的心理学和经济学就是很好的例子。它们将实验作为一种重要的研究手段引入本学科的研究中，结合本学科实际构建出一整套完整的研究方法体系，推动了本学科的发展。管理学与经济学、心理学等众多人文社会学科有着千丝万缕的联系。在管理学的形成发展过程中，管理实验也曾为本学科的发展和管理人才的培养起到过十分重要的推进作用。

一、管理实验的内涵与类型

1. 管理实验的内涵、作用

管理实验是指通过模拟实践或控制实践的方法去创新或验证管理知识的操作安排。它在本质上是管理科学研究的一种基本方法。它通过实验安排（人群实验、人—计算机组合实验），促进管理学的科学研究、教育培训以及管理服务，进而促进管理理论和管理实践的科学发展。具体而言，对于管理研究来讲，管理实验的主要作用在于发现和印证一些管理理论和管理规律；对于管理教育和培训来讲，管理实验的主要作用是通过模拟实践性质的实验训练培养学生发现和解决管理问题的技能；而对于管理实践来讲，管理实验主要通过为组织提供一种低成本、无风险的模拟管理方法，更好地为企业管理和战略决策服务。

人文社会科学与自然科学的差别主要在于人文社会科学是同有意识的人打交道，人们会（但不一定）运用塑造人类行为的其他知识去改变自己的行为。作为科学研究对象的行为越富有意图，知识和经验所扮演的角色就越重要。管理学研究的对象是由人构成的组织。组织成员对自身或其他成员行为的预期所影响的组织效率最终决定组织管理的效果，其追求的状态可以归结为创新与控制关系的权衡。这也是管理学与其他科学、管理实验与其他学科实验的不同之处。

2. 管理实验的方法、类型

综合归纳和分析管理思想发展过程中所使用的各种实验方法，可用图 1 - 1 来表示。

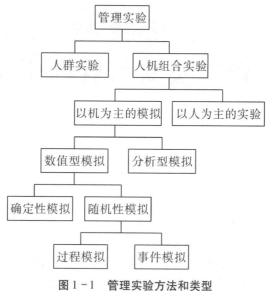

图1-1　管理实验方法和类型

如图1-1所示，人群实验的典型表现是角色扮演，其核心思想是构建一个特定的实验环境，通过对受控组和实验组在该环境下行为的比较研究，观察和分析事物内在的规律，从而发现和解决具体的管理问题。一般来讲，人群实验所解决的主要是一些具体的管理问题，其对象主要是人及具体的工作，因而比较偏重于心理学和行为科学的方法。著名的霍桑实验、勒温的领导模式实验即是此类实验的典范。

人—计算机组合实验指的是在准确客观地描述实验对象的基础之上，对实验对象的各个部分以及各个部分之间的关系进行分析，提炼出一个能够真实反映现实世界的模型；这个模型通常是数学模型，现实系统之间的关系被表示为数学公式，然后采用软件技术将它们编译成可以在电脑上运行的软件系统，再由真人参与开展模拟实验。

根据人在实验中的参与程度不同可以大致分为以人为主的实验和以机为主的模拟。以人为主的实验只是将计算机作为一个实验工具，其核心是对人和组织的行为研究，这是管理实验的一个主要部分。以机为主的模拟包括分析型模拟和数值型模拟两大类。分析型模拟与运筹学和管理科学的联系比较紧密，主要解决最大利润、最小成本等结构化问题，通常情况下这些问题都可以通过分析建模，并简单地采用计算机模拟得到唯一的最优解。Fudenberg和Tirole认为博弈也应列入此种类型。

数值型模拟更多地运用系统仿真的思想，通过对企业生产或者服务流程、战略发展、竞争情况、企业资源及其他具体的管理环境和过程的逻辑思考，结合各种变量和参数把真实企业情况与运作变成具体的模型，采用计算机技术进行仿真模拟，通过输入变量和参数的初始值，分析输出结果，不断地进行反馈调整，在低成本、无风险的情况下模拟企业运作，从而发现问题，改进企业管理流程，为决策提供有力借鉴和支持，实现许多本来难以安排进行的研究。这一点在管理研究中非常有用，因为很多道德的和物质的因素通常不允许研究者运用现实的人、物、系统和组织进行实验。

数值型模拟包括确定性模拟和随机性模拟两大类。确定性模拟是把计算机作为计算器为战略决策计算数值；而随机性模拟则采用计算机产生的随机数作为模拟的初始值，其结果是关于事件或情景发生概率的解释。随机性模拟又有两种类型，即过程模拟和事件模拟。过程模拟是改进现存过程、设计更有效的新过程的一个重要工具，它试图在计算机中建立真实世界的模型，通过研究它的运作流程来改进企业的管理过程，这一思想和工具被国外很多管理学者用来开发企业流程再造软件；而事件模拟则主要是通过得到的结果来考察其分布，国外有些保险公司就采用此种手段来构造不同保险类别的索赔分布。

二、管理实验的一般步骤

通常，不同的管理实验往往有不同的目的。管理理论研究者做实验，其目的是验证理论的正确性，或者探索未知的管理规律；管理实践者做实验，其目的是试验新管理方法或验证措施的可行性；管理教学者做实验，其目的是内化受教育管理知识或培养受教育管理技能。尽管管理工作者和研究者做实验的目的不同，其具体实验方法也有差异，但管理实验方法仍有相通之处。管理实验的进行大体上可以分为三个阶段，即实验设计阶段、实验实施阶段、实验结果分析阶段。

1. 管理实验的设计阶段

在管理实验的设计阶段，实验者首先应当选定问题，明确实验目的，深入分析研究对象，提出假设。管理问题主要来源于实践和研究中的问题。实验对象需要根据实验的目的、研究的问题来选取。所选对象一般应有代表性，以使实验结果应用于总体时有较高可靠度。所选实验对象的多少，可依据所研究问题的性质、人力物力条件、实验对象所提供选择的可能性、处理实验结果所使用的统计方法、实验推论的可靠性程度等来选取。同时，选定的问题一般要以假设的形式表述。假设是对某种行为、现象或事件做出一种合理的、尝试性的并有待检验的解释。假设应建立在可靠的理论基础上，尽可能清晰、具体地表达变量之间的关系。假设是可以用观察、实验来支持或者拒绝的。如果假设和实验事实相符合，那么这一假设被证实；如果假设和实验事实不相符合，那么这一假设被证伪。更多的情况是假设中的一部分在一定条件下被证实，另一部分被证伪。即使有限的实验观察都证实了假设，也不能将这种证实适用到所有可能的情况，还必须考虑证实的使用范围问题。

管理问题涉及的因素非常多，因此，管理实验设计必须十分缜密。管理实验的影响因素来自三方面：实验者、实验环境和实验对象。除了上述的实验对象的确定外，管理实验的设计还包括相关实验因素的控制、预备实验等内容。管理实验设计可以参考先前的相关实验方法。研究先前的实验有助于产生实验构想，确定本实验采用的实验方法、实验环境、数据分析方法。管理预备实验的目的是为正式实验提供必要的实验参数以及必要的实验过程的指导。在预备实验中，通常需要确定实验对象数目、指标的有效性、自变量的操作方法、无关变量的控制方法、实验指导语、实验过程的演练等。通过预备实验，可以确定正式的实验设计，正式实验设计在实验中不应随意变动。

2. 管理实验的实施阶段

管理实验的实施阶段是一个比较复杂、十分关键的阶段，在具体操作过程中，要严格按照实验设计的程序和要求进行，注意做好实验因素的控制。实验因素控制包括自变量的控制、无关变量的控制、因变量的控制。自变量控制的操作应当严密，避免引起无关变量的变化。可以通过预备试验来测试自变量的变化范围、变化间隔。无关变量是与实验假设没有关系的变量，必须设法控制，避免影响实验结果。无关变量的控制方法有消除无关变量法、使无关变量保持恒定法、使用控制组法、无关变量相互抵消法等。因变量的控制在于避免向实验对象泄露实验意图，防止实验操作者控制实验对象的行为，这一点十分重要。实验的因变量应当是客观有效的，且能够量化、便于记录和统计分析。

3. 管理实验的分析阶段

管理实验的分析阶段是对实验的结果进行系统的比较和分析，通过分析研究来确认实验的效果，以确定是否或者多大程度上证实了研究假设，并对实验提出相应的改进措施。实验数据的分析要消除实验中的随机误差和系统误差。随机误差是由实验中难以控制的偶然因素引起的实验结果上下波动。可以通过多次重复实验来估计随机误差的大小。系统误差是实验中存在某种影响因素，使实验结果有规律地变化。管理实验中必须时刻注意发现系统误差，消除系统误差的方法之一是无关变量相互抵消法。对实验结果通常进行的统计分析包括：实验结果的平均数和标准差计算、总体平均数估计、显著性检验，等等。

三、管理实验的发展历程

采用实验方法进行管理研究由来已久，甚至可以说贯穿整个管理学发展史。事实上，真正使管理学成为一个独立的科学领域，用科学管理思想和方法把管理经验上升为理论，正是从以泰罗为代表的管理学家所进行的一系列实验研究开始的。其后，随着科学技术的不断发展，各个学科的交叉融合为管理实验提供了很多新的方法，其中计算机技术的发展和成熟使计算机模拟逐渐取代了基于心理学和行为科学的人群实验，成为管理实验的主流手段。纵观管理学的发展，特别是作为构成管理学分析框架的分析工具的形成发展过程，实验研究始终是管理科学、组织行为、决策或对策分析、系统分析等管理学分析工具中的一个重要研究手段和方法，无论是在古典的管理思想阶段，还是在今天的管理丛林阶段。对比采用科学实验手段开展的管理研究与采用猜想、预感、直觉、经验等为依据的管理研究，前者更加科学、规范，更有说服力。

按照管理实验的历史发展脉络，大致可以将它的发展从时间上划分为四个阶段。

1. 19 世纪末到 20 世纪 50 年代

这一阶段是管理实验的起步时期。管理实验的发展实际上与管理研究的发展是同步的，此阶段几乎所有的管理研究都是以实验为基本的研究方法。此阶段的管理所面临的环境相对比较稳定，企业基本上处于卖方市场，因此，他们关注的焦点通常是如何提高效率、增加产量、解决日常管理问题，比如提高员工积极性、设计合理的工序等。

总的来讲，这一时期的管理实验主要是实物实验，即以人和工作为研究对象。其大致思路是通过实地调研、分析、对比研究，找到提高工作效率、调动员工积极性、解决实际管理问题的有效途径，并从中归纳、提炼出一些管理思想和原则。因此，它主要是以心理学、行为科学、统计学等社会科学的手段为基础。这一阶段比较著名的实验有泰罗的铁锹实验、金属切削实验和梅奥的霍桑实验等。

2. 20 世纪 50 年代到 70 年代

这一阶段，组织尤其是企业组织所面临的环境日益复杂，企业间的竞争加剧，因此企业对管理的要求也日益提高。同时，这个时期管理领域也出现了一些新的理论和思想，管理研究开始注重企业管理的整体流程和具体的职能管理。而计算机的出现也为管理模拟提供了一些基本的条件，此时的管理研究方法不仅仅是管理实验。

在这种背景之下，管理实验开始注重考察企业管理中的具体职能，而不仅仅是关注人和具体的工作。一方面，前一阶段管理实验研究的方法和手段在此阶段得到了进一步的发展，并从实际实验中总结出了十分有用的管理原则和理论；另一方面，计算机作为一种实验模拟工具被引用到管理研究之中。在这个时期比较著名的实验有：阿吉里斯的"成熟—不成熟人"实验、莫尔斯和洛希的导致"超 Y 理论"的管理实验——"X 理论与 Y 理论实验"、浩斯的领导实验、韦伯的群体决策和个人决策绩效研究比较实验、弗约的社会性动机比较实验等。

3. 20 世纪 80 年代到 90 年代

这一阶段，管理所面临的环境有两个比较突出的特点，即竞争加剧和全球化。这种背景迫使管理研究开始重视战略管理和跨国经营的问题。另外，计算机技术飞速发展，尤其是编程语言的发展为计算机模拟提供了很好的发展基础，一大批管理模拟软件被开发出来并投入使用。在这个时期，前两个阶段所关注的采用实地实验方式的管理试验已经大大减少，取而代之的是大量采用计算机模拟的管理实验软件。可以这样说，管理实验由以人和工作为中心开始转向以组织和流程为中心。

这些模拟软件包括：由欧洲工商管理学院的 Jean Claude Larreche 和宾夕法尼亚大学沃顿学院的 Hubert Gatignon 设计，由 Strat X 国际公司于 1977 年开发并在 1984 年和 1990 年多次再版的 MARKSTRAT（营销战略模拟系统）；美国 Windsor 大学的 A. J. Faria 等 1974 年初次开发并于 1979 年、1984 年和 1994 年分别再版的 COMPETE（动态营销模拟系统）；瑞典隆德大学 1990 年推出的 LUDUS 软件；美国芝加哥大学 1990 年开发的 INTOP 和 1995 年开发的 INTOPIA 等。这些系统大多是基于 DOS 系统、采用 BASIC 等语言开发的单机版本或者局域网版本，且主要处于实验室阶段，没有被广泛运用到管理实践中。

4. 20 世纪 90 年代至今

在这个阶段，最突出的特点是计算机技术的飞速发展和网络的高度发达，以及经济和科技的飞速发展为工商组织带来的前所未有的压力。从整体上来讲，这一阶段是上一阶段的延续和发展，而且其变革更加深入和剧烈。在这个阶段，各种管理模拟软件层出不穷，著名的 *OR/ MS Today* 杂志在 1995 年 8 月曾列出了多达 54 种大型仿真软件，其中不少都具有动画功能，而且运用于各种各样的领域，如制造计划、市场销售、企业流程分析、企业流程重组等。国外很多管理软件公司已经推出了基于互联网的模拟软件，在一些公司或者机构的网站上（如 INSEAD、INCONTROL 等）就有一些此类软件，用户可以直接通过互联网参加模拟。

四、管理实验的研究与运用

1. 管理实验运用的三大领域

虽然说管理实验在管理理论的成长和发展过程中起到了十分重要的作用，但是就目前学术界而言，管理实验研究现状却不容乐观。早期的实验手段和方法目前已经很少用于管理问题的学术研究，而采用电脑技术的计算机模拟实验方法也并没有被广泛地运用于管理实验研究之中。但管理实验作为管理学的一种重要研究方法和手段，具有其他一些方法和手段所不具备的优势和特点，比如更加科学、生动，而且能够低成本、无风险地进行多次模拟实验，从而为更好地发现、验证管理理论和管理原则以及为企业的决策与管理服务提供了更多可能。因此，目前国外关于管理实验的研究正在慢慢地开始成为理论界关注的一个焦点。

管理实验的运用大致可以分为三大领域，即理论研究、教学培训和实际运用。

第一，理论研究领域。主要表现在早期管理实验中，以心理学、统计学等为主要研究方法。此时的管理实验通常是学者们在进行理论研究的时候，印证和发现某一管理原则和管理理论的主要途径。这种例子不胜枚举，前面提到的泰罗的科学管理原理、梅奥的社会人假说、阿吉里斯的成熟—不成熟人理论等都属于此类。

第二，教学培训领域。将管理实验运用于教学和培训是十分广泛的。美国管理学会早在 20 世纪 50 年代，就推荐培训者在培训管理人员的时候采用模拟方法，并得到了积极的响应。而今，美国纽约大学等在 MBA 教学中大量采用了管理模拟的方法，取得了相当突出的效果。当然，这些实验主要还是角色扮演类的实验，但基于计算机模拟的管理实验运用于培训也非常普遍。早在 20 世纪 60 年代，北美和欧洲的很多大学就已经开始着手研制开发计算机模拟软件，这包括前面提到的 COMPETE、MARKSTRAT 等。我国部分管理研究者也在此方面作了较深入的尝试，如 1993 年西安交通大学管理学院根据 MARKSTRAT 的思想研制开发了国内比较早的营销战略模拟系统；国内还有几所高校在国外部分模拟软件（如 COMPETE）的基础上进行了汉化和再开发，形成了基于电子表格的营销模拟系统；1995 年，中国纺织大学管理学院开发了主要用于教学的大型实验系统——人机对话工业企业生产经营决策仿真系统。近几年我国学术界引入的一些培训和竞赛类的软件，如 GMCC、BOSS、BEST 等，都属于管理实验的运用。

第三，实际运用领域。将管理实验运用于实际管理是管理实验的一个重要领域，可以分为两个部分进行阐述。一个是早期的管理实验，主要是采用心理学、统计学等知识，这些实验本身就是面向企业管理的实际问题而设计的，一方面验证或者发现了一些管理学理论，另一方面主要是为了解决企业管理的实际问题。另一个就是现阶段比较流行的计算机模拟实验。现在国外的很多企业都将此类实验模拟软件广泛地运用到具体的企业管理实践上，以此作为科学决策和有效管理的依据，如 ABB、美国航空、杜邦、西门子、通用汽车、福特汽车、波音等。此类软件一般可以分为三类，分别运用于管理的三个层次，即运作层、战术层和战略层。运作层的软件多是基于管理科学和运筹学思想建立的数学模型，以此来进行实验模拟，得出企业最佳的生产和制造计划；战术层的软件主要是考察仓库的选址、运输路线的设计等战术问题；战略层的管理实验软件则涉及企业竞争、市场销售、战略管理、企业流程重构等课题。

2. 我国的管理实验研究和应用

我国对管理实验的研究起步比国外晚，发展也相对落后。早期曾出版过一些介绍性的书籍，如泰罗的《科学管理原理》《管理实验启示录》等，此后相当长的一段时间内，管理实验研究没有得到应有的重视，也没有被有效地开展起来。但是，随着社会经济文化的发展，一个显著的事实是，我国无论是管理教育与培训、管理科学研究还是管理实践，都对管理实验有了迫切的要求。当前，管理实验的研究还不是学术界研究的热点，但是却已经在高校内逐步地普及起来。从目前的趋势来看，相信随着计算机技术、网络技术以及人工智能的发展和专业化研究的进一步深入，研究者综合运用这些技术提升管理实验技术方法和手段的能力必将逐步提高，从而极大地推动管理实验的发展，进而实现管理实验在管理教育、管理研究中的广泛运用，最终能够实实在在地运用到企业等组织的管理与决策中，成为一种有效的生产力。

如何推动和完善我国管理实验的研究和应用，使之真正成为管理学学习和研究的重要方法与手段，可以从以下四个方面着手：

第一，借鉴实验经济学的逻辑思路和体系结构。与管理学一样，经济学也是一门典型的社会科学。以前经济学也是没有实验的，但是以弗农·史密斯为代表的一批经济学家，经过不懈的探索和努力，最终成功地将实验引入经济学，并构建了一个完善的实验经济学的框架和体系。这给管理学研究以很多的启示。既然经济学可以有实验，那么与经济学密切相关的管理学为什么不可以有实验呢？完全可以通过研究和借鉴实验经济学的逻辑思路和学科体系，构建一个基于方法论的实验管理学。

第二，加强研究方法、手段和工具的创新。管理实验属于一种多学科交叉领域实验，需要多种学科的综合支持，如管理学、心理学、计算机技术等。管理实验就是有效地将这些学科的一些新的研究方法、研究工具和研究手段引入到管理研究中，从而推动管理实验的发展。所以，一方面，我们应该有效地运用人工智能、人工神经网络系统等已经被引入管理实验研究并且相对成熟的技术；另一方面，我们还应该善于发现和引入新的技术手段。总之，管理实验研究需要研究者加强研究方法、手段和工具的创新。

第三，培养能够胜任管理实验研究的、具有交叉知识的研究人才。管理实验所涉及的知识领域非常广，对研究者的要求非常高，他们不仅要有深厚的管理学理论功底，还要能够熟练地运用其他相关学科的技术和知识。但是目前我国采取的专才教育很难适应这一点。通常管理专业的人才熟悉管理，但是不熟悉其他专业知识，而其他专业的人才又不懂管理，这是目前开展管理研究的一个大问题。所以，培养能够胜任管理实验研究的、具有交叉知识的研究人才是当务之急。

第四，加强管理实验在教学培训领域的运用。管理实验的目的不仅仅在于理论创新，还在于实际运用。而实际运用也不仅仅局限于上述的企业组织层面，在针对个体学员的教学培训中，管理实验也有其广阔的运用前景。事实上，管理实验已经作为一门独立的实训课程在当前的很多高校中开设，管理实验也在强化学员的管理知识、培育学员的管理技能方面发挥了独特作用。

第二节　管理学实验教学

管理学是一门实践性很强的应用性科学。管理学研究的是管理的一般问题,以组织和管理者为研究对象,揭示管理的普遍规律。和管理一样,管理学兼具科学性与艺术性。管理学的学科性质决定了它的教学方式不能仅限于课堂的理论讲授,还必须有相应的实验性、实践性教学环节,以求教学的事半功倍之效和教学目标的达成。

管理学实验教学是管理实验在教学培训领域的具体运用,其直接目的是验证和内化管理知识、培育和提升管理技能。

一、管理学实验教学的总体目标及原则

一方面,随着我国社会主义市场经济体制的建立,经济社会发展对经管类人才的质量提出了更高的要求,更加注重具有实操能力和创新能力的应用型人才,管理学教学所面临的挑战日益突出,传统的管理学教学方法日益不能满足现实的需要。这要求广大高等院校在管理学教学和经管类人才的培养过程中,不仅要注重学生对专业知识的理解和掌握,也要注重学生实际工作能力的培养;而要实现这一目标,教学方式的改变势在必行。另一方面,从管理学的学科特点看,由于管理的艺术性,管理学知识大多属于内隐知识(Tacit Knowledge),即难以形式化、高度个体化;这与其他理工学科的知识大多属于外明知识(Explicit Knowledge),即可以以一种系统方法来传达的知识有很大的区别。这种内隐知识在一定程度上具有独占性和排他性,所以,如何使内隐知识显性化便成了管理学教学过程中必须解决的一个问题。现代知识理论告诉我们,实验的方法是解决这一问题的有效途径。所以,社会需求和管理学的学科特点共同决定了管理学实验教学的总体目标和基本原则。

1. 总体目标

管理学实验旨在解决经管类学生实践能力训练不足的问题。在加深学生对管理学理论知识理解和体验管理学基本原理的动态演化过程的同时,训练学生的专业管理技能、提高学生应用所学知识解决实际管理问题的能力,以尽量少的时间、精力和金钱投入换取尽量大的教学成效,以适应经济社会发展对高素质、强能力的创新型应用型经管人才的需求是管理学实验教学的总体目标。目前,管理学实验教学环节正在越来越受到相关高等院校的重视。

管理学实验可以创造交互式学习环境,实现学生的自主学习,使知识内化、转化为技能。根据罗伯特·卡兹(Robert L. Katz)的研究,管理者一般应具备三种不同的基本管理技能,即概念技能、人际技能和技术技能。这三种不同的管理技能虽然对于不同层次的管理者而言,其要求权重是不同的,但正是这三项基本的管理技能形成了各类管理者的基本管理能力。这三种技能仅仅通过管理学理论学习是难以形成的,只有在实训中主动体会、不断积累,才能逐渐掌握拥有并运用于管理实践。管理学实验

教学就是要通过实验的方法，培育学生的这三种管理技能，尤其是概念技能和人际技能的培育，这当然也就成为管理学实验教学的目标。

2. 基本原则

管理学实验教学是高等院校经管类人才培养过程中的有机组成部分，是培养学生管理技能和社会生存能力的关键所在。在管理学实验教学过程中，应坚持以下 3 个原则：

一是管理学理论教学与实验教学的相互支持原则。管理学实验教学不是缺乏目标的随意安排，也不是讨好学生以求表面效果的简单游戏。实验教学应该立足于理论教学，活化理论教科书上的原理，促进学生管理能力的形成。所以，管理学实验教学必然要求与理论课程教学相互协调，实现不同环节、不同阶段及总体教学目标的一致与相互支持。

二是管理学实验教学过程的系统性、连续性原则。实验教学是一项目的性很强的教学活动，不同的实验项目除了具有其独特的功能和目的性要求以外，还有其共性的和通用的培养要求。管理学实验教学在整体上是一门独立的课程，有其内在的科学性和系统性要求。因此，管理学实验教学的规划设计与实施要充分考虑到不同阶段、不同环节的具体教学目的，做到前后衔接、系统设计，体现学科内在的规律性要求。

三是管理学实验教学过程的趣味性、创新性原则。管理学实验的迷人之处在于参与者往往相互成为彼此的实验条件，博弈伴随着实验的始终，而具体的实验结果往往存在着很大程度的不确定性，所以，适当的管理学游戏和探索性的实验安排，会激发学生的参与兴趣，引发创新激情，实现事半功倍的教学效果。

二、管理学实验教学的规划与设计

根据上述目标、原则，管理学实验教学的规划、设计和具体实施，就应充分考虑到理论教学和实验教学进度的协调，考虑到实验项目的系统性和连续性，使学生通过实验，不仅能加强和验证理论知识，更可以有效提升管理技能。管理学实验教学的目标指向是学生管理技能的培养，而且主要是概念技能和人际技能的培养。那么如何通过管理学实验教学提升学生的管理技能呢？这涉及管理学实验教学的规划与设计。

1. 教学规划

管理学实验与其他学科的科学实验既有相同的地方，又有相异的地方。其中最大的不同是，管理学实验的参与者（甚至对象）一般都是学生，这不仅决定了管理学实验的性质较多地倾向于判断特定因素是否存在、因素间是否存在关联、特定对象的结构等等的定性实验，也决定了管理学实验的实施方法更多地采用角色扮演、模拟、游戏等体验式的实验方法，这在管理学实验教学的规划过程中应该得到充分的重视。另一方面，管理学实验的种类虽然可以有很多种，但内容安排不应率性而为，应该充分重视管理学理论教学与实验教学的关联与支持，进行科学规划。

不论定性实验还是定量实验，都可以通过实地实验和实验室实验来具体实施。目前，在我国高等院校开展的管理学实验教学大多数是实验室实验，且具体实施方式绝大多数可以概括为角色扮演（Role Play）和博弈（Game）两种。这两种方式在管理学实验中可以单独使用，也可以混合使用。通过角色扮演方式进行的管理实验，需要预设特定的情景，让学生扮演并进入角色，在实验老师的指导下，通过对剧情的演绎，让学生感受、体会管理学的某一方面原理，这种实验方式更多地应用于现代组织的人际心理与人际关系、人际沟通技能、组织决策规律、商业谈判、跨文化管理、组织管理等知识点。通过博弈方式进行的实验，需要将学生分成相互竞争的小组，由实验老师设定实验参数、控制实验时间，通过计算机模拟（网络对抗）或模拟器模拟（比如沙盘）进行，比较适合于验证产业组织理论、了解企业竞争的动态过程、战略管理、生产管理以及市场、企业、消费者的经济行为等方面的知识。

从管理学实验教学的目标和原则出发，可以将管理学实验分为操作性实验、验证性实验、研究设计性实验（拓展性实验）和综合性实验（管理学理论的综合运用）。不论哪一类型的实验，都是以管理学理论教学为基础的，目的都在于活化管理学知识，使相对教条的管理学原理转化为学生的管理技能，使学生形成与自身特质相结合的管理能力。从国内管理学理论教科书的结构安排看，一般都分为三大块：一块是管理学的起源、概述；一块是管理学的几大职能；一块是管理思想的演变及应用。据此，我们根据管理学理论教学应该与管理学实验教学相互支持的原则，将管理学实验教学也相应地区划为三大部分，形成实验教学的规划框架：一是对管理初步类实验的规划，比如对组织、管理及管理者认识的实验规划，二是对管理职能类实验的规划，比如对计划、组织、领导、控制、决策等相关原理的实验规划；三是对管理拓展类实验的规划，比如性格测试、针对某个具体管理问题的研究性实验等。以上三个类型的实验构成了整个管理学实验教学的规划框架，实现了对管理学理论知识的全面覆盖。管理学实验教学体系如表1-1所示。

表 1-1　　　　　　　　　　　　　管理学实验教学体系

层次	性质与内容
管理初步类实验	面向管理学基本概念、基本知识的操作性、验证性和综合性实验，比如管理的起源、组织的形成、作业层与管理层的分离等实验项目
管理职能类实验	面向管理各项职能要素的实验项目，多为析因性实验和验证性实验，比如针对计划、组织、领导、控制、决策等基本原理而设计的实验项目
管理拓展类实验	面向所有管理学问题和跨学科问题而设计的管理实验项目，强调研究性和探究性，比如人性实验、动机实验等

2. 教学设计

管理学实验教学的特殊性在于实验主体和实验对象往往是合一的——都是学生。这对实验教学设计提出了新的、更高的要求。不同类型的管理实验、相同类型的不同管理实验项目在进行设计时都会有不同的要求，这取决于实验目标的设定和实验参与者的特质。当然，作为管理学实验教学实施的依据和实施结果的评判标准，在管理学实验教学的设计上仍有一些共性的准则或方法，以规范每一类实验项目，使实验控制获得保障。

一般讲，对于每一类管理学实验教学活动，我们都可以借鉴后测设计（Posttest Design）、前后测设计（Pretest - posttest Design）、前后测加控制组设计（Pretest - posttest

Control Group Design）和所罗门四群组设计（Solomon Four - group Design）的方法进行实验教学的设计与评估。这四种方法各有短长，可根据实验类型的不同特点和要求选择取用。后测设计只根据实验结果评估成效，关注实验后的状态，故难以了解前后的变化程度，因而适合于简单归因实验设计，不适合于定量实验设计。前后测设计对实验前后的资讯有较完整的收集，可以根据实验后的成效状态对比实验前的状态，解析出实验项目运行的机理和缘由，适合于比较复杂的归因和验证类的实验。前后测加控制组设计除了对实验组进行前测及后测外，同时也对控制组施行前测及后测，这样就可以解析出实验设计因素以外的干扰效果，如若实验组后测与前测之间的差异大于控制组的后测与前测差异，则认为这是实验设计执行所造成的改变。但这种设计也有缺陷——由于管理实验对象的特殊性，前测的进行会对于实验者产生引导效果，即前测本身就有可能造成绩效提升或行为改变。所罗门四群组设计是后测设计和前后测加控制组设计的组合，分为四组，即控制组、实验组各两组，两种类型的组中各有一组接受前测，实验结束对四组都进行后测，每组被试验者随机分布。这种设计需要的实验参与者数目多，实际操作的可行性不高。

在管理学实验教学的设计中，还有一块内容是不可或缺的，那就是管理学实验的文件支持体系，它包括：第一，实验教学大纲，规划管理学实验教学的内容和学时安排，以及每一次实验的具体目的、目标、要求、过程、步骤等内容，同管理理论教学课的教学大纲一样，要在宏观的层面上保证每一类管理学实验项目的有计划进行。第二，实验项目指导书，它是实验教学大纲的具体化，用于规划实验项目所涉及的原理、知识点、实验条件、实验材料、实验流程、实验控制等内容。不同类型的实验项目，其设计书的内容安排侧重点有很大的差别。比如验证性实验的设计书应明确列示所要验证的管理学原理、原则；而析因实验设计书的内容安排重点则应是实验流程和实验控制，以便学生准确地进行归因分析。第三，实验报告及项目的考核评估，它主要指衡量与评估学生实验效果的综合考评体系，实验报告通过考核指标的设置，了解学生对实验目的、实验内容、实验过程、实验结果等的认识，它是学生实验考核成绩评定的基础，也是实验项目得以不断修改、完善的条件。

据上所述，我们可以形成一个管理学实验教学的设计框图，如图1-2所示。

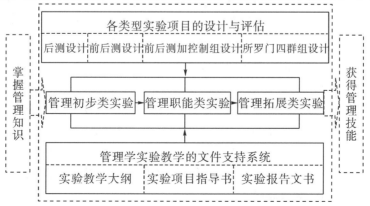

图1-2　管理学实验教学设计框图

三、管理学实验教学的常用方法

管理实验在实施过程中如何设定情境、配置角色、渲染气氛，实现内化管理知识、培育管理技能的目的，指导老师与参与实验者之间的互动是十分重要的，它直接影响着管理实验实施的效果。

一般来讲，以下五种方法和实施要领将有助于管理实验教学收到更好的教学效果：

1. 提问

在管理学实验实施过程中，最基本也是最常用的方法就是提问，提问是实验指导老师必须掌握的一项基本功。指导老师利用恰当的提问能引导学生开动脑筋，激发学生思维和兴趣，达到与学生的沟通和共鸣。同时，提问也是引导学生迅速找到知识核心，提高实验效率的有效手段。提问一般分为：知识性提问、理解性提问、应用性提问、分析性提问、综合性提问和评价性提问等。指导老师在设计具体的实验项目时，就要对提问的时机、内容、答案、过程控制等做好精心准备，以充分用好提问这一手段，使实验过程生动活泼。

指导老师在利用提问这一方法时要注意做好以下四个方面：设问精当、发问巧妙、启发诱导、归纳总结。设问精当，就是所问的问题要有启发性、针对性和趣味性。发问巧妙，就是要做到对象明确、表述清楚、过度自然。启发诱导，就是要注意掌握提问诱导的时机、方式和态度。最后，要通过归纳总结来重述重点、系统整理，给学生一个完整的知识体系。

从实验实施的全过程看，实验开始，在指导老师宣布实验规则后，就要对实验规则的理解度向学生进行提问，对疑问要逐一解释清楚。实验实施，即在实验进行过程中，要仔细观察，如发现偏离实验规则之处，应通过提问，确认情况，给予及时辅导。最后，在实验结束时，要通过提问揭示实验的目的。有经验的指导老师是从来不会把答案直接告诉学生的，而是通过设计精辟的问题，让学生自己领悟寻找答案；换言之，在实验结束时，你想要学生知道的小结内容，是通过提问让学生用自己的话说出来的。

2. 角色扮演

角色扮演即学生在观众面前，未经预先演练且无预定的对话剧本而表演实际遭遇的情况，并讨论在类似情况下的各种反应与行为；其演出具有即兴表演的意味。角色扮演的目的是为了给学生提供不同的待人处事的观点和练习处理各种人际关系的技巧，寻求在情绪不稳定状态下解决问题的可能方法。多数管理学实验都具有角色扮演的安排。通常情况下，指导老师应事先准备好角色说明书。角色的产生一般用主动报名方式和抓阄方式，不宜采用指导老师点名的方式，以避免出现尴尬场面。角色产生后，指导老师应酌情给予必要的辅导。随后，给角色扮演者几分钟的准备时间。在角色表演过程中，指导老师可以安排若干观察员，并要求观察员记录观察结果。在表演结束后，先由表演者自己谈感想，然后由观察员给予赞赏性和建设性的反馈意见，最后由指导老师进行总结性辅导。在有条件的场所，还可以把角色扮演的过程，用摄像机拍摄下来，让扮演者自己观看总结。

角色扮演的好处：一是能激发学生解决问题的热情；二是可增加学习的多样性和

趣味性；三是能够激发热烈的讨论，使学生各抒己见；四是能够提供在他人立场上设身处地思考问题的机会；五是避免可能的危险与尝试错误的痛苦。

角色扮演也有局限性：一是观众的数量不宜太多；二是演出效果可能受限于学生过度羞怯或过深的自我意识。所以，角色扮演若欲取得好的效果，一要准备好场地与设施，使演出学生与观众之间保持一段距离；二要演出前有明确议题和所遭遇的情况；三要谨慎挑选演出学生与分配角色；四要鼓励学生以轻松的心情演出；五要由不同组的学生重复演出相同的情况；六要尽可能安排不同文化背景的学生演出，以了解不同文化的影响。

3. 情景模拟

情景模拟有些类似角色扮演，但加入许多决策点的程式化个案研读，通常由多个学生组成团队，以对应真实状况，共同谋求解决问题的方法。情景模拟主要是为了给学生提供处理动态人际关系的机会，训练其团队合作和决策判定的知识与技能，鼓励学生相互学习。

情景模拟的优点：一是使学习活动多元化并能增进学生的学习兴趣；二是以团队的方式处理问题，更接近真实情况；三是为学生提供冒险犯难的机会。

情景模拟的局限：一是模拟与真实之间仍有一定的差距；二是一些学生可能过度强调竞争而破坏学习经验；三是需投入相当的时间、金钱和精力。

成功的情境模拟需要注意以下几点：一是要准备简单、明了但详尽的书面资料；二是要准备各小组讨论的场地与其他设备；三是要依学生的数量、特质与实力，平均分组；四是要召集各小组解释模拟训练的意义与目标；五是要安排充分的时间，避免匆忙进行；六是要给予各小组自我讨论和分析的机会，使学生能感受到模拟学习的乐趣；七要在模拟结束后，召集各小组进行分析和评估。

4. 案例研究

案例研究就是指借口头、书面或影片等辅助资料，经讨论程序，以求得对特殊议题的确认与了解。案例研究是管理学实验的一种重要方法，适用时机常常是需要学习解决问题的技巧或教授解决问题的程序。

案例研究的优点：一是可以帮助学生学习分析问题和解决问题的技巧；二是能够帮助学生确认和了解不同解决问题的可行方法。

案例研究的局限性：一是需要较长的时间；二是可能同时激励与激怒不同的人；三是与问题相关的资料有时可能不甚明了，影响分析的结果。

成功的案例研究要求：一是要在研讨前提供充裕的时间让学生阅读相关的资料；二是要指导老师详细介绍议题，并解释研讨个案与学生应有的表现或成果；三是要求指导老师适时引导研讨，以便于达到研讨的目标；四是要求所选案例最好来自真实问题，但切忌透露相关人员的真实姓名。

5. 讨论和辩论

在几乎所有管理实验结束后（甚至在实验过程中），讨论和辩论始终是不可缺少的一个环节。基于管理实验的教学安排，讨论一般以小组讨论和大组分享的方式进行。小组讨论是管理实验中应用较多的互动方式。一般实验方案的制订、实验阶段性小结、实验结果的分享，都是通过小组讨论的方式加以实施。小组讨论的时间把握很重要，通常在 10～20 分钟。在小组讨论互动中，应要求组长引导，并把控时间。另外，还可以要求专人用白纸或计算机进行要点记录，以便小组间分享。而大组分享与小组讨论经常是合并使用的，一般安排在小组讨论后面。即让每个小组派代表上台演讲小组讨论结果，每人时间一般把握在 3 分钟左右，对演讲精彩之处，应给予掌声鼓励，对演讲的闪光点，应加以发挥和总结。大组分享需要注意的是要点提炼和时间把握这两个方面。

辩论相对于讨论而言，更多是不同立场的参与者面对争议性的议题提出各自看法并反驳对方论点的公开竞赛。辩论的目的主要是为了训练参与者的表达能力、思辨能力和创新能力。辩论的优点有：一是能够激发学生参与的热情；二是能为学生提供动态学习的机会与经验；三是能够为学生提供生动、活泼、热烈的学习气氛；四是能够提高学生在具有一定压力的情形下独立思考问题和随机应变的能力。当然，辩论也有其局限性，表现在：一是议题的研究与准备需耗费相当的时间；二是学生的个性差异可能会影响辩论的程序与效果。所以，辩论的组织与实施需要周密的准备工作，具体包括（一般而言）：一是挑选正反双方至少各有 3 人参与辩论；二是要求指导老师或裁判团具有丰富的经验；三是要准备一个为双方都能接受且具有争议性的论题；四是要明确辩论的规则；五是要准备一个能足够容纳参与者和听众的场地；六是正反双方要依序进行论述，最后再进行总结；七是要求指导老师或裁判团作胜负决定，或简短地讲评。

总之，讨论和辩论的过程都是一个脑力激荡的过程，也就是鼓励学生针对某一特殊问题，在不受任何限制的情况下，提出所有能想象到的意见。脑力激荡主要用于帮助学生尝试解决问题的新措施或新办法，用以启发学生的思考能力和开阔其想象力。当然，脑力激荡也有其优缺点，优点为：一是适合任何人的参与和贡献；二是可以对旧有问题产生新的解决方法；三是能最大限度地鼓励学生发表其意见。缺点为：一是所得的部分意见可能一文不值；二是多数学生可能因拘泥于旧有的观念，不愿踊跃发言。所有这些优缺点指导老师都要了然于胸，善加利用，并从以下方法中寻找有效的脑力激荡的条件保证：一是要准备一个舒适而无干扰的场地；二是要寻找一个热诚而又有激励与统筹技巧的裁判（往往由指导老师自己担任）；三是要求每个小组的参与者人数不要太多；四是要准确记录讨论全过程；五是要给予时间限制，让参与者感到压力；六是要激励学生间的资讯交流，鼓励良性竞争；七是要鼓励讨论中的建设性意见，尽量减少或者禁止参与者的尖锐批评意见；八是要在讨论之后，鼓励学生选出最佳意见并进行比较。

综上，在管理学实验教学的具体实施中，不论是提问、角色扮演、情景模拟、案例研究，或是讨论和辩论，指导老师都要注意以下几点：一是要向学生阐明活动的程序和规则，这一点必须清晰明了，否则实验实施就会失去控制；二是要通过演示向学生简单介绍一下活动的一些技巧，可以利用黑板、PPT 等把一些关键词或主要场景展示出来；三是要注意使所选主题尽量能让学生有发挥余地；四是要在整个实验实施过程中充分考虑到学生的接受能力和学生的表现，及时调整实施策略，给学生的任务既不能太难，也不要太容易，但要稍稍超出学生的能力，使学生有一种挑战，有一种成就感，这样有利于培养学生的学习兴趣和激发他们共同参与的热情；五是要在实验结束后，留出一定的时间和大家一起做实验小结，把经验、教训和体会完整地总结出来；六是要注意综合运用上述各种方法和实施要领，认识到各种方法和要领的应用是相辅相成的，不能孤立地使用其中的某一种。指导老师应该根据管理实验过程中的实际情况以及学生的具体情况和特点，运用自己的经验，选择合适的手段来达到帮助学生体验管理知识、引导学生提升管理技能的目的。

四、指导老师在管理学实验实施过程中的作用

在管理学实验教学过程中，指导老师的教学角色有了很大的变化，发挥的作用也与传统教学大为不同。简单讲，管理实验教学实施中的指导老师应该是学生领悟管理知识、提升管理技能的帮助者、评估者和引导者，而不再是以往的知识传播者，在实验过程中应该而且只应该起着帮助、组织和引导的作用。

1. 帮助

管理实验不是一种单一的、刻板的教学模式，它的核心内容是"从参与中体会"和"从感受中领悟"。它既是一个管理知识的内化过程，也是一个管理技能的培养过程，其最终目的是让学生能够自如地应用管理学知识和相关管理技能。在管理实验的实施过程中，指导老师的课堂传授作用减少了，指导老师不再是传统意义上的"知识灌输者""知识传播者"，而是学生学习的帮助者。

2. 组织

在管理实验实施过程中，学生是理所当然的核心。当然，指导老师的作用也重要，比如在知识上、心理上帮助和支持学生，观察和分析学生的活动，了解和分析每个学生的长处和短处，发现实验中的不足并加以弥补等。事实上，管理实验课程的教学活动对指导老师的要求更高，指导老师必须具备很强的观察能力、分析能力，对实验内容有临时整合能力和在实验过程中的组织能力，特别是在人数较多的时候，这种组织能力就更为重要。有人把指导老师的角色定位为：控制者、评估者、组织者、提示者、参与者和资源，这是比较恰当的。在管理实验实施过程中，指导老师应综合以上所有角色，既是组织者、评估者，同时又是引导者和参与者。

3. 引导

在管理实验教学过程中，指导老师要想真正调动学生的积极性，使学生对实验内容感兴趣，并积极投入其中，取得良好的教学效果，就必须根据不同的实验内容来选择恰当的互动方法，抓住学生的兴趣点和实验中可能出现一些"戏剧化"情境，激发学生的参与热情，引导实验的深入进行。在有些案例研究、讨论辩论实验中，指导老师对学生兴趣热点的引导，常常会成为实验过程中的重心，进而能保证实验教学的成功进行。

第三节　指向教学的管理实验项目设计

管理学实验教学因其目的不是理论创新，也不是实际运用，而是针对学生进行的在管理知识体验性掌握基础上的技能培养。所以，教学中的管理实验项目设计有其特殊性，最突出的要求就是管理学实验项目设计要与管理学理论教学相互支持、相互响应，按照管理学理论教学的体系安排形成管理实验教学的体系安排，以实现实验教学的目的与目标。

一、管理实验项目设计原则

管理学实验作为一门独立实训课程，与管理学有着天然而密切的关系。管理学作为一门提供完整组织管理理论和方法的科学，是系统化的知识，也是一门实践性很强的课程。管理实验要达到全面验证和内化管理学知识、培养和提升管理技能的目的，就不能不体现管理学的学科特点。事实上，实验室实验这种特殊的实践活动不仅反映着管理学的学科特点，而且作为与管理学有着天然依附关系的一门独立实训课程，管理学所体现出的学科科学性和系统性，也正是管理实验课程所应该和必须具备的，否则，其课程的独立性就会受到质疑。此外，还应该注意到，不论是单个管理实验项目还是管理学实验课程各实验项目之间，均应体现出这种科学性原则、系统性原则以及任务原则和意义原则。

1. 科学性原则

就单个实验项目而言，其科学性不仅体现在项目设计、实施和检验方法的合理安排上，更重要的是体现为每一个实验项目都要有具体而明确的目标，即验证哪些管理学的知识、原理，提升哪一方面的管理技能，这既是保证教学效果的需要，也是管理学及管理学实验课程的内在要求。

就管理学实验课程整体而言，由于管理学把管理界定为指向一定组织目标的计划、组织、领导、控制过程，各管理职能活动之间存在着互为基础、相互包含的关系，所以，在设计和实施具体的管理实验项目时，应该注意体现这种关系，注意实验项目之间的科学配合，以提升实验效果。

2. 系统性原则

正如管理的每一个职能活动既是完整管理活动必不可少的一环，又是一个相对独立的实践过程一样，单个的管理实验项目也既是整个管理学实验课程的有机组成部分，又具有相对独立性，这种相对独立性也就是每个实验项目的系统性。每个管理实验项目都应该是一个完整的子系统，可以独立实施并实现既定目标。

管理学实验课程的各实验项目之间也必须是一个完整的、在一定意义上可以自满足的系统，正如管理学与其他各类独立课程一样。这种系统性要求在本质上来源于管理学理论课程的系统性和科学性。所以，管理实验项目之间应该体现这种内在关联，以求相互支持，使管理学实验课程整体可以自足。

3. 任务原则和意义原则

任务原则，就是每一个独立的管理实验项目都要有自己独立的实验目标，并可以借助于案例、情景模拟、角色扮演等多种规定渠道来直接实现这种目标，或者在具体实验任务的完成过程中去达成这种目标。意义原则，就是实验内容或过程应该对实验参与者产生明确的意义，这种意义可以是感受、领悟，也可以是体会和心智的锻炼。意义原则是管理实验评估的根本依据。

二、管理实验项目设计路线

一般而言，管理学的实践性学科性质决定了单纯掌握管理学知识无法成为"成功"的管理者，而管理学实验课程则试图架设这样一座桥梁，或促进这一个过程，使学生尽可能地成为或接近"成功"的管理者。在这一设想下，遵循上述管理学实验课程项目设计原则，在具体实验项目设计上要着意贯穿两条主线：一是以管理职能活动为主线，通过实验，达到验证和内化管理学基本原理、知识的目的；二是以管理者应具备的管理技能为主线，通过实验实现管理学相关知识的有意识运用，进而培养和提升相关管理技能。

1. 着眼于管理学知识、原理的内化

管理是在一定的情境下，为了实现组织目标而进行的计划、组织、领导、控制等系列活动或过程，这几种基本管理活动构成管理的基本职能。而决策贯穿于这些管理基本活动的始终。作为一门综合性的科学，管理学学习、研究的出发点和落脚点实际上就是管理的上述几种基本活动，管理学科的大多数知识点群、原理方法都围绕着对管理的这几个职能活动的研究而形成。那么，作为内化管理学知识、原理的具体管理实验项目设计，就应有针对性地对每一个管理职能活动设计实验项目，以活化、内化相关管理知识，促成知识与能力的结合，培养特定的管理技能。

管理的计划、组织、领导、控制职能，存在着一般意义上的层层递进和相互包含的关系。计划职能是最为重要和关键的一项管理职能，处于管理工作中的首要地位，侧重于目标的形成和方案的制订；组织职能侧重于组织框架的形成和组织资源的配置；领导职能侧重于对组织成员的指导、协调和激励；控制职能则侧重于对已经发生的前述各类管理活动的检查和纠偏，以最终保证组织目标的达成，并进入下一管理循环。所以，在管理实验项目的设计和实施上，也应该遵循决策实验项目、计划实验项目、组织实验项目、领导实验项目和控制实验项目这样一个基本次序，以收到循序渐进、事半功倍之效。

2. 着眼于管理技能的培养与提升

管理学将一个管理者的管理技能分为概念技能、人际技能和技术技能三种，认为任何一个管理者，不论他处于什么样的管理层级（高层管理者、中层管理者、基层管理者），也不论他偏重于什么样的管理领域（偏重于对人的管理、偏重于对财产的管理、偏重于对物品的管理、偏重于对信息的管理），都必须同时具备和发挥这样三种管理技能，尽管这三种管理技能在不同层级和领域的管理者身上就其重要性而言会显示出一些差异。所以，在进行管理实验项目的设计时，应该针对管理者的每一项管理技

能进行项目设计，形成概念技能实验项目、人际技能实验项目和技术技能实验项目，使学生通过实验这种特殊的实践方式获得相关明确而具体的管理技能。

同时，针对管理技能培养与提升的实验项目设计，还应充分注意到不同管理技能的特点，以及管理技能与管理各职能活动的关系，从而使实验项目的设计更科学更合理，也更有针对性。管理者所应该具备的概念技能是指纵观全局、把握关键，从纷繁复杂的事件中寻找相互关联性和因果关系的能力，这种能力更多地体现在高层管理者身上和管理者行使管理的计划、控制职能之时；管理者所应该具备的人际技能是有效把握和处理组织中的各类人际关系的能力，包括理解、协调、指导、激励、动员他人与人共事的能力，这种技能主要体现在中基层管理者身上和管理者履行管理的领导职能之时；管理者所应该具备的技术技能则是其从事自身管理范围内的工作所必需的基本技术和具体方法，主要体现在管理者履行计划和控制职能之时。上述管理技能在管理职能上所显示出的不同偏重，在具体的管理实验项目设计时应该得到体现。

三、管理实验项目的构成

综上所述，管理学实验的每一个实验项目都应该在具体知识的内化和具体能力的培养这两个方面设置简单而明确的目标，实验的准备、实施和总结也都应该围绕这一目标。整个管理学实验课程就完整的教学体系而言，至少应该包括针对概念技能、人际技能和技术技能培养与提升的决策类、计划类、组织类、领导类和控制类实验项目，如表1-2所示。

表1-2   管理实验项目构成

管理活动 ＼ 管理技能	概念技能（C）	人际技能（I）	技术技能（T）
决策类（D）	实验项目（D-C）	实验项目（D-T）	实验项目（D-T）
计划类（P）	实验项目（P-C）	实验项目（P-I）	实验项目（P-T）
组织类（O）	实验项目（O-C）	实验项目（O-I）	实验项目（O-T）
领导类（L）	实验项目（L-C）	实验项目（L-I）	实验项目（L-T）
控制类（C）	实验项目（C-C）	实验项目（C-I）	实验项目（C-T）
管理活动整体	综合实验项目		

此外，由于管理各职能活动之间、各项管理技能之间具有内在的相互支持、相互包含关系，上述截然分开只是为了学习、研究的方便，也由于计划、组织、领导、控制四类基本管理活动既是一个主观过程，也是一个决策过程。因此，在具体的管理实验项目设计上，还可以针对管理活动整体设计一些大型的综合实验项目，以使学生对管理学的各知识点群加深理解和培养综合管理能力。

第二章　决策类实验

第一节　管理决策的基本理论、原理

一、决策与决策理论

（一）决策的内涵

科学决策理论认为，决策是为了实现某一目标而从若干个可行方案中选择一个满意方案的分析判断过程。这说明：

（1）决策的前提：要有明确的目标。

（2）决策的条件：有若干个可行方案可供选择。

（3）决策的重点：方案的分析比较。

（4）决策的结果：选择一个满意方案。

（5）决策的实质：一个主观判断过程。

（二）决策理论

1. 古典决策理论

古典决策理论是基于"经济人"假设提出的，主要盛行于 20 世纪 50 年代以前。古典决策理论认为，应当从经济的角度来看待决策问题，即决策的目的在于为组织获取最大化的经济利益。古典决策理论的主要内容有：

（1）决策者必须全面掌握有关决策环境的信息情报；

（2）决策者要充分了解有关备选方案的情况；

（3）决策者应建立一个合理的层级结构，以确保命令的有效执行；

（4）决策者进行决策的目的始终在于使本组织获取最大化的经济利益。

2. 行为决策理论

行为决策理论的发展始于 20 世纪 50 年代。行为决策理论的主要内容有：

（1）人的理性介于完全理性和非理性之间，即人是有限理性的；

（2）决策者在对未来状况做出判断时，直觉的运用往往多于逻辑分析方法的运用；

（3）决策者只能做到尽量了解各种备选方案的情况；

（4）决策者对待风险的态度对决策起着重要作用，决策者往往厌恶风险；

（5）决策者在决策中往往只求满意的结果，而不求最佳结果。

二、决策的过程

决策伴随着管理的始终，是一个循环过程。决策始于对问题的诊断。问题是应有状态（或目标）和实际状态（或现实）之间所存在的差距。认识和分析问题是决策过程中最为关键也是最为困难的环节。决策过程如图 2-1 所示。

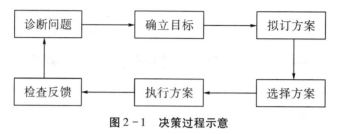

图 2-1　决策过程示意

三、影响决策的主要因素

影响决策的主要因素有：问题的类型、决策者的特点和决策的环境状况。如图 2-2 所示。

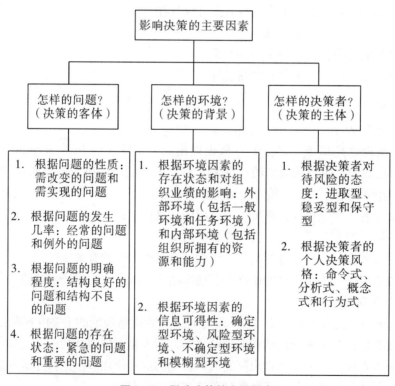

图 2-2　影响决策的主要因素

四、决策模式

1. 古典决策模式

古典决策模式认为，一旦管理者意识到自己需要做出决策，他们就应该能够列出一个有关所有备选方案和结果的完整清单，并据此做出最优的选择。如图 2-3 所示。

图 2-3　古典决策模式

2. 行政决策模式

行政决策模式建立在三个重要判断之上：一是人的有限理性，二是不完全信息，三是决策的满意化原则。如图 2-4 所示。

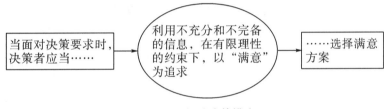

图 2-4　行政决策模式

3. 政治决策模式

政治决策模式认为，在进行复杂的组织决策时，参与决策的人员会加入不同的联盟（由支持某一特定方案的人员所组成的非正式同盟）中去。如图 2-5 所示。

图 2-5　政治决策模式

五、决策方法

决策的科学性主要体现在决策过程的理性化和决策方法的科学化上。总体上，可将决策方法归纳为三类。如表 2-1 所示。

表 2 - 1   决策方法分类

主观决策方法	决策者根据已知的情况和现有资料，直接利用个人的知识、经验和组织规章进行决策。这一类决策方法中包括程序化决策方法、适应性决策方法、创造性决策方法等。主观决策方法简单易行、经济方便，日常生活中大量的决策采用的都是主观决策方法
定量化决策方法	它的核心是把同决策机构有关的自变量与因变量、变量与目标之间的关系建成数学模式，通过计算求得答案，以供决策者参考，其具体方法包括线性规划、决策树法、期望值法等。定量决策方法在条件具备时一般较客观，准确性高，便于采用计算机辅助计算，并可进行多方案选优
定性与定量相结合的决策方法	由于大多数管理问题难以完全定量化，因此，随着科学技术的发展，出现了许多定性与定量相结合的决策方法，如系统动力学、层次分析法、指标评价法等

在管理实践中，决策由谁来做出，可以有多种选择，不同的选择有不同的特色和适用场合。如表 2 - 2 所示。

表 2 - 2   决策方式的选择

决策方式	特点	优点	缺点	适用场合
个人决策	由个人评估问题，根据自己的判断作出决定	决策速度快	依赖于个人经验和知识	时间紧迫或危急的问题；秘密性质的问题；情况较清楚，实施仅涉及决策者个人，即使失误损失也不大的问题
协商决策	在与他人协商和听取他人意见的基础上，由决策者作出最终决定	基于群体信息	需要较多时间；易受他人影响	时间允许且他人对此问题有相关经验时；需要他人参与实施的问题；决策者对此问题有较多疑问时；需要解决的问题有较强专业性时
集体决策	将问题交由团队分析，通过相互交流，最终由团队按少数服从多数的方式确定决策方案	群体信息和智慧、相互交流和启发，可产生更具创造性的方案	效率低；不一致时需要妥协；有被个别人操纵的可能	问题重大，需要考虑多方面因素或需要创新性方案时；涉及面广，实施需要各方面配合或涉及多方利益时

第二节　决策类实验项目

一、找出奸商

（一）实验目的

1. 熟悉决策的基本过程，包括察觉和分析问题、明确决策目标、制订可行方案、分析比较方案、选择满意方案、实施决策方案、监督与反馈。

2. 感受决策的影响因素，主要包括问题的类型、环境的制约、决策者的个性特点。

3. 体会决策准则，主要包括最优决策、满意决策，保守决策、冒险决策。

4. 了解个体决策与群体决策的差异。一般而言，个体决策速度快，但质量差；群体决策时间长，但质量高。

（二）实验要求

1. 各游戏参加者要熟知游戏规划。

2. 每小组成员围坐一圈，室内或室外均可进行。

3. 每小组人员以 12 人左右为宜。

4. 每人的角色必须随机确定。

（三）实验内容

这是一个改编自"杀人游戏"（又称"天黑请闭眼"）的决策游戏。

1. 背景介绍

资料显示，"杀人游戏"系出名门。它最初是作为一门必修课，出现在哈佛大学 MBA 的课程中。1999 年，由硅谷归国的留学生第一次将它传到上海。而后，于该年年底在一次 IT 界的媒体见面会上引起关注，并被迅速传到了北京。此后，该游戏更在广州、上海、南京等大城市掀起了一阵阵热潮。

2004 年 12 月，中国第一家以"杀人游戏"为主题的俱乐部 X - club 在北京开业，队伍庞大的"杀友"们欣喜若狂。2005 年可以说是"杀人游戏"疯狂蔓延的一年，在这一年间，仅北京就有近 10 家以"杀人游戏"为主题的俱乐部成立。

"杀人游戏"，在美国被叫做"神秘的谋杀者"，是一个角色扮演的智力游戏。以 12 人为例，游戏中人的身份分为三种，6 人为平民，3 人为杀手，3 人为警察。每局开始前，参与者抽取身份牌；游戏开始后，杀手每轮杀掉一个人，警察和平民则需指认出谁是杀手，通过投票将其淘汰出局。

"杀人游戏"在后来的发展中又陆续被玩家增添了更多角色，玩法也更复杂。本实验"找出奸商"设置角色较少，玩法也相对简单。

2. 实验步骤

（1）由指导老师分组（以每组 12 ~ 15 人为宜）。

（2）指导老师讲解本实验内容及游戏规则。

（3）各组推选出一名组长，组长在本次游戏中担任"工商管理人员"角色。

（4）各组组长主持，以抓阄形式确定各组成员在本次游戏中的具体角色，角色包括"消费者协会工作人员"（2 人左右）、"奸商"（2 人左右）和"消费者"（其余人员）。

（5）各组在组长（"工商管理人员"）的主持下开始第一轮游戏。

（6）在各组第一轮游戏结束后，指导老师根据临场观察进行简要点评，如有必要可建议调整各组中各角色的人数比例。

（7）各组在组长（"工商管理人员"）的主持下开始第二轮游戏。

（8）在各组第二轮游戏结束后，各组在指导老师的主持下，每组选出 2 名左右成员（在游戏中扮演的角色应不同）向全体人员陈述游戏体会，要求结合游戏内容从"决策过程"、"决策影响因素"、"决策准则"和"个体决策与群体决策差异"四个方面陈述。

（9）指导老师进行针对性评述，评述内容也应从"决策过程"、"决策影响因素"、"决策准则"和"个体决策与群体决策差异"四个方面结合对学生游戏过程的临场观察进行。

（10）实验结束，学生撰写并提交实验报告。

3. 游戏安排

12～15 个人为一个组，每组坐在一起围成圈，在各组组长（本游戏中的角色为"工商管理人员"）的主持下，通过抓阄的方法确定本组各成员在本局游戏中的角色，包括"消费者协会工作人员"（2 人左右）、"奸商"（2 人左右）和"消费者"（其余人员）。每个人在抓阄获知自己的角色后，不要声张，不要让其他人知道你的角色，一定要注意隐藏自己的身份，这一点在本游戏中很重要。

小组各成员的角色确定以后，"工商管理人员"宣布游戏开始，组内所有人员都要听从本组推选出来的"工商管理人员"的口令，在"工商管理人员"的主持之下，通过一轮又一轮的个体或集体决策行为，最终找出本小组中不断坑害"消费者"的"奸商"。注意，不要作弊，作弊的结果只能使你自己得不到游戏的乐趣，而不会影响大家。

"工商管理人员"说：紧张的一刻来临了，请大家闭上眼睛。此时，只有"工商管理人员"一人能看到大家的情况，其余所有的人都闭上眼睛。等大家都闭上眼睛后，"工商管理人员"又说："奸商"睁开眼睛，开始坑人（"消费者协会工作人员"和"消费者"）。听到此口令后，只有扮演"奸商"的几个人可以睁开眼睛，几个"奸商"此时可以互相认识一下，成为本轮游戏中最先达成同盟的群体，并迅速达成坑人决定，即确定一名被坑的人员；坑人决定以注目或手指等无声方式告诉"工商管理人员"。在此过程中，"工商管理人员"可以手拍桌面，掩饰其他动静和声音。"工商管理人员"确知无误后，下达口令："奸商"闭眼。

稍后，"工商管理人员"再次发出口令："消费者协会工作人员"睁开眼睛。此时，扮演"消费者协会工作人员"的人可以睁开眼睛，相互认识一下，达成同盟，并快速指认"奸商"，达成一致后，也以注目或手指等无声方式告诉"工商管理人员"，"工商管理人员"确知后，要以肢体语言回复给"消费者协会工作人员"准确信息（点头"yes"，摇头"no"），并要求"消费者协会工作人员"闭上眼睛。

以上完成后，"工商管理人员"下达最后口令：所有人都请睁开眼睛。待大家都睁开眼睛后，"工商管理人员"宣布哪位人员（"消费者协会工作人员"或"消费者"）被"奸商"坑了，此人成为第一个退出本轮游戏之人，同时，"工商管理人员"宣布让大家安静，聆听退出者的感言。退出者现在可以阐明自己是"消费者协会工作人员"还是"消费者"，并向自己的同盟者提出建议。退出者言罢，将成为旁观者，不可以再发言。

接下来，在"工商管理人员"的主持下，由退出者身边的一位成员开始，按任意方向（顺时针或逆时针）挨个陈述自己的意见，指认"奸商"。意见陈述完毕后，会有几个人被怀疑为"奸商"。被怀疑者可以为自己辩解；再在"工商管理人员"的主持下，大家通过举手表决，选出嫌疑最大的两人，此二人作最后的陈述和辩解，再次举手票决后，排除掉票数最多的那个人。被排除者，如第一位退出者一样，此时可以暴露自己的真实身份，发表感言，退出游戏，成为旁观者，不可以再讲话。

在聆听了第二个退出者的感言后，新的紧张的一刻来临了，进入第二轮"奸商"坑人和"消费者"在"消费者协会工作人员"带领下票决"奸商"的过程。如此往复，"消费者协会工作人员"和"消费者"票决出所有"奸商"即算获胜，结束游戏；"奸商"坑掉全部"消费者协会工作人员"和"消费者"则算"奸商"获胜，结束游戏。

本游戏中的角色扮演要点是："奸商"要努力隐迹于众人之中，利用陈述机会，混淆视听，辨认"消费者协会工作人员"，以免自己被票决排除掉；"消费者协会工作人员"要在不暴露自己身份的前提下（事实上，即便有意暴露也没人敢轻信），充分利用"工商管理人员"对自己提供的准确信息，充分行使自己的表决权，努力与普通"消费者"一起，带领大家尽早投票找出"奸商"；普通"消费者"既要利用陈述机会，充分辩白自己（"奸商"也会这样哦），以免自己被错误地票决排除掉，又要利用票决机会，察言观色，尽可能票决排除掉"奸商"。总体上，每一个成员的每一次决策行为（无论是个人决策还是集体决策），都事关"生死"，必须审慎作出，这要求所有游戏者都要对决策环境的影响因素有细致、充分的把握，并注意体会决策过程的艰难。

（四）延伸知识——群体压力

1. 什么是群体压力

群体压力（Group Pressure），是指群体对其成员的一种影响力。当群体成员的思想或行为与群体意见或规范发生冲突时，成员为了保持与群体的关系而需要遵守群体意见或规范时所感受到的一种无形的心理压力即为群体压力，它使成员倾向于做出为群体所接受的或认可的反应。

群体动力学研究始于20世纪30年代。在20世纪30年代和50年代，两个非常著名和经典的心理学实验为群体压力与趋同心理的研究作出了重要的贡献。一个是社会心理学家谢里夫（Muzafer Sherif）所做的自动移动光效果研究（1936—1937年），这个研究的生理基础是人的神经系统对昏暗灯光会过度补偿，从而对静止的灯光产生移动错觉的心理现象。对此，被试验者并不知晓。研究人员让被试验者分别在个人和群体两种情境下对移动的距离作出判断。结果发现，虽然最初个人环境下的判断彼此差异很大，但随着群体情景实验的进行，个人会对自己的判断不断调整和修正，最后愈来愈接近群体判断结果的平均值，并且这个判断标准会固定下来，并在以后的判断中发挥作用。这个实验结果显示了在模糊情境下群体依赖、群体压力的存在和群体规范的形成；同时显示，群体的影响或者说压力能够超越群体的存在，出现在没有群体的环境中。谢里夫的研究让我们看到了群体压力和群体规范对人们的认知行为所产生的巨大影响力。

另一个经典的实验是美国心理学家所罗门·阿希（Solomon Asch）所做的"线段实

验"（1955—1956 年）。与第一个实验不同的是，这次实验的环境是明朗的，而且被试验者只有一个，其他的"被试验者"都是为配合实验而故意安排的助手。给被试验者两张卡片，一张卡片上有一条线，另一张卡片上有三条长度不同的线，然后让被试验者说出三条线中哪一条与另一张的一条线长度相同。这个实验表面上是调查被试验者对线段长度的判断，但实际上阿希真正感兴趣的是在群体压力介入环境时将会出现什么情况。于是，阿希让助手被试验者在几次正确的判断线段长度之后故意都给出错误的答案，然后观察真正被试验者的反应。实验结果惊人，有 33% 的被试验者屈服于小组的压力而作出错误的判断，而且可以观察到被试验者在这个屈服于群体压力的过程中伴随着激烈的内心冲突，因此，这个实验还引发了学术界关于实验中的伦理道德的大争论。阿希的实验向我们表明：有些人情愿追随群体的意见，即使这种意见与他们从自身感觉得来信息的相互抵触。群体压力导致了明显的趋同行为，哪怕是以前人们从未彼此见过的偶然群体。

除了上述两个经典的实验研究外，学者们还进行了许多相关的研究，在此不再一一表述。

2. 群体压力的表现方式——从众行为

所谓从众行为，是指个人在群体中，因受到群体的影响和压力，使其在知觉、判断及行为上倾向于与群体中多数人一致的现象。

所罗门·阿希曾做过这样的实验，他找了七个男大学生，让他们坐在桌子的周围，其中真正的被试验者只有一人，其余六人都是陪衬者并接受主试的特殊指示。七名男大学生围桌坐好以后，主试同时给他们看两张图片。

当被试验者看完图片以后，主试开始让他们回答问题。回答时先让事先安排好的六个被试验者故意作出错误判断，然后再让不了解情况的那个被试验者回答。结果，不了解真实情况的那个被试验者往往追随多数人的意见做出错误的判断。阿希先后选了 123 名被试验者参加实验，有 33% 的人做出错误的判断；而单个人做实验时，几乎没有一个人做出错误的判断。这说明，有 1/3 的人屈服于群体的压力，做出错误判断。可见，群体中多数人的一致倾向对个体行为是有影响的。

从众行为产生的原因包括两方面：一是信息压力。在许多情况下，人们是通过别人获得外部世界的信息，甚至许多关于自己的信息也是来自他人。人们倾向于相信他人提供的知识和信息会对自己有所帮助。例如，我们迷了路，就要请警察或当地居民指点，并按照他们的指点到达目的地。由于人们相信信息来源者，就容易产生遵从别人的意见或效仿他人的行动。在从众实验中，人们倾向于相信多数人的意见，认为他们是信息的来源而怀疑自己的判断。在情境模棱两可、缺少参考构架的情况下尤其如此。二是规范压力。前面说过，群体成员都要遵守群体规范，谁也不愿成为"越轨者"或"不合群者"，人们在群体中怕受孤立、惹人注目、丢面子或受惩罚，而愿意与群体规范相一致，与群体中其他成员保持相同的看法。此外，群体的规模、群体的凝聚力和个人在群体中的地位等变量，也是影响个体遵从群体中多数人意见的因素。

3. 导致群体压力的心理

群体是人类生存不可缺少的社会空间，主要有三种群体心理导致了群体压力和趋同行为的产生：

（1）人天生就有一种被社会孤立的恐惧感，趋向于一定的群体是人的一种生存方式，当个人被他所在的群体排斥时，通常会体验到莫大的痛苦，这种痛苦与恐惧使得群体中的个人产生合群的倾向，只有与群体保持一致才能消除个体的不安全感。

（2）群体为人们的个体行为提供了参照，人们倾向于相信多数，认为他们是信息的来源从而怀疑自己的判断。因为人们觉得，多数人正确的概率较大。在模棱两可的情况下，尤其如此。

（3）群体给予个体的归属感和自我同一性使得个体产生维护群体形象的心理，因此，个体的行为表现会与心目中的归属群体的标准保持一致。所以，实际的群体压力可以导致从众，想象上假设的群体优势倾向，也会对人的行为造成压力。

这些不同的原因产生了不同的趋同心理，在行为上主要表现为两种形式：一是真从众，即外显行为和内心看法因群体影响而真正改变，与群体保持一致；二是权宜从众，即尽管内心怀疑，但迫于群体压力而在行为上与群体保持一致，就像阿希的实验所体现的那样。

群体压力和趋同心理可能在某些时候会产生消极的后果，但也不要忽略了他们所具有的积极意义。从整个社会的角度讲，任何社会，无论是从社会功能的执行，还是从社会文化的延续角度来说，多数人的观念与行为保持一致都是必要的。一个社会需要有共同的语言、共同的价值观与行为方式。从群体角度讲，群体压力使得个人保持与群体的联系，维护群体的完整性，维持群体的生存和发展，以保证群体行为一致、目标一致，促进群体目标的实现。从个人角度看，一个人只有在更多的方面与社会主导倾向取得一致，他才能够适应其赖以生存的社会，否则他将困难重重。另一方面，个人的知识和感知的范围是有限的，因此个人需要用从众方式，在最大的可靠程度上使自己迅速适应未知的世界。这样，从众就是一种个人生存的必要方式。

二、沙漠求生

（一）实验目的

1. 熟悉决策的基本过程：察觉和分析问题→明确决策目标→制订可行方案→分析比较方案→选择满意方案→实施决策方案→监督与反馈。在这一过程中，"察觉和分析问题"最重要也最困难。

2. 感受决策的影响因素：主要包括问题的类型、环境的制约、决策者的个性特点。尤其是"个性特点"如何影响到决策行为及决策结果。

3. 决策应该遵循的原则：最优化原则、满意化原则。

（二）实验要求

1. 室内进行，任意分组。
2. 实验参加者需要各自准备纸、笔。

（三）实验内容

1. 背景材料

（1）情境设置

某年某月某一天，有一架飞机在沙漠中发生意外，你和一部分生还者，面临生死存亡的选择……

事发在当天上午10点，飞机在位于某地西南部的沙漠紧急着陆。着陆时，机师和副机师意外身亡，余下你和一群人幸运的没有受伤。出事前，机师无法通知任何人有关飞机的位置。不过从指示器知道，这里距离起飞的城市120公里；而距离最近的城镇，在西北偏北100公里，当地有个矿场。该处除仙人掌外，全是荒芜的沙漠，地势平坦。失事前，天气预告气温华氏108度（1华氏度＝5/9摄氏度）。你穿着简便：短袖衬衫、长裤、短袜和皮鞋。另外，你口袋中有十多元的辅币、五百多元纸币、香烟一包、打火机和圆珠笔各一支。

（2）我们为你提供的可选择物品如下：

- 0.45厘米口径手枪（装有弹药）　　　· 大砍刀
- 每人4公升饮用水　　　　　　　　　· 薄纱布
- 当地航空图　　　　　　　　　　　　· 化妆镜
- 太阳眼镜　　　　　　　　　　　　　· 塑料雨衣
- 降落伞　　　　　　　　　　　　　　· 每人伏特加酒4公升
- 指南针　　　　　　　　　　　　　　· 长外套
- 食盐片一瓶（1 000克）　　　　　　· 书籍《沙漠可以食用动物》
- 手电筒（含4个电池）

2. 实验安排

（1）第一阶段。请参加实验的每个人充分理解材料中提供的情境，设身处地，按照自己理解的基于求生的重要性程度，选择10项物品，并对所选物品进行重要性排序：最重要的排第一，依次为第二、第三……第十，其中不可以有并列。此阶段要求每个实验参加者独立完成。

（2）第二阶段。每个组进行充分的小组讨论，集体决策，并基于求生的重要性程度，选择10项物品，和第一阶段一样，对所选物品进行重要性排序。

（3）第三阶段。按照指导老师提供的方法，参加实验者各自算出自己的和本小组的分数，并对比以下答案（如表2-3所示），对比自己的决策和本小组的决策与以下答案是否有偏差，并找出原因。

表2-3　　　　　　　　　　　　　"沙漠求生"大结局

分数	结论
0~25	杰出
26~32	优秀

表2-3(续)

分数	结论
33~45	良好
46~55	及格
56~70	有少许生还希望
71 以上	没有生还希望

3. 专家的解释

在第二次世界大战期间，一位专家曾在撒哈拉沙漠工作，研究沙漠求生的问题。他搜集了无数事件和生还者的资料，给出以下答案，并详细解释其理由。

（1）化妆镜。在各项物品中，镜子是获救的关键。镜子在白天用来表示你的位置，是最快和最有效的工具。镜子在太阳光下，可产生相当于五到七万支烛光的光亮；如反射太阳光线，在地平线另一端也可看到。如没有其他物品，只有一面镜子，你也有80%获救的机会。

（2）每人外套一件。如失事的位置被获悉，在拯救队未到前，便要设法减低体内水分的散发。人体内有40%是水分，流汗和呼吸都会使水分消失，保持镇定可减低脱水的速度，穿上外套能减少皮肤表面的水分散发。假如没有外套，维持生命的时间便减少一天。

（3）每人4公升饮用水。如果只有上述（1）、（2）两项物品，可生存三日。水有助降低身体内脱水的速度，口渴时，最好喝水，使头脑清醒。尤其是在第一天，要制造遮蔽的地方。当身体开始脱水时，喝水也没有多大效用。

（4）手电筒（含4个电池）。在晚上，手电筒是最快和最可靠的发讯号工具。有化妆镜和手电筒，24小时都可以发出信号。手电筒也有其他用途：日间可用电筒的反光镜和玻璃做信号及点火引燃之用；装电池的部分可用来挖掘或盛水（参考塑料雨衣部分之蒸馏作用）。

（5）降落伞。降落伞可用作遮荫。用仙人掌做营杆，降落伞做营顶，可降低20%的温度。

（6）大砍刀。刀可切断坚韧的仙人掌，也有其他用途。刀可排列在较前的位置。

（7）塑料雨衣。雨衣可做"集水器"。在地上挖一个坑，用雨衣盖在上面，然后在雨衣中央放一小石块，使之成漏斗形。日夜温差可使空气的水分附在雨衣上，用雨衣每天大约可收集半公升的水。

（8）0.45厘米口径手枪（装有弹药）。第二天之后，你们说话和行动已很困难，身体已经产生6%~8%的脱水，手枪于是成为很有用的工具。弹药有时也可做起火之用。国际上求救信号是连续发三个短的信号。在无数事件中，由于求生者不能发出求救声音，所以没有被人发现。另外，枪柄可做锤子用。

（9）每人太阳镜1副。在猛烈的太阳光下，人会患光盲症。用降落伞遮荫可避免眼睛受损；也可用黑烟将眼镜熏黑；用手绢或纱布蒙眼，也可避免眼睛被太阳光灼伤。

但用太阳镜更舒适。

（10）薄纱布1箱。沙漠湿度低，身体的脱水会使血液凝结，减少血液流失。有事件记录：有一男子体内失去水分，而身上的衣服已被撕破，倒在尖锐的仙人掌和石块上，满身伤口，但没有流血。后来被救，饮水后伤口才流血。纱布可当绳子或包扎脚部、足踝、头部或面部，做保护之用。

（11）指南针。除用其反射面发信号之外，指南针并无其他用处。反而有引诱人们离开失事地点的危险。

（12）当地航空图。可用来起火或当厕纸。也可用来遮盖头部或眼睛。它也会引导人们走出沙漠。

（13）书1本，名为《沙漠中可食的动物》。目前最大的问题是脱水，并不是饥饿。打猎所得等于失去的水分，但沙漠中动物也甚少。食物也需要大量的水来帮助消化。

（14）伏特加酒4公升。剧烈的酒精会吸收人体内的水分，更可致命。伏特加酒只可做暂时降低体温之用。

（15）盐片1瓶（1000克）。人们往往过分高估了盐的作用。伴随着血液内盐分的增加，也需要大量的水以降低体内的含盐量。

4. "沙漠求生"启示，如表2-4所示。

表2-4　　　　　　　　　　　　个体决策与集体决策的比较

个人决策	集体决策
信息大多不完整	比较完整的信息
备选方案不多	备选方案多
创新性	屈从于压力
自由性	少数人驾驭
责任清晰	责任不清
时间短	花比较多的时间
经济	费用较大
正确率一般较低	正确率一般较高

（四）延伸知识——萨盖定律

1. 定律简介

英国心理学家萨盖提出了著名的萨盖定律，内容是戴一块手表的人知道准确时间，戴两块手表的人便不敢确定时间。

点评：若有太多参照，必无正确比较；若有太多目标，必会迷失方向。

2. 定律启发

萨盖定律带给我们一种非常直观的启发：对于任何一件事情，不能同时设置两个不同的目标，否则将使人无所适从；一个人不能同时选择两种不同的价值观，否则他的行为将陷于混乱。

一个人不能由两个以上的人来指挥，否则将使这个人无所适从；对于一个企业，更是不能同时采用两种不同的管理方法，否则将使这个企业无法发展。

所以，只选择你认为正确的。

两只表并不能告诉一个人更准确的时间，反而会让看表的人失去对准确时间的判断。你要做的就是选择其中较信赖的一只，尽量校准它，并以此作为你的标准，听从它的指引行事。

尼采有一句名言："兄弟，如果你是幸运的，你只要有一种道德而不要贪多，这样，你过桥会更容易些。"如果每个人都"选择你所爱，爱你所选择"，那么无论成败都可以心安理得。然而，困扰很多人的是，他们被"两只表"弄得无所适从，心力交瘁，不知自己该信哪一个。

还有人在环境或他人的压力下，违心选择了自己并不喜欢的道路，并因此而郁郁终生。即使取得了受人瞩目的成就，也体会不到成功的快乐。

3. 现实运用

（1）国家的法律政策，组织的规章制度应该是统一的，若不统一，就会影响贯彻执行。

（2）信息并不是越多越好，过量的信息反而会扰乱人们的正常思维，增加对事物判断的不确定性。

（3）一个人或组织的目标和理想应该有主要定向，太多就会影响其奋斗方向。

在这方面，美国在线与时代华纳的合并就是一个典型的失败案例。美国在线是一个年轻的互联网公司，企业文化强调操作灵活、决策迅速，要求一切为快速抢占市场的目标服务。而时代华纳在长期的发展过程中建立起了强调诚信之道和创新精神的企业文化。

两家企业合并后，企业高级管理层并没有很好地解决两种价值标准的冲突，导致员工完全搞不清企业未来的发展方向。最终，时代华纳与美国在线的世纪联姻以失败告终。这也充分说明，要搞清楚时间，一块走时准确的表就足够了。

4. 寓言故事——猴子与表的故事

森林里生活着一群猴子，每天太阳升起的时候它们外出觅食，太阳落山的时候回去休息，日子过得平淡而幸福。

一名游客穿越森林，把手表落在了树下的岩石上，被猴子"猛可"拾到了。聪明的"猛可"很快就搞清了手表的用途，于是，"猛可"成了整个猴群的明星，每只猴子都向"猛可"请教确切的时间，整个猴群的作息时间也由"猛可"来规划。"猛可"逐渐建立起威望，当上了猴王。

做了猴王的"猛可"认为是手表给自己带来了好运，于是它每天在森林里巡查，希望能够拾到更多的表。功夫不负有心人，"猛可"又拥有了第二块、第三块表。

但"猛可"却有了新的麻烦：每只表的时间指示都不尽相同，哪一个才是确切的时间呢？"猛可"被这个问题难住了。当有下属来问时间时，"猛可"支支吾吾回答不上来，整个猴群的作息时间也因此变得混乱。过了一段时间，猴子们起来造反，把"猛可"推下了猴王的宝座，"猛可"的收藏品也被新任猴王据为己有。但很快，新任猴王同样面临着"猛可"的困惑。

三、汽车销售公司的策略

（一）实验目的

1. 熟悉决策的基本过程：察觉和分析问题→明确决策目标→制订可行方案→分析比较方案→选择满意方案→实施决策方案→监督与反馈。决策过程的每一个阶段都离不开对外部环境的分析。

2. 感受决策的影响因素：主要包括问题的类型、环境的制约、决策者的个性特点。注意任务环境因素（包括资源供应者、竞争者、顾客、政府机构和社会特殊利益代表组织）中的竞争者是如何影响到每一次的具体决策行为的。

3. 决策应该遵循的准则：最优化准则、满意化准则。

4. 了解决策中的"囚徒困境"。

（二）实验要求

1. 室内进行，分为 6 组，每组代表一个汽车销售公司在市场上开展经营。

2. 决策形式采取小组集体决策。

3. 只进行 6 个年度的经营。

（三）实验内容

1. 情境安排

（1）设定所有汽车销售公司的年度销售额均为 1000 万。

（2）设定所有汽车销售公司的营销手段单一，即只能进行降价销售或不降价销售的选择。

（3）进行 6 个年度的经营（即 6 次小组决策），前三次为各小组自由竞争，后三次为小组代表协商后进行。

（4）每个年度的销售策略，由各小组经过五分钟的讨论之后做出，策略选择只有两种：降价还是不降价。各小组要将最后决定写在纸条上，交给指导老师，由指导老师根据营销规则计算利润额，并登记在利润表上。

（5）经过 6 个年度的经营后，由指导老师公布各公司的利润总额（六年利润的总和），看哪一组赚的钱多。

2. 汽车销售市场的营销规则

（1）如果按部就班的经营，即价格都不降低，则所有汽车公司的利润率都维持在 9%。

（2）如果有一家公司采取降价策略，降价的公司由于薄利多销，利润率提高到 16%；而没有采取降价策略几家公司，利润率降低到 3%。

（3）如果有两家公司采取降价策略，则利润率提高到 12%；而没有采取降价策略的公司利润率则为 6%。

（4）如果三家公司同时降价，则降价公司的利润率都为 6%，没有降价的也为 6%。

（5）如果四家汽车公司同时降价，则降价公司的利润率为 6%，没有降价的为 12%。

（6）如果五家汽车公司降价，则降价公司的利润率 3%，没有降价的为 16%。

（7）如果六家汽车公司都降价，市场陷入恶性竞争，则所有公司的利润率均为 -9%。

3. 附表：利润表（如表 2-5 所示）。

表 2-5　　　　　　　　　　　　　　利润表

	第一年	第二年	第三年	第四年	第五年	第六年	合计
1 组							
2 组							
3 组							
4 组							
5 组							
6 组							

4. 指导老师的点评要点提示

（1）本实验看似简单，但结果往往出人意料，因为大部分公司都会选择降价，结果降价会导致两败俱伤。

（2）这个实验还告诉我们两个道理：一是不要假定竞争对手比你傻；二是不要轻易打价格战，因为价格战很难有最后的赢家。

（3）每一个决策方案都有其优缺点，都有其特定的环境背景；决策中会经常面临两难选择，即使合作对多方都有利时，合作也是困难的。

（四）延伸知识——囚徒困境

1. 囚徒困境的经典模式

1950 年，就职于兰德公司的梅里尔·弗勒德（Merrill Flood）和梅尔文·德雷希尔（Melvin Dresher）拟定出相关困境的理论，后来由该公司的顾问艾伯特·塔克（Albert Tucker）以囚徒方式阐述，并命名为"囚徒困境"（Prisoner's Dilemma）。经典的囚徒困境如下：

警方逮捕甲、乙两名嫌疑犯，但没有足够证据指控二人入罪。于是警方分开囚禁嫌疑犯，分别和二人见面，并向双方提供以下相同的选择：

①若一人认罪并作证检控对方（相关术语称"背叛"对方），而对方保持沉默，此人将即时获释，沉默者将判监 10 年。

②若二人都保持沉默（相关术语称互相"合作"），则二人均判监 1 年。

③若二人都互相检举（相关术语称互相"背叛"），则二人均判监 8 年。

以上选择可用表格概述，如表 2-6 所示。

表 2-6 经典的囚徒困境

	甲沉默	甲认罪
乙沉默	二人同服刑 1 年	乙服刑 10 年，甲即时获释
乙认罪	甲服刑 10 年，乙即时获释	二人同服刑 8 年

2. 囚徒困境要旨与解读

（1）要旨

囚徒困境是两个被捕的囚徒之间的一种特殊博弈，说明为什么即使在合作对双方都有利时，保持合作也是困难的。

囚徒们彼此合作、坚不吐实，虽然可为全体带来最佳利益（缩短刑期），但在资讯不明的情况下，因为出卖同伙可为自己带来利益（无罪开释），也因为同伙把自己招出来可为他带来利益，因此彼此出卖虽违反最佳共同利益，但却是自己最大利益所在。实际上，执法机构不可能设立如此情境来诱使所有囚徒招供，因为囚徒们必须考虑刑期以外的因素（如出卖同伙会受到报复等），而无法完全以执法者所设立的利益（刑期）作考量。

（2）解读

如同博弈论的其他例证，囚徒困境假定每个参与者（即"囚徒"）都是利己的，即都寻求最大自身利益，而不关心另一参与者的利益。参与者某一策略所得利益，如果在任何情况下都比其他策略要低的话，则此策略被称为"严格劣势"，理性的参与者绝不会选择。另外，没有任何其他力量干预个人决策，参与者可完全按照自己意愿选择策略。

囚徒到底应该选择哪一项策略，才能将自己个人的刑期缩至最短？两名囚徒由于隔绝监禁，并不知道对方的选择；而即使他们能交谈，还是未必能够尽信对方不会反口。就个人的理性选择而言，检举背叛对方所得刑期，总比沉默要来得少。

试设想困境中两名理性囚徒会如何作出选择：若对方沉默，背叛会让我获释，所以会选择背叛；若对方背叛指控我，我也要指控对方才能得到较少的刑期，所以也是会选择背叛。

二人面对的情况一样，所以二人的理性思考都会得出相同的结论——选择背叛。背叛是两种策略之中的支配性策略。因此，这场博弈中唯一可能达到的纳什均衡，就是双方参与者都背叛对方，结果二人同样服刑 8 年。

这场博弈的纳什均衡，显然不是顾及团体利益的帕累托最优解决方案。以全体利益而言，如果两个参与者都合作保持沉默，两人都只会被判刑一年，总体利益更高，结果也会比两人背叛对方、判刑 8 年的情况好。但根据以上假设，二人均为理性的个人，且只追求自己个人利益，因此，均衡状况会是两个囚徒都选择背叛，结果二人判刑均比合作为高，总体利益较合作为低。这就是"困境"所在。例子漂亮地证明了：非零和博弈中，帕累托最优和纳什均衡是相冲突的。

四、如果我来做

（一）实验目的

    （1）熟悉决策的影响因素及应该遵循的原则。

    （2）培养群体决策意识和创新能力。

    （3）了解头脑风暴法的基础原则及方法。

    （4）激发参与者创造性思考的热情。

（二）实验要求

    （1）场地：以室内为宜。

    （2）材料：纸、笔、回形针若干，一份有关虚拟企业内容的复印件。

    （3）分组分阶段进行，每组成员 10 人左右。

（三）实验内容

    分两个阶段进行，第一阶段为热身运动，第二阶段试着解决问题。具体如下：

    第一阶段：激发创造力的自由讨论。

    1. 所需材料

    在每张桌子上放一个回形针。

    2. 具体步骤

    研究表明，一些简单实用的练习可以激发创造力。然而，创造的火花经常被具有杀伤力的话熄灭，如"我们去年就这样试过了"、"我们已经那样做过了"，以及其他一系列诸如此类的评论。

    要使参与人员养成为自己的创造力开绿灯的习惯，要求自由讨论遵循以下规则：

    （1）不允许使用批评性的评语。

    （2）欢迎海阔天空式的自由讨论（即思路越开阔越好）。

    （3）要的是数量，而不是质量。

    （4）寻求观点的结合与深化。

    按照以上四条基本原则，把参与人员分成 10 人左右的小组进行讨论。给他们 3 分钟的时间，请他们想出使用回形针的尽可能多的使用方法。每组指定一人负责统计，只需统计想出方法的数目，不一定要把方法本身也记录下来。3 分钟以后，请各组长首先报告想出方法的数目，再请他们说出一些看起来极其"疯狂"、极其"不着边际"的想法。向参与人员指出，有时候这些貌似"愚蠢"的想法其实是行之有效的。

    3. 替代游戏

    布置参与人员的任务还可以是想出改进普通铅笔（非自动铅笔）的办法、杯子的使用方法等。

    4. 阶段讨论方向

    （1）你对于自由讨论的方法有无保留意见？

    （2）自由讨论对哪类问题最适用？

（3）你认为自由讨论这一方法还有哪些有待开发的应用方式？

第二阶段：在自由讨论中创造性解决问题。

1. 概述

参与者 10 人左右一组，模拟一场服务竞赛。小组成员要共同努力，寻找既能宣传企业，又能带给客户惊喜的点子。通过本实验，还要参与者认识到客户与利润之间的联系。本实验参与小组若在 6~8 个，实验将能取得最佳效果。

2. 材料准备和要求

要提前准备有关虚拟企业内容的复印件一份（见附件）。要将复印件剪开，这样你就有了几张小纸片，每张小纸片分别介绍一个虚拟企业。此外，还需要一顶帽子或一个碗来盛放纸片，以便让参与者从中随机抽取。

指导老师要首先告诉参与者，他们将参加一次由社区企业协会主办的"创造性服务竞赛"。将参与者分成小组，每组 10 人左右，各组分别代表一个不同的虚拟企业。小组成员应该互相合作，设计出一个满足竞赛要求的点子。这个点子是在小组成员充分讨论的基础上形成的，讨论中遵守的规则和第一阶段相同，不同之处是最终形成的是一个点子，即一个得到小组成员共同认可的点子。

小组共同认可的点子，也是这个竞赛的目标，要求这个点子既能够宣传企业，又能够更好地服务客户。在寻找点子时，指导老师应鼓励小组成员尽可能地发挥他们的创造力。竞赛不设预算限制，但最终的点子必须"符合常理"，也必须紧密联系本企业。例如：杂货店不可能免费提供小狗。

3. 一个例子

通过介绍下面这个例子，让各个小组的参与者更好地了解本实验应该怎样开展。

公司名称：千年银行

所属行业：银行

点子：对于每第 2000 名到银行开户的客户，无论是经常账户还是储蓄存款账户，我们都将提供给他（她）终身免手续费的优惠待遇。

4. 现在开始实验

每个小组选出一名组长，下面实验将在组长的主持下进行。

先由每个小组派出一名代表，从"帽子"里抽取一张小纸片，然后让各组为其抽取的虚拟企业设计点子，限时 20 分钟。20 分钟后，要求各组依次大声念出他们所抽到的虚拟企业的名称，以及他们为其设计的点子。最后让大家投票，选出最佳的点子。

5. 附件

（1）公司名称：生命游戏

所属行业：体育用品商店

点子：_____

_____

（2）公司名称：君往何处

所属行业：交通服务行业

点子：_____

（3）公司名称：木材店

所属行业：木制品商店

点子：_____

_____

（4）公司名称：美女与野兽

所属行业：男女皆宜理发店

点子：_____

_____

（5）公司名称：给我电话

所属行业：移动电话服务公司

点子：_____

_____

（6）公司名称：第一页

所属行业：书店

点子：_____

_____

（7）公司名称：雏菊连锁店

所属行业：花店

点子：_____

_____

（8）公司名称：城市动物园

所属行业：国内最大的动物园之一

点子：_____

_____

（四）延伸知识——头脑风暴法

1. 简介

头脑风暴法又称智力激励法、BS 法或自由思考法，是由美国创造学家 A. F. 奥斯本于 1939 年首次提出、1953 年正式发表的一种激发性思维的方法。此法经各国创造学研究者的实践和发展，至今已经形成了一个发明技法群，深受众多企业和组织的青睐。头脑风暴（Brain Storming）最早是精神病理学上的用语，指精神病患者精神错乱的状态，现在转而指无限制的自由联想和讨论，其目的在于产生新观念或激发创新设想。

在群体决策中，由于群体成员心理相互作用影响，易屈从于权威或大多数人意见，形成所谓的"群体思维"。群体思维削弱了群体的批判精神和创造力，损害了决策的质量。为了保证群体决策的创造性、提高决策质量，管理上发展了一系列改善群体决策的方法，头脑风暴法是较为典型的一种。

头脑风暴法又可分为直接头脑风暴法（通常简称为头脑风暴法）和质疑头脑风暴

法（也称反头脑风暴法）。前者是在专家群体决策的基础上尽可能激发创造性，产生尽可能多的设想和方法；后者则是对专家提出的设想、方案逐一质疑，分析其现实可行性的方法。

采用头脑风暴法进行组织群体决策时，要集中有关专家召开专题会议，主持者以明确的方式向所有参与者阐明问题，说明会议的规则，尽力创造融洽轻松的会议气氛。主持者一般不发表意见，以免影响会议的自由气氛。由专家们"自由"提出尽可能多的方案。

2. 激发机理

头脑风暴何以能激发创新思维？根据 A. F. 奥斯本本人及其他研究者的看法，主要有以下几点：

（1）联想反应

联想是产生新观念的基本过程。在集体讨论问题的过程中，每提出一个新观念，都能引发他人的联想，相继产生一连串的新观念，产生连锁反应，从而形成新观念堆，为创造性地解决问题提供了更多的可能性。

（2）热情感染

在不受任何限制的情况下，集体讨论问题能激发人的热情。人人自由发言、相互影响、相互感染，能形成热潮，突破固有观念的束缚，最大限度地发挥创造性地思维能力。

（3）竞争意识

在有竞争意识的情况下，人人争先恐后，竞相发言，不断地开动思维机器，力求有独到见解和新奇观念。心理学原理告诉我们，人类有争强好胜心理，在有竞争意识的情况下，人的心理活动效率可增加50%甚至更多。

（4）个人欲望

在集体讨论解决问题的过程中，个人的欲望、自由不受任何干扰和控制，是非常重要的。头脑风暴法有一个原则，即不得批评仓促的发言，甚至不许有任何怀疑的表情、动作、神色。这就能使每个人畅所欲言，提出大量的新观念。

3. 一般要求

（1）组织形式

参加人数一般为 5~10 人（课堂教学也可以班为单位），最好由不同专业或不同岗位者组成；时间控制在 1 小时左右；设主持人一名，主持人只主持会议，对设想不作评论；设记录员 1~2 人，要求认真将参与者每一设想不论好坏都完整地记录下来。

（2）准备工作

首先要明确主题。讨论主题提前通报给参与人员，让参与者有一定准备。其次要选好主持人。主持人要熟悉并掌握该技法的要点和操作要素，摸清主题现状和发展趋势。再次是参与者要有一定的训练基础，懂得该讨论提倡的原则和方法。最后是讨论前可进行柔化训练，即对缺乏创新锻炼者进行打破常规思考、转变思维角度的训练活动，以减少其思维惯性，将其从单调紧张的工作环境中解放出来，以饱满的创造热情投入激励设想活动。

（3）讨论的原则

为使参与者畅所欲言，互相启发和激励，达到较高效率，必须严格遵守下列规则：

①禁止批评和评论，也不要自谦。对别人提出的任何想法都不能批判、不得阻拦。即使自己认为是幼稚的、错误的，甚至是荒诞离奇的设想，亦不得予以驳斥；同时也不允许自我批判，在心理上调动每一个与会者的积极性，彻底防止出现一些"扼杀性语句"和"自我扼杀语句"。诸如"这根本行不通""你这想法太陈旧了""这是不可能的""这不符合某某定律"以及"我提一个不成熟的看法""我有一个不一定行得通的想法"等语句，禁止在讨论中出现。只有这样，参与者才可能在充分放松的心境下，在别人设想的激励下，集中全部精力开拓自己的思路。

②目标集中，追求设想数量，越多越好。在智力激励法实施过程中，要强制大家提设想，越多越好。会议以谋取设想的数量为目标。

③鼓励巧妙地利用和改善他人的设想。这是激励的关键所在。每个与会者都要从他人的设想中激励自己，从中得到启示，或补充他人的设想，或将他人的若干设想综合起来提出新的设想等。

④参与人员一律平等，各种设想应全部记录下来。与会人员，不论是该方面的专家、员工，还是其他领域的学者，甚至该领域的外行，一律平等；各种设想，不论大小，即使是最荒诞的设想，记录人员也要认真地将其完整地记录下来。

⑤主张独立思考，不允许私下交谈，以免干扰别人思考。

⑥提倡自由发言，畅所欲言，任意思考。会议提倡自由奔放、随便思考、任意想象、尽量发挥，主意越新、越怪越好，因为它能启发人推导出好的观念。

⑦不强调个人的成绩，应以小组的整体利益为重，注意和理解别人的贡献，创造民主环境，不以多数人的意见阻碍个人新的观点的产生，激发个人追求更多更好的主意。

（4）主持人的技巧

①主持人应懂得各种创造性思维和技法，讨论前要向参与者重申应遵守的原则和纪律，同时还要善于激发成员思考，使气氛轻松活跃而又不违反脑力激荡的规则。

②可轮流发言，每轮每人简明扼要地说清楚创意设想一个，避免发展成辩论会和发言不均。

③要以赏识激励的词句语气和微笑点头的行为语言，鼓励与会者多出设想，如说："对，就是这样""太棒了""好主意""这一点对开阔思路很有好处"等。

④禁止使用下面的话语："这点别人已说过了""实际情况会怎样呢""请解释一下你的意思""就这一点有用""我不赞赏那种观点"等。

⑤经常强调设想的数量，比如每3分钟内要发表10个设想。

⑥遇到人人皆才穷计短、出现暂时停滞时，可采取一些措施，如休息几分钟。可自选休息方法，散步、唱歌、喝水等，再进行几轮脑力激荡；或发给每人一张与问题无关的图画，要求讲出从图画中所获得的灵感。

⑦根据议题和实际情况需要，引导大家掀起一轮又一轮脑力激荡的"激波"。如议题是某产品的进一步开发，可以从产品改进配方思考作为第一轮激波、从降低成本思

考作为第二轮激波、从扩大销售思考作为第三轮激波等。又如，对某一问题解决方案的讨论，引导大家掀起"设想开发"的激波，及时抓住"拐点"，适时引导进入"设想论证"的激波。

4. 头脑风暴法应遵守的原则

（1）禁止批评原则。对各种意见、方案的评判必须放到最后阶段，此前不能对别人的意见提出批评和评价。认真对待任何一种设想，而不管其是否恰当和可行。

（2）自由鸣放原则。欢迎各抒己见，创造一种自由的气氛，激发参加者提出各种荒诞的想法。

（3）追求数量原则。意见越多，产生好意见的可能性越大。

（4）取长补短原则。探索取长补短和改进办法，除提出自己的意见外，鼓励参加者对他人已经提出的设想进行补充、改进和综合。

5. 头脑风暴法的基本流程

从明确问题到会后评价，头脑风暴法有三个阶段，如图 2 - 6 所示。

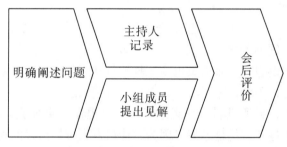

图 2 - 6　头脑风暴法流程

（1）介绍问题。
（2）若组员对问题感到困惑，主持人则对问题利用案例形式进行分析。
（3）指定一人记录所有见解。
（4）鼓励组员自由提出见解。
（5）会后以鉴别的眼光讨论所有列出的见解。
（6）也可以让另一组人员来评价。

6. 对头脑风暴法的评价

实践经验表明，头脑风暴法可以排除折中方案，对所讨论问题通过客观、连续的分析，找到一组切实可行的方案，因而头脑风暴法在军事决策和民用决策中得到了较广泛的应用。例如美国国防部制订长远科技规划时，曾邀请 50 名专家采取头脑风暴法开了两周会议。参加者的任务是对事先提出的长远规划提出异议。通过讨论后，得到一个使原规划文件变为协调一致的报告，原规划文件中只有 25% ~ 30% 的意见得到保留。由此可以看到头脑风暴法的价值。

当然，头脑风暴法实施的成本（时间、费用等）是很高的；另外，头脑风暴法要求参与者有较好的素质。这些因素是否满足会影响头脑风暴法实施的效果。

五、模拟家庭购房

(一) 实验目的

  1. 把握决策的基本过程，体验决策的科学性。

  2. 体会决策过程中不同决策者价值观的呈现，感受决策的艺术性。

  3. 领会决策的影响因素。

(二) 实验要求

  1. 分组：4~6人为一组。

  2. 场地：每组有讨论室或会议室。

  3. 道具：教师准备包括户型图在内的所在城市不同房地产公司的广告10份，学生自备纸、笔，所在场地具备上网条件。

  4. 学时：建议为3学时。

(三) 实验内容

  1. 设想每组学生都是一个家庭，家庭人口数和小组成员数一致。为改善家庭的居住条件，全家人在一起讨论购房计划。每个家庭有一个上幼儿园的小孩，至少有一个老人，上班成员的工作单位地点至少分布在城市里的两个区。家庭能够承担的首付金额最高不超过20万元，家庭的人均收入是当地人均收入的1.5倍。

  2. 小组成员（全家人）一起进行购房决策。假设广告所宣传的楼盘及户型均有房待售，各组最终选定楼盘、户型，并制订付款计划。

  3. 总结"购房"的过程，并回答以下问题：

  (1) 你们"购房"的活动是怎样体现决策过程的？

  (2) 在"购房"的过程中，你们有过哪些分歧？为什么会产生这些分歧？你们是如何解决这些分歧的？

  (3) 你们的购房决策是如何受到各种因素影响的？

六、登山大冒险

(一) 实验目的

  熟悉个体决策和群体决策的差异，了解参与群体决策的重要性，感受如何提高群体决策的质量。

(二) 实验要求

  计划学时2学时，分组时可2~3人一组。

(三) 实验内容

  (1) 分发指南（材料一）。

  (2) 给每个组指定一位观察者，分发观察者工作单（材料二），并与观察者们讨论其中的指令。

（3）给每组 20 分钟完成此任务。

（4）把各组的列表与专家们的列表（见下文）进行对比。

（5）给 15 分钟的时间交流和讨论观察者的评论。要求各团队确定他们该如何改善参与过程并承诺付之行动。

（6）如果有两个以上的团队参与，则让各团队向大家汇报各自的行动承诺。

注意：如果团队能从检查决策过程中获益，则再增加一次对建立标准（为了解决问题而设）的重要性的讨论。明确这些标准不仅对高质量的决策有帮助，而且也巩固了多数人意见的地位。

材料一：

登山冒险指南

你们是攀登阿拉斯加州的麦金利山（海拔为 6194 米）的登山探险队的成员。你们现在在半山腰。一场雪崩弄伤了两个队员，而一场暴风雪又即将来临。

小组决定留在原处。

你们中的一人自愿下山寻求帮助。你们相信他（她）在暴风雪袭击之前能取得一些进展。他（她）将不得不独自露宿（在山上过夜）。该自愿者必须轻装上阵，因为速度就是生命。

他（她）能带 14 样东西。小组必须从他（她）现在背的 37 件东西中选出他（她）必须携带的 14 件东西。

假设他（她）必须携带所有基本的登山装备，包括绳子、钩悬带、冰斧和榔头、登山服、岩钉等。

他（她）穿戴着：

带有填充内芯的塑料登山靴、绑腿（不让雪钻进靴子里）、羊毛夹克、羊毛裤、羊毛帽、带有羊毛里子的防水手套、保暖内衣裤、袜子。

从下面的清单中选出 14 项：

铲、防水裤、滑雪杆、指南针、轻便丙烷炉、烧锅、瑞士军刀、大锡杯、调羹、厕纸、地图、带防水涂层的睡袋、高度计、睡袋垫、帐篷、带帽御风夹克、急救工具箱、短睡袋（盖住下肢的短睡袋）、用锂电池的头灯、防水布、大聚乙烯袋（足够让一个人钻得进去那么大）、太阳镜、露营刷（刷衣服和睡袋上的雪的刷子）、防晒霜、速食包、遮光剂、备用手套、手套、照相机、胶卷、火柴、哨子、装有葡萄酒的葡萄酒囊、巧克力条、水瓶、袋装的热可可、装在聚乙烯袋中的铅笔和纸。

材料二：

观察者的任务

考虑以下问题：

每个人都积极参与了吗？

听取了每个人的意见吗？

有什么主意被遗忘了吗？

是否有一些人具有更大的影响力？

是什么给予这些人更大的影响力？例如：他们在团队中的职位，登山经验，有说服力的方式，自信，攻击性强。

用的是什么决策方法？

团队达成共识了吗？也就是说：是否每个人都完全赞同结果？如果是，是什么帮助他们达成共识的？如果不是，是什么阻碍了他们？

（四）实验点评

共享领导权需要大家全身心地参与。当参与过程有效时所有的意见不仅有价值并会极大地影响结果，团队成员也将会有主人翁感。

如能对决策过程进行审视并制订决策标准，则不仅能提高决策质量，还能推进达成共识。因此，该游戏旨在强调：

（1）参与过程的质量。

（2）提升参与过程的行动的承诺。

（3）提高决策技巧。

（五）登山冒险：专家方案

（1）以下是在登山遇险选择东西时必须优先考虑的内容：

保持干燥；保持温度（维持体内温度）；知道方位；确保自己不受刺眼的阳光及雪反射的伤害。

注意：葡萄酒不应在你的选择清单中，因为酒精更易降低你的体温。

（2）专家建议的选择、共 14 项：

指南针、地图、速食包、用锂电池的头灯、太阳镜、防晒霜、带防水涂层的睡袋、水瓶、轻便丙烷炉、大锡杯、瑞士军刀、火柴、防水裤、带帽御风夹克。

七、双向拍卖实验

（一）实验目的

感受个体决策的影响因素，熟悉科学决策的基本过程。

（二）实验要求

分两组进行，每组 8 人，计划学时为 2 学时。

（三）实验内容

1. 主要内容

大家好！今天，我们将在这里建立一个交易市场。在这个市场中，有一部分人是卖方、有一部分人是买方。交易的商品被分为不同的单位。我们不指明这种商品的名称，而只是简单地把它叫做“单位”。

你们在交易中会随机分配为卖方角色和买方角色，不管什么角色，你们每个人都会拥有两个单位（如表 2-7、表 2-8 所示）。

整个交易分为 4 个阶段进行（其中第一阶段为尝试阶段，所得收益不计入最后成绩）。在每一个交易阶段，你的成交价格将决定你的收益。你需要将你的收益记录在所发的记录卡上。

本次"双向拍卖实验"的人数为16人，其中有8人将扮演"卖方"的角色，另外8人将扮演"买方"的角色。

我将给你们每人随机发一张交易"信息卡"片，如果卡片上写着"卖方"，那么你在市场中就扮演卖方的角色；如果卡片上写着"买方"，那么你在市场中就扮演买方的角色。

表 2-7 卖方"信息卡"

你是一个卖方，编号为 S4
你的第一单位成本为 7.1 货币单位
你的第二单位成本为 7.7 货币单位

注：这里的编号为在实际交易报价时自报的"身份号"。"单位成本"为将来在交易中你愿意出的最低卖价。

切记：这张卡片上的信息需要保密，不要向任何人透露。

表 2-8 买方"信息卡"

你是一个买方，编号为 B2
你的第一单位价值为 9.6 货币单位
你的第二单位价值为 6.8 货币单位

注：这里的编号为在实际交易时报价自报的"身份号"。"单位价值"为将来在交易中你愿意出的最高买价。

切记：这张卡片上的信息需要保密，不要向任何人透露。

2. 交易规则

当我宣布"开市"的时候，你们就可以开始进行交易。

首先，由卖方出价。只有举手后，被我点到的卖方才能给出愿意出售的价格，并且在出价之前卖方要报出所持卡片的编号。

然后，由买方要价。同样，也只有举手后，被我点到的买方才可以给出愿意购买的价格，并且在要价之前要报出在卡片上的编号。

每次出价和要价只针对一个单位的商品。不能以打包的形式出售多个单位的商品。

例如，如果卖方 S5 想以 5.65 元出售其第一单位商品，那么当他（她）举手并且我点到他（她）时，他（她）应该说："卖方 S5 要价 5.65 元。"

同样，如果买方 B1 想以 4.00 元的价格购买第一单位商品，那么当他（她）举手并且我让他（她）出价时，他（她）应该说："买方 B1 出价 4.00 元。"

要价和出价的原则——改进原则。

例如，在开始对第一单位商品进行买卖时，卖方 S5 通过举手、自报身份（比如"卖方 S5"）和要价（比如"5.65 元"）开始让购。若买方 B1 通过举手、自报身份（买方 B1）和出价（4.00 元）开始让售。这些开始的提议形成了初始的出价和初始的要价，下一个卖方要价必须低于 5.65 元，下一个买方出价必须高于 4.00 元。当一位交易者接受了另一位交易者提出的价格时，第一单位的议价便告结束。这一交易合同达成后，合同双方（本例中的卖方 S5 和买方 B1）需要立即将价格记录在卡片上并按上面介绍的方法计算收益。其他的人就不需要记录任何信息。

进入下一单位的交易时，前面所有已发布的出价和要价信息便宣告无效。因此报价的改进原则并不对下一单位的初始出价和初始要价构成约束，这里下一单位对卖方S5 和买方 B1 来说是第二单位，对其他人来说则是第一单位。议价继续进行，直到预置的时间结束。在交易过程中，不得相互讨论。

3. 卖方记录纸说明

记录纸上的第 1 列数字代表交易的单位，卖方出售的数量不能超过卡片上的数量。在这个例子中，卖方最多能出售 2 个单位的商品。如卖方记录纸如表 2-9 所示。

卡片的第 4~7 列分别记录每个交易期中所交易的该单位商品的交易成交价格、单位成本和相应的收益。其中成交价格在买卖双方成交后才填写；而单位成本是事先给定的，交易前需要填入，而且只有在交易发生后，那一单位的商品才有成本。例如，交易结束后，卖方只出售了一个单位的商品，那么只有第一个单位的商品才有成本，第二单位的商品没有成本。

卖方每次只能出售一个单位的商品，而且只有当前一单位商品成交后，才能出售下一单位商品。出售商品的数量由卖方自己确定，只要不超过规定的数量就行。卖方可以将自己所有的商品卖给同一个买方，也可以卖给不同的买方。

表 2-9　　　　　　　　　　　卖方记录纸　　　　　　　　　　单位：元

卖者记录纸			卖者编号 S4			
			交易时期			
商品单位	行号		0	1	2	3
第一单位	1	成交价格				
	2	第一单位成本	7.1	7.1	7.1	7.1
	3	收益				
第二单位	4	成交价格				
	5	第二单位成本	7.7	7.7	7.7	7.7
	6	收益				
	7	本期总收益	不用计入			
	8	累计总收益	0			

4. 卖方收益的计算

卖方的收益 = 出售的成交价格 - 相应单位的成本

例如，在上面卖方 S4 的记录纸中显示，第一单位商品的成本是 7.1 元，第二单位商品的成本是 7.7 元。如果在交易结束时，卖方以 8.9 元出售第一单位商品，以 9.4 美元出售第二单位商品，那么该卖方在交易中的收益为如表 2-10 所示：

第一单位商品的收益 = 8.9 - 7.1 = 1.8（元）

第二单位商品的收益 = 9.4 - 7.7 = 1.7（元）

表 2-10 卖方记录的核算 单位：元

| 卖者记录纸 | | | 卖者编号 S4 | | | |
| | | | 交易时期 | | | |
商品单位	行号		0	1	2	3
第一单位	1	成交价格		8.9		
	2	第一单位成本	7.1	7.1	7.1	7.1
	3	收益		1.8		
第二单位	4	成交价格		9.4		
	5	第二单位成本	7.7	7.7	7.7	7.7
	6	收益		1.7		
	7	本期总收益	不用计入	3.5		
	8	累计总收益	0	3.5		

5. 买方记录纸说明

买者记录纸上的第 1 列数字代表要购买的单位，买方能够购买的数量不能超过卡片上的数量。在这个例子中，买方最多只能购买 2 个单位的商品。如表 2-11 所示。

记录纸上的第 4~7 列代表每个交易时期某单位商品的交易价格、单位价值和收益。其中，交易价格是在该单位商品交易完成后填写的；而商品的单位价值是事先给定的，而且只有在交易发生后，那一单位的商品才有价值。例如，如果交易结束后，买方只购买了一个单位的商品，那么只有第一个单位的商品才有价值，第二单位的商品没有价值。

买方每次只能购买一个单位的商品，而且只有当购买了前一单位商品后，才能购买下一单位商品。交易中所购买的数量由买方自己确定，只要不超过规定的数量就行。所购买的商品，可以来自同一个卖方，也可以来自不同的卖方。

表 2-11 买方记录纸 单位：元

| 买者记录纸 | | | 买者编号 B2 | | | |
| | | | 交易时期 | | | |
商品单位	行号		0	1	2	3
第一单位	1	第一单位价值	9.6	9.6	9.6	9.6
	2	成交价格				
	3	收益				
第二单位	4	第二单位价值	6.8	6.8	6.8	6.8
	5	成交价格				
	6	收益				
	7	本期总收益	不用计入			
	8	累计总收益	0			

6. 买方收益的计算

买方的收益＝相应单位的价值－购买的价格

例如，在买方的记录卡片（如表2-11所示）中显示，第一单位商品的价值为9.6元，第二单位商品的价值为6.8元。如果在交易结束时买方以8.2元购买第一单位商品，以6.0元购买第二单位商品，那么该买方在交易中的收益为：

第一单位商品的收益＝9.6－8.2＝1.4（元）

第二单位获得的收益＝6.8－6.0＝0.8（元）

本期购买商品所获得的总收益＝2.2（元）

如表2-12所示。

表2-12　　　　　　　　　　　　　　买方记录核算　　　　　　　　　　　　单位：元

买者记录纸			买者编号 B2			
			交易时期			
商品单位	行号		0	1	2	3
第一单位	1	第一单位价值	9.6	9.6	9.6	9.6
	2	成交价格		8.2		
	3	收益		1.4		
第二单位	4	第二单位价值	6.8	6.8	6.8	6.8
	5	成交价格		6.0		
	6	收益		0.8		
	7	本期总收益	不用计入	2.2		
	8	累计总收益	0	2.2		

八、独裁者博弈和最后通牒博弈

（一）实验目的

通过博弈游戏和选择游戏让被测试者熟悉个体决策的过程，分析自己的决策思路和决策结果，锻炼自身的决策能力。

（二）实验要求

在要求的时间内完成下列三个小游戏，写出自己在决策时的想法，分析自己的决策是否理性以及决策过程中受到哪些因素的影响。

（三）实验内容

1. 最后通牒博弈（Ultimatum Game）

两个实验参与者分配一笔固定数目的钱，一人作为提议者向另一个参与者（回应者）提出如何分配这笔钱。回应者可以接受或者拒绝提议者的分配方案。若回应者接受方案，则二人按提议者提出的方案进行分配；若回应者拒绝方案，则二人都得不到钱。

2. 独裁者博弈（Dictator Game）

两个实验参与者分配一笔固定数目的钱，一人作为提议者（独裁者）向另一个参与者（回应者）提出如何分配这笔钱。回应者只能接受提议者的分配方案。

3. 分钱游戏

假设你现在和一个陌生人玩一个分钱游戏。在这个游戏中，有四个情景，每个情景分别有 A、B 两种选择。请给出你对下面四个选择题的答案。

（1） A 你得 50 元，对方得 100 元

B 你得 50 元，对方得 10 元

（2） A 你得 100 元，对方得 50 元

B 你得 75 元，对方得 75 元

（3） A 你得 50 元，对方得 100 元

B 你得 30 元，对方得 30 元

（4） A 你得 50 元，对方得 100 元

B 你得 40 元，对方得 20 元

给出实验结果，请同学分组讨论博弈和选择游戏中个体决策的过程和决策依据。

第三章 计划类实验

第一节 科学计划的基本理论知识

计划过程是决策的组织落实过程。计划是企业在未来一段时间内的目标设定和实现目标途径的策划与安排。

一、计划的含义和作用

1. 计划的含义

计划是关于组织未来的蓝图，是对组织在未来一段时间内的目标和实现目标途径的策划与安排。计划有正式计划与非正式计划之分。

（1）计划与决策的区别。计划与决策是有区别的，因为这两项工作解决的问题不同。决策是关于组织活动方向、内容以及方式的选择，而计划则是对组织内部不同部门和成员在一定时期内具体任务的安排。

（2）计划与决策的联系。计划和决策又是相互联系的，因为：第一，决策是计划的前提，计划是决策的逻辑延续；第二，在实际工作中，计划与决策相互渗透，有时甚至是不可分割地交织在一起。

2. 计划的作用

计划的作用具体表现在以下四个方面：

（1）为落实和协调组织活动提供保证。

（2）明确组织成员行动的方向和方式。

（3）为组织资源的筹措和整合提供依据。

（4）为组织检查与控制活动奠定基础。

二、计划的种类

根据划分标准的不同，计划可以区分为各种不同的类别。

1. 战略计划和战术计划

（1）划分依据：根据计划对企业经营影响范围和影响程度的不同

①战略计划是关于企业活动总体目标和战略方案的计划。

②战术计划是有关组织活动具体如何运作的计划。

（2）战略计划和战术计划的基本特点

①战略计划的主要特点

战略计划的时间跨度长，涉及范围广；战略计划内容抽象、概括，不要求直接的可操作性；不具有既定的目标框架作为计划的着眼点和依据，因而设立目标本身成为计划工作的一项主要任务；计划方案往往是一次性的，很少能在将来得到再次或重复的使用；计划的前提条件多是不确定的，计划执行结果也往往带有很高的不确定性，因此，战略计划的制订者必须有较高的风险意识，能在不确定中选定企业未来的行动目标和经营方向。

②战术计划的主要特点

战术计划所涉及的时间跨度比较短，覆盖的范围也较窄；计划内容具体、明确，通常要求具有可操作性；计划的任务主要是规定如何在已知条件下实现根据企业总体目标分解而提出的具体行动目标，这样计划制订的依据就比较明确；另外，战术计划的风险程度也远比战略计划低。

（3）战略计划和战术计划的区别

战略计划是关于企业整体在未来的行动计划，它试图规定企业未来的总体目标以及企业在环境中的地位。战术计划则主要用于规定企业总体目标的实施细节。他们的区别在于：

①时间：战术计划只涉及较短的时期，而战略计划则涉及较长的时间范围。

②依据：战术计划主要研究如何在已知条件下实现企业总体目标；战略计划则需要分析如何在不确定的环境中选择企业未来的行动目标，规定企业经营活动的任务。

2. 长期计划和短期计划

（1）划分依据：根据计划跨越的时间间隔长短。

（2）长期计划描绘了组织在一段较长时期（通常为三年或三年以上）的发展蓝图，它规定在这段较长时间内组织以及组织的各部分从事的活动应该达到什么样的状态和目标。

短期计划具体规定了组织总体和各部分在目前到未来的各个时间间隔相对较短的时段（如一年、半年以至更短的时间）特别是最近的时段中所应该从事的各种活动及从事该种活动所应达到的水平。

3. 综合性计划和专业性计划

（1）划分依据：空间划分。

（2）综合性计划是对业务经营过程各方面所做的全面的规划和安排。

专业性计划是对某一专业领域职能工作所做的计划，它通常是对综合性计划某一方面内容的分解和落实。

4. 指向性计划和指导性计划

（1）划分依据：计划内容的详尽程度。

（2）某种计划的形式的有效性不会是固定不变的，相对不变的只可能是管理中的"权变"原则。这一原则就是指，管理工作包括计划工作在内，都必须随机应变、因地制宜，而不能够僵化、教条。

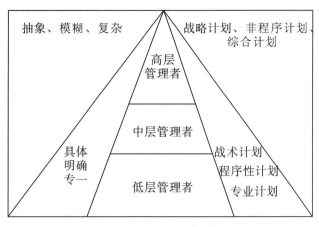

图 3-1　计划的类型

5. 按计划的表现形式划分

（1）目的或任务：社会赋予一个组织的基本任务和社会职能，用以回答组织是干什么的以及应该干什么这类问题。

（2）目标：在目的或任务指导下，整个组织所要实现的具体成果。

（3）策略：一个组织为全面实现目标而对整体行动过程、工作部署以及资源进行布置的总纲。

（4）政策：组织在决策或处理问题时，指导及沟通思想活动的方针和一般规定。

（5）规程：根据时间顺序而确定的一系列相互关联的活动，它规定了处理问题的方法、步骤。

（6）规则：根据具体情况，是否采取某个特殊的或特定的行动所作的规定。

（7）规划：一个综合性计划，包括目标、政策、程序、规则、任务分配、步骤、资源分配以及为完成既定方针所需的其他要素。

（8）预算：又称"数字化的计划"，是用具体数字表示预期结果的计划。

计划的表现形式如图 3-2 所示。

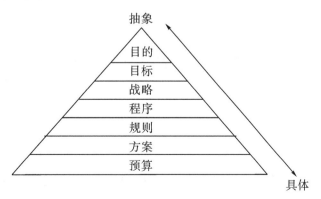

图 3-2　计划的表现形式

三、计划制订的过程

1. 明确任务或目标

目标或任务的明确是一项计划的核心，每一项计划最好只针对一个目标。若一项计划有两个及其以上的目标时，则一定要列出各目标的优先顺序或重要程度，以集中资源保证重要目标的实现。

2. 清楚与计划有关的各种条件

在明确目标后，要积极与各方面进行沟通，收集各方面的信息，明确该计划的前提条件或该计划的各种限制条件。

3. 制订战略或行动方案

明确目标和前提条件后，就要从现实出发分析实现目标所需解决的问题或所需要开展的工作。制订行动方案时，应反复考虑和评价各种方法和程序。

4. 落实人选、明确责任

在所要进行的各项工作任务明确以后，就要落实每项工作由谁负责、由谁执行、由谁协调、由谁检查。

5. 制订进度表

各项活动所需时间的多少取决于该项活动所需的客观持续时间、所涉及的资源的供应情况及其可以花费的资金的多少。

6. 分配资源

资源分配主要涉及需要哪些资源、各需要多少及何时投入、各投入多少等问题。在配置资源时，计划工作人员要注意不能留有缺口，但要留有一定的余地。

7. 制订应变措施

做计划时，最好事先备妥替代方案或制订两到三个计划。制订多个方案的原因，一是因为在一个组织中，计划必须经过各方面的审议才能获得批准，制订多个计划有助于早日获得各方面的认可；二是因为未来的不确定性始终存在，为了保证在任何情况下组织都不会失控，就有必要在按最有可能的情况制订正式计划的同时，按最坏的情况制订应急计划。

第二节　计划类实验项目

一、构筑回形阵

（一）实验目的

（1）熟悉一份完整计划的组成要素，包括前提、任务、目的、战略（途径）、责任、时间表、范围、预算和应变措施。

（2）了解计划的作用，包括提供方向、配置资源、适应变化、提高效率和提供标准等。

（3）体会制订一份具有可操作性计划的难点和重点是什么。

（二）实验要求

（1）材料：数套"回形阵"塑料模板。

（2）场地：教室或实验室。

（3）分组：每12人组成一个实验小组，小组内每4人组成一个团队。

（三）实验内容

1. 实验设计

（1）12人的实验小组中平均分为三个团队，一组命名为"计划团队"，一组命名为"执行团队"，还有一组命名为"观察团队"。

（2）指导老师介绍本实验的内容及不同团队在实验过程中应该注意的事项（见下文不同团队的"任务指令及要求"）。

（3）指导老师将3份不同的"任务指令及要求"分别交给"计划团队""执行团队""观察团队"，开始实验。

（4）整个任务要求在60~90分钟内完成。

2. 不同团队的"任务指令及要求"

（1）计划团队的"任务指令及要求"。

①任务指令

指导老师发给"计划团队"的4位成员每人一个装有模板的信封，并告诉"计划团队"这4个信封中的模板拼在一块会是一个回形阵。

指导老师告诉"计划团队"从现在开始，成员有40分钟的时间制订出如何指挥"执行团队"拼出回形阵的书面计划，并且让"执行团队"执行该计划，整个制订及修正计划的时间为50分钟左右。

"计划团队"制订出的计划应是书面的和可操作的（突出目标、途径或程序），不能为原则性指示；对计划的补充修订也应是书面的，口头无效，所有口头指示"执行团队"均应拒绝执行。

"计划团队"在制订出计划方案后，将计划方案与各人的模板一起交给"执行团队"，要求"执行团队"严格按计划完成任务。

在"执行团队"执行计划过程中，没有"执行团队"的请求，不能给予"执行团队"任何指示，如果此时"计划团队"发现原计划有漏洞或不明晰，只能在"执行团队"来员请求指示时，给予原计划书面补充。

②相关要求

每个团队成员信封中的模板只可以摆在自己的面前，也就是说不能动别人的模板，也不能把所有的模板都混合起来。

在协商制订计划阶段，始终不能拿其他队员手中的模板或相互交换模板。

在任何时间都不能把回形阵组合起来，这要留给"执行团队"去做。

不能在模板或信封上做任何记号。

"观察团队"必须监督他们遵守上述规则。

在"执行团队"执行计划过程中，可以向"计划团队"进行四次以内的释疑请示，超出四次"计划团队"应不予理睬。

当"执行团队"开始拼装模板时，"计划团队"不能主动进行任何指导，但可以继续就已交付"执行团队"执行的计划进行讨论，以便在"执行团队"有请示时予以补充。

（2）执行团队的"任务指令及要求"。指导老师告诉"执行团队"，你们的任务是按照"计划团队"下达的计划来执行任务。你们在接到"计划团队"制订的计划及相应模板后，应严格按照计划执行，不能有自主成分，如果计划不具可操作性，派一团队成员将计划退回给"计划团队"，请求其重新制订（要他们在原计划上书面修订），当然你们可以借此机会，和"计划团队"交流你们的意见，你们有四次这样的交流的机会。

你们的任务必须在 30 分钟内完成，现在已经开始计时了。但你们从开始动手执行计划到完成任务时，只能按计划行事（以书面计划为准，而不是口头指示），不能有创造性，你们的意见只有通过"计划团队"认可并转化为计划的一部分，才可以在执行中得到体现。

因计划不详细、难理解等造成执行困难，可请求"计划团队"修订原计划，任务因此不能按时完成的责任在"计划团队"。

成员要尽可能迅速地完成所分配的任务。

在成员等待"计划团队"下达指令时，可以先讨论以下问题：

①等待接受一项未知的任务时，你心中有什么感受和想法呢？

②你们会怎样组织自己以一个团队的形式去执行任务？

③你们对"计划团队"有些什么看法？

之后，请把以上问题的讨论结果书面记录下来，以便完成任务之后参加小组讨论。

（3）观察团队的"任务指令及要求"。指导老师告诉"观察团队"的 4 位观察员，他们将分别对各自小组中的两个不同团队（"计划团队"和"执行团队"）进行观察并做记录。

"观察团队"要观察一项团队计划练习，在这项练习中有 2 个团队参加活动，一个"计划团队"和一个"执行团队"，他们将共同努力并拼接 16 块模板，如果拼排正确，将会排出一个回形阵。

"计划团队"必须决定如何将这些模板拼在一起，请你们观察并记录他们计划形成的过程和计划本身有没有缺陷（比如任务是否不具体、途径是否详尽）。

观察并记录"计划团队"和"执行团队"在整个任务完成过程中，有没有角色错位的情况（比如"执行团队"不严格按"计划团队"所定的计划行事而自行拼接），如有错位情况，你们有权立即指出令其纠正并记录在案。

作为观察员，你们需要观察整个活动过程并写出观察报告。以下列出的问题，是你们在观察中要留心考虑的问题：

①你们对自己的需求、"计划团队"的需求、"执行团队"的需求有何了解？

②两个团队是否能大概地把握问题？试举例。

③计划团队是怎样定义这个问题的？"计划团队"是如何制订计划的？

④"执行团队"有没有向"计划团队"反馈自己面临的问题，结果如何？

⑤是否最终形成了可操作的计划并完成了任务？

⑥他们用什么方法来衡量整个任务的执行过程？

⑦请你对本组所定出的最终计划进行形式和内容审查，给出评价。

3. 有关讨论

（1）由观察员谈谈各个小组分别在完成任务过程中的表现。

（2）对比各个小组，选出最先完成任务的小组，倾听、分享他们在工作过程中的感受，讨论他们为什么能够率先完成任务、他们对计划工作的重点和难点是如何理解的。

（3）总结在这个实验中最大的启发是什么，以及计划的问题、领导力的问题、沟通方面的问题、合作及配合是否融洽，通过什么方法来解决问题。重点放在对计划内容的了解上。

4. 回形阵模板

模板由16块不同几何形状的图板组成，任务完成后是一个"回"字形拼图，如图3－3所示。

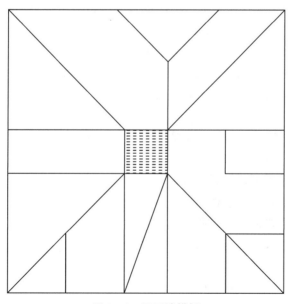

图3－3　回形阵模板

二、安全渡河

（一）实验目的

（1）了解计划内容的构成，包括前提、任务、目的、战略（途径）、责任、时间表、范围、预算和应变措施。

（2）掌握制订计划的重点和难点。

（3）了解计划的类型——本实验中要制订的计划是什么类型的计划。

（二）实验要求

（1）可以分组（10 人左右）讨论，共同制订出计划；也可以由每个人单独制订，再由小组讨论综合。

（2）室内进行。

（3）需要纸、笔。

（三）实验内容

1. 背景

一家六口，包括爸爸、妈妈、两个女儿及两个儿子在远足途中迷了路，还不幸遇上一个越狱逃跑的犯人。幸好犯人被一个正在远足的休班警员逮捕，一家六口才得以保住性命。可是，在荒郊野外无线电接收不灵，他们都不能与外界联络，休班警员亦不能找到支援。

2. 任务

你要设法（制订一个稳妥可行的计划）帮助他们在天黑之前安全地离开这个山头。

他们现在只有渡河一条捷径可走。在河边有一舢板，可以把他们载到对岸。可是，只有爸爸、妈妈及警员能控制舢板；不论成人与小孩，每程只能乘载两人。在渡河期间，你要防止以下三件事情发生：

（1）当警员与犯人分开时，犯人会伤害一家六口。

（2）当爸爸看见妈妈离开女儿时，爸爸便会教训女儿。

（3）当妈妈看见爸爸离开儿子时，妈妈便会教训儿子。

3. 攻略（途径）

（1）犯人以及警察首先过河，警察回来。

（2）警察与女儿过河，警察与犯人回来。

（3）妈妈与女儿过河，妈妈回来。

（4）妈妈与爸爸过河，爸爸回来。

（5）警察与犯人过河，妈妈回来。

（6）妈妈与爸爸过河，爸爸回来。

（7）爸爸与儿子过河，警察与犯人回来。

（8）警察与儿子过河，警察回来。

（9）警察与犯人过河。

4. 思考以下问题

（1）为什么许多计划难以执行下去，最后不了了之？试从计划本身谈谈原因。

（2）计划的重点和难点是设定一个可行的目标吗？

（3）制订计划的过程需要投入很多资源（如时间、精力、金钱等），有成本，这是不是意味着计划工作不是很重要？为什么？

（四）延伸知识——邮票效应

1. 内容

邮票效应是指如果研究的问题能够与某种具体事物、活动和情景相联系，那么推论的准确性就会大为提高。推理的材料具体，推理就比较容易；材料抽象，推理就比较困难。邮票效应在我们的生活中，特别是在一些科学研究中起着潜移默化的作用。

2. 实验证明

邮票效应得自于 20 世纪后期进行的两个心理学实验。

1972 年，心理学家做过这样一个实验：让一批人扮演邮局的拣信员，在他的面前摆上几个贴了 50 里拉和 40 里拉面值邮票的信封，有的封了口，有的没有。告诉他们"如果信封封了口，则它上面应贴有 50 里拉的邮票"这一规定。那么，他们"应该翻看哪几个信封"才能作出判定呢？结果发现，24 个被测试者中有 21 人做了正确的选择，即翻看了那个封了口的信封和贴有 40 里拉邮票的信封。

后来，一位叫沃森的科学家变更了材料，进行了一次实验。他把印有符号的四张卡片摆在参加实验者面前。告诉他们，每张卡片的正面印有英文字母，背面印有数字。要求他们从这四张卡片推论出"如果一张卡片的正面印有一个元音字母，则在背面印有一个偶数"这个命题是否有效。他们的任务是为判定这个命题是否有效他们应该翻看哪几张卡片。结果发现，46% 的人翻看了"E"和"4"，这种选择是错的。"E"是必须翻看的，但"4"却不必翻看，因为它的背面不论是元音或是辅音，都不会使这一命题失效。只有 4% 的被试者翻看了"E"和"7"。这是正确的选择。因为"E"的背面出现奇数，"7"的背面出现元音就会使这一命题失效。另外有 33% 的被试者只翻看了"E"。其余 17% 的被试者则做了其他错误的选择。这次实验中，参加实验的人选择正确率为 4%，远远低于邮票实验的正确率（87.5%）。这说明，与人的某种具体活动情景相联系的课题，推论的正确性就会大为提高。

3. 举例分析

唐朝宰相李德裕曾镇守浙右，在他的任上，出了这样一件案子：甘露寺的和尚控告前任主事贪污财物。证据是前几届主事接交的文件。这个主事初任时，交接也很明白，但是他卸任时，黄金没有了。大家都肯定是他把黄金藏了起来。经过审讯定罪，几乎已经结案。李德裕认为，未查清这些黄金是怎么耗用的，转手给谁也没证实，疑点甚多，便去询问被控告的前主事僧。这个和尚诉冤：历届接交都是空交文书，不盘查实物，其实并没有黄金。大家是用这件事孤立他，想乘机把他挤走。李德裕想了想，于是就把几届前任主事和尚请来，把他们单独分隔开，并让他们各自用黄泥，捏成各自交接的黄金模型。结果他们捏出的黄金模型千奇百怪，根本就没有相似的地方。李德裕由此断定，历次交接只对证账面，并未实际查库。那些主事僧面对证据，都不得不认罪。

这个故事所反映出的一个规律就是：推理的材料具体，推理就比较容易；对于抽象材料，推理比较困难。这种现象即为邮票效应。

两千多年前，叙拉古的国王叫金匠造一个纯金的皇冠，做成后国王怀疑有假，便请被誉为"数学之神"的阿基米德来鉴定。阿基米德一时也想不出好办法。一天他到浴室洗澡，当身子浸入浴盆时，发现水溢出盆外而身体重量减轻。他猛然想到：不同质料的东西，虽然重量相同，但因体积不同排去的水也不相等。这一灵感的闪现，令他高兴得跳起来，立马飞奔回家试验，终于证实了皇冠确有掺假，并发现了流体静力学的"浮力定律"。

阿基米德之所以能够证实皇冠掺假，并且发现"浮力定律"，原因就在于他从自己的洗澡中发现了类似的具体情景，从而推论出相似的结论。

三、如何进行目标管理

（一）实验目的

（1）了解目标的重要性及在管理中的地位。

（2）了解目标的特点及类型。

（3）了解组织目标的作用。

（4）了解目标管理法的内容。

（二）实验要求

（1）室内随机分组进行，每组人数不限。

（2）指导老师要对实验中的"案例"及"目标管理法"有充分的了解。

（3）案例资料可以提前复印，实验时分发给各组。

（三）实验内容

1. 概述

本实验主要通过对一个案例的介绍，经由每一个小组充分的讨论分析，分别书面总结出目标管理法的基本原则和实施过程。

2. 案例

某机床厂从 1981 年开始推行目标管理。为了充分发挥各职能部门的作用，充分调动一千多名职能部门人员的积极性，该厂首先对厂部和科室实施了目标管理。经过一段时间的试点后，逐步推广到全厂各车间、工段和班组。多年的实践表明，目标管理改善了企业经营管理，挖掘了企业内部潜力，增强了企业的应变能力，提高了企业素质，取得了较好的经济效益。

按照目标管理的原则，该厂把目标管理分为三个阶段进行。

第一阶段：目标制订阶段

（1）总目标的制订。该厂通过对国内外市场机床需求的调查，结合长远规划的要求，并根据企业的具体生产能力，提出了 20××年"三提高""三突破"的总方针。所谓"三提高"，就是提高经济效益、提高管理水平和提高竞争能力；"三突破"是指在新产品数目、创汇和增收节支方面要有较大的突破。在此基础上，该厂把总方针具体化、数量化，初步制订出总目标方案，并发动全厂员工反复讨论、不断补充，送职工代表大会研究通过，正式制订出全厂 20××年的总目标。

（2）部门目标的制订。企业总目标由厂长向全厂宣布后，全厂就对总目标进行层层分解，层层落实。各部门的分目标由各部门和厂企业管理委员会共同商定，先确定项目，再制订各项目的指标标准。其制订依据是厂总目标和有关部门负责拟定、经厂部批准下达的各项计划任务，原则是各部门的工作目标值只能高于总目标中的定量目标值，同时，为了集中精力抓好目标的完成，目标的数量不可太多。为此，各部门的目标分为必考目标和参考目标两种。必考目标包括厂部明确下达的目标和部门主要的经济技术指标；参考目标包括部门的日常工作目标或主要协作项目。其中必考目标一般控制在 2~4 项，参考目标项目可以多一些。目标完成标准由各部门以目标卡片的形式填报厂部，通过协调和讨论最后由厂部批准。

（3）目标的进一步分解和落实。部门的目标确定了以后，接下来的工作就是目标的进一步分解和层层落实到每个人。

一是部门内部小组（个人）的目标管理，其形式和要求与部门目标制订相类似，拟定目标也采用目标卡片，由部门自行负责实施和考核。要求各个小组（个人）努力完成各自目标值，保证部门目标的如期完成。

二是该厂部门目标的分解是采用流程图方式进行的。具体方法是：先把部门目标分解落实到职能组，任务级再分解落实到工段，工段再下达给个人。通过层层分解，全厂的总目标就落实到了每一个人身上。

第二阶段：目标实施阶段

该厂在目标实施过程中，主要抓了以下三项工作：

（1）自我检查、自我控制和自我管理。目标卡片经主管副厂长批准后，一份存企业管理委员会，一份由制订单位自存。由于每一个部门、每一个人都有了具体的、定量的明确目标，所以在目标实施过程中，人们会自觉地、努力地实现这些目标，并对照目标进行自我检查、自我控制和自我管理。这种"自我管理"，能充分调动各部门及每一个人的主观能动性和工作热情，充分挖掘他们的潜力，因此，完全改变了过去那种上级只管下达任务、下级只管汇报完成情况，并由上级不断检查、监督的传统管理办法。

（2）加强经济考核。虽然该厂目标管理的循环周期为一年，但为了进一步落实经济责任制，即时纠正目标实施过程中与原目标之间的偏差，该厂打破了目标管理的一个循环周期只能考核一次、评定一次的束缚，坚持每一季度考核一次和年终总评定。这种加强经济考核的做法，进一步调动了广大职工的积极性，有力地促进了经济责任制的落实。

（3）重视信息反馈工作。为了随时了解目标实施过程中的动态情况，以便采取措施、及时协调，使目标能顺利实现，该厂十分重视目标实施过程中的信息反馈工作，并采用了两种信息反馈方法：

一是建立"工作质量联系单"来及时反映工作质量和服务协作方面的情况。当两个部门发生工作纠纷时，厂管理部门就能从"工作质量联系单"中及时了解情况，经过深入调查，尽快解决问题，这样就大大提高了工作效率，减少了部门之间的不协调现象。

二是通过"修正目标方案"来调整目标。内容包括目标项目、原定目标、修正目标以及修正原因等，并规定在工作条件发生重大变化需修改目标时，责任部门必须填写"修正目标方案"并提交企业管理委员会，由该委员会提出意见交主管副厂长批准后方能修正目标。

该厂在实施过程中由于狠抓了以上三项工作，因此，不仅大大加强了对目标实施动态的了解，更重要的是加强了各部门的责任心和主动性，从而使全厂各部门从过去等待问题找上门的被动局面，转变为积极寻找和解决问题的主动局面。

第三阶段：目标成果评定阶段

该厂认为，目标管理实际上就是根据成果来进行管理的，故成果评定阶段显得十分重要。该厂采用了自我评价和上级主观部门评价相结合的做法，即在下一个季度第一个月的 10 日之前，每一部门必须把一份季度工作目标完成情况表报送企业管理委员会（在这份报表上，要求每一部门自己对上一阶段的工作作一恰如其分的评价）。企业管理委员会核实后，也给予恰当的评分。如必考目标为 30 分，一般目标为 15 分。每一项目标超过指标 3% 加 1 分，以后每增加 3% 再加 1 分。一般目标有一项未完成而不影响其他部门目标完成的，扣一般项目中的 3 分，影响其他部门目标完成的则将扣分增加到 5 分。加 1 分则增加该部门基本奖金的 1%，减 1 分则扣该部门奖金的 1%。如果有一项必考目标未完成则扣至少 10% 的奖金。

该厂在目标成果评定工作中深深体会到：目标管理的基础是经济责任制，目标管理只有同明确的责任划分结合起来，才能深入持久，才能具有生命力，达到最终的成功。

3. 讨论方向提示

（1）目标与目的的区别。

（2）目标的特点。

（3）目标制订的原则。

（4）在组织管理活动中，目标的确定属于哪个管理职能活动？处于什么样的位置？发挥什么样的作用？

（5）你认为在目标的制订和运用过程中最常见的问题是什么？

（6）本案例给你的最深刻的印象是什么？

（7）你认为实行目标管理时培养完整严肃的管理环境和制订自我管理的组织机制哪个更重要？

（8）增加和减少员工奖金的发放额是实行奖惩的最佳方法吗？除此之外，你认为还有什么激励和约束措施？

（9）在这个实行目标管理的案例中，你认为现今环境下还应该做哪些修正？

（10）结合案例谈谈你所了解的目标管理法的优点和缺点。

（四）延伸知识——目标管理法

1. 目标管理法简介

目标管理（Management By Objectives，MBO）源于美国管理专家德鲁克。他在 1954 年出版的《管理的实践》一书中，首先提出了"目标管理和自我控制的主张"，认为"企业的目的和任务必须转化为目标。企业如果无总目标及与总目标相一致的分目标来指导职工的生产和管理活动，则企业规模越大、人员越多，发生内耗和浪费的可能性越大"。所以，目标管理也即是让企业的管理人员和员工亲自参加工作目标的制订，在工作中实行"自我控制"，并且定期检查完成目标的进展情况，以努力完成工作目标的一种管理制度。目标管理法属于结果导向型的考评方法之一，以实际产出为基础，考评的重点是员工工作的成效和劳动的结果。

目标管理体现了现代管理的哲学思想，是领导者与下属之间互动的过程。目标管理法是由员工与主管共同协商制订个人目标，个人的目标依据企业的战略目标及相应的部门目标而确定，并与它们尽可能一致；该方法用可观察、可测量的工作结果作为衡量员工工作绩效的标准，以制订的目标作为对员工考评的依据，从而使员工个人的努力目标与组织目标保持一致，减少管理者将精力放到与组织目标无关的工作上的可能性。

2. 目标管理的原则

（1）企业的目的和任务必须转化为目标，并且要由单一目标评价，转变为多目标评价。

（2）必须为企业各级各类人员和部门规定目标。如果一项工作没有特定的目标，这项工作就做不好，部门及人员也不可避免地会出现"扯皮"问题。

（3）目标管理的对象包括从领导者到员工的所有人员，大家都要被"目标"所管理。

（4）实现目标与考核标准一体化，即按实现目标的程度实施考核，由此决定升降奖惩和工资的高低。

（5）强调发挥各类人员的创造性和积极性。每个人都要积极参与目标的制订和实施。领导者应允许下级根据企业的总目标设立自己参与制订的目标，以满足"自我成就"的要求。

（6）任何分目标，都不能离开企业总目标自行其是。在企业规模扩大和分成新的部门时，不同部门有可能片面追求各自部门的目标，而这些目标未必有助于实现用户需要的总目标。企业总目标往往是摆好各种目标位置，实现综合平衡的结果。

3. 目标管理的实施过程

（1）制订目标，包括了制订目标的依据、对目标进行分类、符合重要性原则、目标须沟通一致等。

（2）实施目标。

（3）信息反馈和处理。

（4）检查实施结果及奖惩。

目标管理不是用目标来控制，而是用它们来激励下级。目标管理方式通常有四个共同的要素，它们是：明确目标、参与决策、规定期限和反馈绩效。

目标管理通过一种专门设计的过程使目标具有可操作性，这种过程一级接一级地将目标分解到组织的各个单位。组织的整体目标被转换为每一级组织的具体目标，即从整体组织目标到经营单位目标，再到部门目标，最后到个人目标。在此结构中，某一层的目标与下一级的目标连接在一起，而且对每一位员工而言，目标管理都提供了具体的个人绩效目标。

因此，每个人对他所在单位的成果贡献都很关键。如果所有人都实现了他们各自的目标，则他们所在单位的目标也将达到，而组织整体目标的完成也将成为现实。

4. 目标管理法的优缺点

优点：目标管理法的评价标准直接反映员工的工作内容，结果易于观测，所以很少出现评价失误，也适合对员工提供建议，进行反馈和辅导。由于目标管理的过程是员工共同参与的过程，因此，员工工作积极性大为提高，增强了他们的责任心和事业心。

缺点：目标管理法没有在不同部门、不同员工之间设立统一目标，因此难以对员工和不同部门之间的工作绩效横向比较，不能为以后的晋升决策提供依据。

5. 目标管理的主要内容

（1）要有目标。其中，首要关键是设定战略性的整体总目标。一个组织总目标的确定是目标管理的起点。此后，由总目标再分解成各部门各单位和每个人的具体目标。下级的分项目标和个人目标是构成和实现上级总目标的充分必要条件。总目标、分项目标、个人目标，左右相连，上下一贯，彼此制约，融会成目标结构体系，形成一个目标链锁。目标管理的核心就在于将各项目标予以整合，以目标来统计各部门各单位和个人的不同工作活动及其贡献，从而实现组织的总目标。

（2）目标管理必须制订出完成目标的周详严密的计划。健全的计划既包括目标的订立，还包括实施目标的方针、政策以及方法、程序的选择，从而使各项工作有所依据，循序渐进。计划是目标管理的基础，可以使各方面的行动集中于目标。它规定每个目标完成的期限，否则，目标管理就难以实现。

（3）目标管理与组织建设相互为用。目标是组织行动的纲领，是由组织制订、核准并监督执行的。目标从制订到实施都是组织行为的重要表现。它既反映了组织的职能，同时又反映了组织和职位的责任与权利。目标管理实质上就是组织管理的一种形式、一个方面。目标管理使权利下放，责权利统一成为可能。目标管理与组织建设必须相互为用，才能互相为功。

（4）普遍地培养人们参与管理的意识，认识到自己是既定目标下的成员，诱导人们为实现目标积极行动，努力实现自己制订的个人目标，从而实现部门单位目标，进而实现组织的整体目标。

（5）必须配有有效的考核办法。考核、评估、验收目标执行情况，是目标管理的关键环节。缺乏考评，目标管理就缺乏反馈过程，目标管理的目的即实现目标的愿望就难以达到。

6. 目标管理的典型步骤

（1）制订组织的整体目标和战略。

（2）在经营单位和部门之间分配主要的目标。

（3）各单位管理者和他们的上级一起设定本部门的具体目标。

（4）部门的所有成员参与设定自己的具体目标。

（5）管理者与下级共同商定如何实现目标的行动计划。

（6）实施行动计划。

（7）定期检查实现目标的进展情况，并向有关单位和个人反馈。

（8）基于绩效的奖励将促进目标的成功实现。

四、个人目标的制订

（一）实验目的

1. 认识个人目标的作用。

2. 了解制订人生目标的基本原则。

3. 熟悉制订人生目标的基本步骤。

4. 个人目标与组织目标的比较。

（二）实验要求

1. 场地：实验室或教室。

2. 时间：本实验大约需要 4 小时左右。

3. 分组：每组人数不限。

4. 材料：纸、笔，多份案例资料，多份实验要求资料（即"制订人生目标的基本原则"和"制订人生目标的基本步骤"）。

（三）实验内容

1. 实验步骤

（1）分组，以小组为单位发放案例资料、"制订人生目标基本原则"和"制订人生目标的基本步骤"资料（均见附件）。

（2）以小组为单位了解案例内容，了解"制订人生目标基本原则"和"制订人生目标的基本步骤"内容，并展开讨论，讨论方向规定如下：

①人生目标的作用（期望答案是：目标能够使你看清自己的使命；目标能让你安排事情的轻重缓急；目标引导你发挥潜能；目标使你有能力把握现在；目标有助于你评估事业的进展情况；目标为你提供了一种自我评估的重要手段；目标使你未雨绸缪；目标使你把工作重点从工作本身转到工作成果上等）。

②制订人生目标基本原则（参考附件）。

③制订个人人生目标的基本步骤（参考附件）。

（3）按照实验要求中的相关提示，每个实验参与人员各自制订书面的个人人生目标（此书面文件自己留用，不必上交）。

2. 实验要求

（1）把此次实验作为明晰个人人生目标的过程，要求客观分析、真实呈现、清晰明确。

（2）请从"工作、家庭、社交"三个方面来设定你的人生目标。

（3）实验参与人员各自制订的人生目标书面文件，不必上交，但提醒大家妥善保存，并努力追求。

（4）请遵循人生目标制订的基本原则和基本步骤来确立你自己的人生目标。

3. 附件：制订人生目标的基本原则

第一，你必须确定你的目标和起跑线。

要走出迷宫除了地图和指南针外，你还要知道自己所处的位置。你可以向自己提以下问题，并把答案写下来：

（1）我拥有怎样的才干和天赋：什么工作我能干得最好？我能比我认识的人都干得好吗？……

（2）我的激情是什么：有什么东西特别使我内心激动，使我分外有冲劲去完成？假若有，这种冲动的激情是什么？……

（3）我的经历有什么与众不同的地方：我都干过哪些和别人不一样的事？我的与众不同能赋予我特别的洞察力、经验和能力吗？我能做出什么不寻常的事情？……

（4）我所处的时代和环境有什么特点：目标往往来自人生的独特环境、地理与政治气候，历史、经济、文化背景以及许多其他因素都可能起作用，记下所有可能对你的机遇产生影响的东西。

（5）我与什么卓越人物有来往：你可以与之合作的那些人的才干、天赋与激情一定会带给你靠单独工作找不到的机遇。

（6）我期望何种需要得到满足：要知道，满足某种需要的欲望往往能激发人的理想。

（7）在我的一生中，我可以想像的并且自己能做出的最伟大的事情是什么？

……

事实上，上面的过程如果可能，你最好每年都做一次。如果有必要，做完之后，你还可以重做一次。

你也可以向自己提出下面这些问题，并尽可能写出答案：

（1）我有什么才干、天赋或财力目前为止还未派上用场？

（2）我所处的特殊环境和时代对我的工作或事业可能产生什么影响？

（3）对上一个问题，我的答案能带来什么机遇？

（4）假若我有无限的财力，而且我确信我的努力都能成功，那么我的特定方向（如工作、家庭、社交）的目标是什么？

（5）我的熟人中有谁的目标和我的目标近似？我和他们是否可以互相提携？

……

第二，你必须把目标清楚地表述出来。

切记，你在表述你的人生目标时，一定要以你的梦想和个人的信念作为基础；书面的才是有力量的。

第三，把整体目标分解成一个个易记的目标单元。

表达目标的方式多种多样。目标可以用业绩表示（如推销 1 000 件某种产品），也可以用时间表示（如每周 3 次，每次锻炼 1 个小时）。目标可以涉及人生的领域，视你想取得什么成就而定，如个人发展、身体状况、专业成就、人际关系、家庭责任、财务安排等等。本实验中你可以从工作、家庭、社交三个方面展开。

想到什么目标不妨先写下来。起初，你没必要判断这些目标是不是能够实现，也不要管它们是长期的还是短期的。这个阶段重要的是有创意、有梦想。把能想到的都写下来后，再对照你的人生大目标仔细地检查一下。其后，不妨问自己两个问题：

（1）目标是否使自己向确定的理想迈进了一步？

如果你发现这些目标之中有什么与你的人生目标和你的理想不符合，一般来说你可以有两种选择：一是把它去掉、忘掉；二是重新评估你的人生目标，考虑改写。

（2）你已经记下了为实现理想必须达到的2~5个目标了吗？

这个问题能帮助你弄清楚你所定下的目标是不是齐全了。如果发现你的理想要求你达到另外几个目标，就把另外几个也写下来。当你把目标都记下来后，你就可以着手制订走向成功的战略了。

第四，你的短期目标不但要有激励价值，而且要现实可行。

第五，你的中、短期目标应尽可能具体明确，并有具体的时间限制。

第六，你必须行动起来，否则一切都成为空想。

第七，你应该定期评估计划的执行情况。

定期评测进展，这和你的行动同样重要。随着计划的进展，你有时会发现你的短期目标并没有使你向长期目标靠拢；也许，你可能发现你当初的目标不怎么现实；也许，你会觉得你的中、长期目标中有一个并不符合你的理想及人生的最终目标。不管是怎样的情况，你都需要做出调整。你可以把下面这句话贴在最能引起你注意的地方：我现在做的事情会使我更接近我的目标吗？

第八，你应该庆贺自己已取得的成就。

当一切都已经成为现实之后，一定要记住抽点时间庆祝自己已取得的成就。你应该奖励自己，善待自己。小成果小奖，大成果大奖。但是绝不能在完成任务之前提前消费，不能提前奖励自己。最好，当你取得一项重大成就时，一定要把对自己成功的庆贺办得终生难忘。

4. 附件：制定人生目标的基本步骤

第一步：分析你的需求。

你也许会问，这一步怎么做呢？不妨试试以下方法。开动脑筋，写下来10条未来5年你认为自己应做的事情，要确切，但不要有限制和顾虑哪些是自己做不到的，给自己头脑充分的空间。陈述要写得简单，但要包括你想做的一切。具体来说，陈述应该包括：

（1）我的人生活动的重点是什么？

（2）我想做这些事情的原因是什么？

（3）我打算如何做到这些事情？

第二步：SWOT分析。

分析完你的需求，试着分析自己性格、所处环境的优势和劣势，以及一生中可能会有哪些机遇，职业生涯中可能有哪些威胁。这是要求你试着去理解并回答自己这个问题：我在哪儿？

第三步：长期和短期目标。

根据你认定的需求，用自己的优势、劣势、可能的机遇来勾画自己的长期和短期目标。例如，如果你分析自己的需求是想授课，赚很多钱，有很好的社会地位，你可选的职业道路就会明晰起来。你可以选择成为管理讲师——这要求你的优势包括丰富的管理知识和经验、优秀的演讲技能和交流沟通技能。在这个长期目标的基础上，你可制订自己的短期目标来一步步实现。

第四步：阻碍。

确切地说，写下阻碍你自己达到目标的缺点，所处环境中的劣势。这些缺点一定是和你的目标有联系的，而并不是分析自己所有的缺点。他们可能是你的素质方面、知识方面、能力方面、创造力方面、财力方面或是行为习惯方面的不足。当你发现自己不足的时候，就下决心改正它，这能使你不断进步。

第五步：提升计划。

要明确，要有期限。你可能会需要掌握某些新的技能，提高某些技能，或学习新的知识。

第六步：评估你的目标，寻求帮助。

有外力的协助和监督会帮助你更有效地完成这一步骤。确定你的目标是否现实。弄清哪几个目标是需要你与别人合作才能达到的。记下需要别人帮助的目标，以及可以给你提供帮助的人。

最后，还要特别提醒你：

（1）你的目标必须是长期的。没有长期的目标，你也许就会被短期的种种挫折所击倒。设定了长期目标后，起初不要试图去克服所有的阻碍。就像你早上离家不可能等路口所有的交通灯都是绿色才出门，你是一个一个地通过红绿灯，你不但能走到你目力所及的地方，而且当你到达那里时，你经常能见到更远的地方。

（2）你的目标必须是特定的。一个猎人，当他面对树上的一群鸟时，如果说他能打下几只鸟的话，那么他肯定不是向这群鸟射击，几只鸟的收获一定是猎人瞄准特定目标的结果。

（3）你的目标一定要远大。

一旦你确定只走 1 公里路的目标，在完成还不到 1 公里时，你便有可能感觉到累而松懈自己，因为反正快到目标了。然而，如果你的目标是要走 10 公里路，你便会做好思想及其他一切必要的准备，并调动各方面的潜在力量，一鼓作气走完 7、8 公里后，才可能会稍微松懈一下自己。

（4）你必须实践自己的目标。

（5）你的人生大目标并不一定要详细精确。

只要有个较明确的方向和大致程度要求就可以，例如立志做个卓越的科学家、立志做个大企业家或是立志做个改变世界的政治家等等。

5. 附件：三个案例

案例一：目标对人生影响的跟踪调查

哈佛大学有一个非常著名的关于目标对人生影响的跟踪调查。调查对象是一群智力、学历、环境等条件都差不多的大学毕业生。结果是这样的：27% 的人，没有目标；60% 的人，目标模糊；10% 的人，有清晰但比较短期的目标；3% 的人，有清晰而长远的目标。

以后的 25 年，他们开始了自己的职业生涯。

25 年后，哈佛再次对这群学生进行了跟踪调查。结果是这样的：3% 的人，25 年间他们朝着一个方向不懈努力，几乎都成为社会各界的成功人士，其中不乏行业领袖、社会精英；10% 的人，他们的短期目标不断地实现，成为各个领域中的专业人士，大都生活在社会的中上层；60% 的人，他们安稳地生活与工作，但都没有什么特别的成绩，几乎都生活在社会的中下层；剩下 27% 的人，他们的生活没有目标，过得很不如意，并且常常抱怨他人，抱怨社会、抱怨这个"不肯给他们机会"的世界。

其实，他们之间的差别仅仅在于：25 年前，他们中的一些人知道自己到底要什么，而另一些人则不清楚或不很清楚。

案例二：新生活是从选定方向开始的

比塞尔是西撒哈拉沙漠中的一个小村庄，它靠在一块 1.5 平方公里的绿洲旁，可是在肯·莱文 1926 年发现它之前，这儿的人没有一个走出过大沙漠。肯·莱文作为英国皇家学院的院士，当然不相信这种说法。他用手语向这儿的人问其原因，结果每个人的回答都是一样：从这儿无论向哪个方向走，最后都还是要转到这个地方来。为了证实这种说法的真伪，他做了一次实验，从比塞尔向北走，结果三天半就走了出来。

比塞尔人为什么走不出来呢？肯·莱文非常纳闷，最后他只得雇一个比塞尔人，让他带路，看看到底如何？他们带了半个月的水，牵上两匹骆驼，肯·莱文收起指南针等现代化设备，只拄一根木棍在后面。10 天过去了，他们走了数百英里的路程，第11 天的早晨，一块绿洲出现在眼前。他们果然又回到了比塞尔。这一次肯·莱文终于明白了，比塞尔人之所以走不出沙漠，是因为他们根本不认识北斗星。

在一望无际的沙漠里，一个人如果凭着感觉往前走，他会走出许许多多、大小不一的圆圈，最后的足迹十有八九是一把卷尺的形状。比塞尔村处在浩瀚的沙漠中间，方圆上千公里没有一点参照物，若不认识北斗星又没有指南针，想走出沙漠，确实是不可能的。

肯·莱文在离开比塞尔时，带了一位叫阿古特尔的青年，这个青年就是上次和他合作的人，他告诉这位小伙子，只要白天休息，夜晚朝北面那颗最亮的星走，就能走出沙漠。阿古特尔跟着肯·莱文，3 天之后果然来到了大漠的边缘。

现在比塞尔已是西撒哈拉沙漠中一颗明珠，每年有数以万计的旅游者来到这儿，阿古特尔作为比塞尔的开拓者，他的铜像被竖在小城中央。铜像的底座上刻着一行字：新生活是从选定方向开始的。

案例三：如果没有目标，人生将会怎样？

1952 年 7 月 4 日清晨，加利福尼亚海岸笼罩在浓雾中。在海岸以西 21 英里的卡塔林纳岛上，一个 34 岁的女人涉水进入太平洋中，开始向加州海岸游去。要是成功了，她就是第一个游过这个海峡的妇女。这名妇女叫费罗仑丝·查德威克。在此之前，她是分别从英法两边海岸游过英吉利海峡的第一个妇女。

那天早晨，海水冻得她身体发麻，雾很大，她连护送她的船都几乎看不到。时间一个钟头一个钟头过去，千千万万人在电视上注视着她。有几次，鲨鱼靠近了她，被人开枪吓跑了。她仍然在游。在以往这类渡海游泳中，最大问题不是疲劳，而是刺骨的水温。

15 个钟头之后，她被冰冷的海水冻得浑身发麻。她知道自己不能再游了，就叫人拉她上船。她的母亲和教练在另一条船上。他们告诉她海岸很近了，叫她不要放弃。但她朝加州海岸望去，除了浓雾什么也看不到。几十分钟之后——从她出发算起的 15 个钟头零 55 分钟之后——人们把她拉上了船。又过了几个钟头，她渐渐觉得暖和多了，这时却开始感到失败的打击。她不假思索地对记者说："说实在的，我不是为自己找借口。如果当时我看见陆地，也许我能坚持下来。"人们拉她上船的地点，离加州海岸只有半英里！

后来她说，真正令她半途而废的不是疲劳，也不是寒冷，而是在浓雾中看不到目标。查德威克小姐一生中就只有这一次没有坚持到底。两个月之后，她成功地游过了同一个海峡。她不但是第一位游过卡塔林纳海峡的女性，而且比男子的纪录还快了大约两个钟头。

查德威克虽然是个游泳好手，但也需要看见目标，才能鼓足干劲完成她有能力完成的任务。因此，当我们规划自己的成功时，千万别低估了制订可测目标的重要性。

（四）延伸知识——成功的 17 条定律

在美国，拿破仑·希尔（Napoleon Hill，1883—1969 年）这个名字家喻户晓，由于他创造性地建立了全新的成功学，他在人际学、创造学、成功学等领域比戴尔·卡耐基有着更高的地位。18 岁时，他正上大学，并为一家杂志社工作。他有幸被派往采访钢铁大王、人际关系学家安德鲁·卡耐基。卡耐基不愧为令人尊敬的导师，他很快发现了希尔身上的创造性，建议他从事美国成功人士的研究工作，并利用私人关系写信给美国政界、工商界、科学界、金融界等取得卓越成绩的高层人士，介绍希尔与他们认识。在以后的 20 年间，已经获得博士学位的拿破仑·希尔访问了包括福特、罗福斯、洛克菲勒、爱迪生、贝尔在内的 504 名当时最成功的人士，并进行深入的研究，完成了划时代意义的八卷《成功规律》，激励了千百万人去获得财富，成为卓越的成功者。

拿破仑·希尔的著作《成功规律》《人人都能成功》《思考致富》等被译成 26 种文字，在 34 个国家和地区出版发行，畅销 200 多万册，是所有追求成功者必读的教科书，数以万计的政界要员、商贾富豪都是他著作的受益者。希尔创立了"拿破仑·希尔基金会"，这个基金会成为美国成功人士的"进修学院"，希尔本人也被誉为"百万富翁的创造者"，17 条定律则被誉为"铸造富豪"的法则。

成功的 17 条定律如下：

（1）积极的心态（PMA 黄金定律）。人与人之间只有很小的差别，但这种很小的差别却往往造成巨大的差异。很小的差别就是所具备的心态是积极的还是消极的，巨大的差异就是成功与失败。也就是说，心态是命运的控制塔，心态决定我们人生的成败。我们生存的外部环境，也许不能选择，但另一个环境，即心理的、感情的、精神的内在环境，是可以由自己去改造的。成功的不一定都是企业家、领袖人物。成功，是指方方面面取得的成功，其标志在于人的心态，即积极、乐观地面对人生的各种挑战。一个人如果在一生中都不具有积极的心态，那么就可能深陷泥淖，不能自觉、不能醒悟、不能自拔，当你发现身处困境时，机会已经失去。这种败局，不仅限于事业的失败，还包括人生中为人处世的失败、心理情绪的失败、婚恋家庭的失败、人的感受的失败等。总之，凡人生感受不如意、不幸福，都可视为你人生的失败，这些失败多半源于我们与生俱来的弱者的消极心态。

（2）要有明确的目标。有了目标，内心的力量才会找到方向，漫无目标的努力或漂荡终归会迷路，而你心中的那座无价的金矿，也因得不到开采而与平凡的尘土无异。你过去和现在的情况并不重要，你将来想获得什么成就才是最重要的。有目标才会成功，如果你对未来没有理想，那么你将做不出什么大事来。设定目标后要定出中长期计划，而且还要怀着迫切要求进步的愿望。成功是需要完全投入的，只有完全投入到你所从事的职业中去，才会有成功的一天；只有全身心地热爱你的生活，才会有成功的一天。

（3）多走些路。做个主动的人。要勇于实践，你的成功也就是因为多走了些路，找到了别人未找到的另外一点东西。抓住机会，掌握机会，做个积极主动的人，并养成及时行动的好习惯。

（4）正确的思考方法。成功等于正确的思想方法加上信念和行动。要想成为思想方法正确的人，必须具备顽强坚定的性格和挖掘潜力，要进行"我行""我是优秀的""还需再改进"的心理暗示。

（5）高度的自制力。自制是一种最艰难的美德，有自制力才能抓住成功的机会。成功的最大敌人是自己，缺乏对自己情绪的控制，会把许多稍纵即逝的机会白白浪费掉。如愤怒时不能遏制怒火，使周围的合作者望而却步；消沉时，放纵自己的萎靡。

（6）培养领导才能。衡量一个领导人物成就的大小，要看他信念的深度、雄心的高度、理想的广度和他对下属关爱的程度。一个人的领导能力唯有靠同事和下属的支持与配合才能体现出来。领导要练习赞美的艺术，对人要公正，管理要合乎人性。每一件事情都要精益求精，每一件事都要研究如何改善，每一件事都要制订更高的标准。认真工作并不断改进的人才会成为一个卓越的领导。

（7）建立自信心。一个人能否做成、做好一件事，首先看他是否有一个好的心态，以及是否能认真、持续地坚持下去。信心大、心态好，办法才多。所以，信心多一分，成功多十分；投入才能收获，付出才能杰出。永远不要被缺点所迷惑。当然，成功卓越的人只有少数，失败平庸的人却很多。成功的人在遭受挫折和危机的时候，仍然是顽强、乐观和充满自信，而失败者往往退却，甚至甘于退却。我们应该学会自信，成功的程度取决于信念的程度。

（8）迷人的个性。人生的美好在于人情的美好，在于人性的美好，在于迷人的、能够吸引人的个性。对他人的生活、工作表示深切的关心；与人交往中求同存异，避免冲突；学会倾听别人的观点；学会夸奖别人；有微笑的魅力；别吝啬自己的同情；

要学会认错，学会宽容大度。

（9）创新制胜。创造力是最珍贵的财富。如果你有这种能力，就能把握事业成功的最佳时机，从而创造伟大的奇迹。创新思维比常规思维更具明显的优势：①具有独创性；②机动灵活；③有风险意识。创新思维无论取得什么样的成果，都具有重要的认识论和方法论的意义。因为即便他不成功，也会向人们提供了以后少走弯路的教训。常规性思维虽然看起来"稳妥"，但它的根本缺陷是不能为人们提供新的启示。创新必胜，保守必败。

（10）充满热忱。你有信仰就年轻，绝望就年老。失去了热忱，就损伤了灵魂。热忱是一种最重要的力量，有史以来没有任何一件伟大的事业不是因为热忱而成功的。热忱要有高尚的信念，如果热忱出于贪婪和自私，成功也会昙花一现。唯有热忱的态度，才是成功推销自己的重要因素。热忱的心态，是做任何事情都必须的条件。热忱是一种积极意识和状态，能够鼓励和激励自己采取行动，而且还具有感染和鼓舞他人的力量。

（11）专心致志。没有专注，就不能应付生活的挑战。干什么都要专注。专注就是用心，凡事用心终会成功。

（12）富有合作精神。合作是企业振兴的关键，而企业家的威信又是合作的关键。合作，企业就繁荣；纷争，企业就衰退。合作就有力量，合作是领导才能的基础，合作加速成功。

（13）正确对待失败。失败是正常的，颓废是可耻的，重复失败则是灾难性的。失败为成功之母，要从挫折中吸取教训。成功是一连串的奋斗。要敢于屡败屡战，要摒弃消极思想，全力以赴，不消极等待，在吸取教训中改善求进，"成功是经过多次错误甚至大错之后才得到的"，用毅力克服阻碍，做自己的对手，战胜自己。

（14）永保进取心。拥有进取心，你才能成为杰出人物。进取心是成功的要素，应学会不为报酬而工作的精神，要有任劳任怨的敬业精神，勤学好问、不耻下问是放之四海而皆准的行为准则。

（15）合理安排时间和金钱。记住，浪费时间，就是浪费机会。效率就是生命，要把精力集中在那些回报率大的事情上，别把时间花费在对成功无益的事情上。每天都有一个处理事情的先后顺序及进度，要身体力行，定期检查，杜绝懒惰和拖拉。金钱不是万恶之源，贪财才是万恶之源。金钱可以使你自信和充分地表现自我，养成储蓄的习惯，经济独立才有真自由。在金钱交往中，无论是公共关系，还是私人关系，遵守互惠互利的原则，才能健康地长久发展。成功者要有赚钱的素质。

（16）身心健康。一切成就，一切财富都始于健康的身心。要克服异常心理和变态心理及人格障碍中的孤僻、易怒、固执、轻率、自卑、忧虑、嫉妒等，以及其他类型的在人们的日常生活中随处可见的变态心理。这些心理严重地影响了人际关系的处理，也妨碍了家庭、工作和事业。应学会缓解和消除心理压力、择业压力、各种时尚、潮流的诱惑所构成的压力、生活不顺的压力等。对各种压力，应采用积极的应对方式来缓解和避免。要有健康的身体，因为健全的心灵和健康的身体，是成功的基本保证。要坚持锻炼身体，要经常地给自己充电，积极的心态要求有良好的能量水平。要能够使自己健康长寿。成功地运用积极心态，你的身体就会越来越健康。

（17）养成良好的习惯。好的习惯可以造就人才，坏的习惯可以毁灭人才。习惯，对人的成功与否都有巨大的影响力。好习惯的报酬是成功，好习惯是开启成功大门的钥匙。要有胸襟开阔的心理习惯、勇于纠正自己缺点的习惯、从容不迫的习惯、喜欢运动的习惯等。

五、举办一次会议的计划

（一）实验目的

熟悉计划的分类，正确认识计划与决策的关系，学习制订一项完整的计划，体验计划的作用。通过对在各类组织中经常发生的计划举办会议工作的模拟，体会计划的流程，领悟计划的各要素在现实中的表现形式。

（二）实验要求

（1）场地为讨论室或会议室。

（2）4～6人一组。

（3）用具为纸、笔，每人自备。带上教科书。

（4）用时建议为3学时。

（三）实验内容

1. 阅读材料

以下是一份邀请函，请先仔细阅读。

中国流通产业与区域经济发展论坛
邀请函

尊敬的××：

由中国商业经济学会、××市哲学社会科学西部流通业研究基地和××大学联合举办的"中国流通产业与区域经济发展论坛"，定于2010年10月22日和23日在××市举办。

我们诚挚地欢迎您出席本次论坛！具体事宜如下：

（1）参加论坛人员

邀请国务院研究室、国家商务部、中国商业经济学会、各省市自治区商业经济学会、有关高等院校和部门的领导、专家、学者及企业家参加本次论坛。

（2）会议议程

①请知名专家、学者做专题演讲；

②向获奖论文颁奖；

③论文代表宣讲论文。

（3）论坛举办时间及地点

论坛举办时间：2010年10月22日和23日，为期2天，10月21日报到。

（4）论坛举办地点（报到地点）：

××市××区扬子江饭店。

（5）费用

会务及食宿由会议统一安排，每位与会代表须交会务费 500 元，含资料、参观考察费。住宿及交通费自理。

（6）参会确认

请各单位或与会代表收到邀请函后尽快将回执通过传真或邮件发至"中国流通产业与区域经济发展论坛"办公室。

（7）入选论文

凡应征论文的代表请自带打印好的论文，共 120 份。准备发言的代表请准备 15 分钟左右的 PPT（幻灯片）展示。

（8）联系方式

联系单位：中国商业经济学会、××大学

联系地点：××市××区××大道 19 号

联系人及联系电话：略

（9）本次论坛不安排接站。

中国商业经济学会

××市哲学社会科学西部流通业研究基地

××年×月×日

2. 讨论问题

（1）判断这份邀请函属于什么类型的计划。依据是什么？

（2）分析这份邀请函与决策的关系。

（3）根据材料判断，这份计划是否完整？完整的计划应该包含哪些内容？

3. 实际操作

各组根据邀请函的内容，以"中国流通产业与区域经济发展论坛"办公室主任的身份，对该次论坛活动的前期准备和正式举行的全部工作制订一份书面计划。（要求：假设合理，内容详细、具体，方案可行，便于操作）

六、制订一份商业计划书

（一）实验目的

（1）学习制订一份综合性的计划。

（2）亲历计划制订的过程，学习运用计划制订的方法。

（3）通过对创业活动中商业计划书的编制，感受不同类型计划在其中的作用。

（4）学习从完整性和可行性两个方面审定计划。

（二）实验要求

（1）4～6 人一组。

（2）提前一周将以下实验材料告知学生。

实验材料：

学校现有一处 150 平方米的营业用房可供出租，毗邻校园生活区，水电气齐全，平街层（指导教师可根据学生所在学校的实际情况作进一步假设）。现营业用房正在招商。假设各组学生欲就此开展创业活动，为获得更多的资金支持，各组分别编制商业计划书。

（3）实验准备在课外进行。要求学生调查校园市场，对校园商业设施的面积、经营的内容及时间，包括租金、员工工资、水电费、纳税等在内的各项开支，市场消费人数、消费能力及其他各项基本情况予以了解。

（4）在实验课前按以下要求完成一份商业计划书。

一份完整的商业计划书中，通常会包括以下九个方面的内容：①企业介绍及长远目标；②管理团队介绍；③产品或服务介绍；④盈利模式；⑤市场推广及营销策略；⑥市场分析及竞争分析；⑦企业发展规划；⑧财务状况及财务预测；⑨融资需求及资金用途。

（5）实验课的场地要求：要便于分组安排座位，能使用电脑及投影设备。

6. 道具要求：教师提前印制票面为一万元的模拟钞票，印制数量为学生人数的两倍。

7. 学时数受分组数量的影响。例如，8 个小组的建议学时为 4 学时。

（三）实验内容

（1）建立投资市场。在实验课上，各组学生每人获得两张模拟钞票，即手里有两万元的模拟资金可用于投资（以一万元为一个投资单位）。

（2）各组展示商业计划书。各组按分组顺序，通过讲解、计划书展示、PPT（幻灯片）演示等方式，向教师和全班同学介绍本组的商业计划，以寻求别人的投资，并接受其他人的审定和质询。

在评价商业计划书时常用的标准包括：①内容要完整、清晰、简洁；②重点内容要突出，重点阐述公司独特的地方，以及核心价值所在；③观点要客观，尽量多用公开的、第三方的数据说话，多陈述公司的事实，少用创业者主观的语言和没有根据的判断；④整体内容要能体现出创业者对公司前景的自信，要具有说服力。

（3）所有学生即投资者，用手里的模拟钞票进行投票，完成对各组商业计划的最终审定。（要求：不能投票给自己所在的组）

（4）教师根据各组得票多少，也就是获得资金的多少，宣布排名。

七、制订促销计划

（一）实验目的

通过制订促销计划，培养学生的发散思维能力，学习制订恰当的目标，了解不同类型计划的特点，并体验计划的制订过程。

（二）实验要求

以 5～6 人为一个小组，成立虚拟公司的销售部门，选出部门经理，带领小组成员制订一个促销计划，充分发挥创造性，吸引顾客，并满足他们的需要。

（三）实验内容

每个小组将加入一个创造性的销售竞赛，分别被赋予一个商业活动，由两人组成一个小组进行工作，提出一个主意进行比赛。

这个比赛的目的是产生一个主意来促进生意并为顾客提供某些特殊的东西，鼓励参与者尽可能创造性地提出主意，并针对这一主意制订相应的促销计划。制订计划时注意遵循计划的制订程序。课堂资料如表 3-1 所示。

举例如下：

公司名称：奥运银行

业务范围：银行业

主意：我们将会给第 2008 个登记了奥运账户或储蓄账户的客户一个免费的终身账户。

表 3-1　　　　　　　　　　　　　　课堂资料

公司名称：天天向上 业务范围：运动产品生产商 主意：各类运动器械、设备的生产制造
公司名称：星球 业务范围：汽车销售及服务 主意：汽车销售与售后服务
公司名称：行踪 业务范围：互联网服务提供商 主意：
公司名称：美女与野兽 业务范围：美发沙龙 主意：

表3-1(续)

公司名称：呼叫我
业务范围：移动电话服务
主意：_____
_____
_____

公司名称：首页出版公司
业务范围：书籍分销
主意：_____
_____
_____

公司名称：重现奢华
业务范围：二手奢侈品
主意：_____
_____
_____

公司名称：城市动物园
业务范围：国内最大的动物园之一
主意：_____
_____
_____

八、假如我们有十万元

（一）实验目的

通过成立一个组织，为组织设定宗旨、制订目标和计划，综合运用管理学的管理环境、决策、计划等理论知识，熟悉制订目标和计划的程序，掌握目标制订的原则，合理目标的确定，以及完备计划的主要要素。

（二）实验要求

（1）参与人数：10～12人一组。

（2）计划学时：4学时。

（三）实验内容

1. 实验背景

十万元可以做哪些事？十万元可以做哪些有价值的事？假如每个小组拥有十万元的资金，你们希望做什么？你们擅长做什么？你们认为什么事最有社会价值？你们认为什么事最适合你们去做？

思考上述问题，通过外部环境分析和内部资源分析，成立一个组织，类型不限，可以是企业等营利性组织，也可以是"关怀留守儿童社团"等公益性组织。明确组织的宗旨和目标，并针对某个活动项目制订一个项目计划。

2. 实验步骤

（1）各小组进行外部环境分析和小组内部资源条件分析，依据分析结论成立一个组织，并明确组织的使命（宗旨）。

（2）搭建组织结构，明确岗位分工。

（3）结合组织的使命，依照目标制订的原则和程序，为组织制订一个年度总体目标。

（4）依据年度总体目标，各部门制订自己的部门目标，最终形成组织的目标体系。

（5）根据组织目标，制订一个短期的项目计划。注意遵循计划制订的步骤要涵盖完备计划的主要要素。

（6）各小组选派发言人对本组织的名称、组织使命、成立原因、组织结构、组织目标、部门目标进行阐述。

要求：实验过程中注意遵循制订目标和计划的科学程序，目标和计划方案要有可行性。

3. 成果格式范例

实验项目：假如我们有十万元

一、成立组织的环境和资源分析

1. 外部环境分析

2. 团队内部资源分析

3. 结论

二、组织名称和组织宗旨（使命）

三、本年度组织总体目标

四、本年度各部门目标

五、组织目标体系图

六、项目计划书

九、泰坦尼克号逃生

（一）实验目的

通过实验项目，了解在时间紧急的情况下如何制订计划，了解在集体制订计划时应如何合作以及如何有效地利用有限资源；了解成功计划的关键点在于什么，计划如何受到外部变化的影响。

（二）实验要求

（1）参与人数：10～12人一组。

（2）道具：浮砖，4张椅子，两条长绳（25米）。

（3）计划学时：2学时。

（三）实验内容

1. 第一轮实验

（1）实验背景：泰坦尼克号即将沉没，船上的乘客（学员）须在"泰坦尼克号"的音乐结束之前利用仅有的求生工具——七块浮砖，逃离到一个小岛上。

（2）教师指导学生布置游戏场景：将 25 米长的长绳在空地上摆成一个岛屿形状，在另一边，摆 4 个长凳，用另外的绳子作为起点。

（3）给学生 5 分钟时间讨论和试验。

（4）出发时，每一个人必须从长凳的背上跨过（就如同从船上的船舷栏杆上跨过），踏上浮砖。在逃离过程中，船员身体的任何部分都不能与海面——地面接触。

（5）自离开泰坦尼克号起，在整个的逃离过程中，每块浮砖都要被踩住，否则教师会将此浮砖踢掉。

（6）全部人员达到小岛，并且所有浮砖被拿到小岛上后，游戏才算完成。

实验结束后各小组讨论以下问题：

（1）你们组可以想出什么样的办法来达成目标？

（2）小组是否确定出领导者？是根据什么确定的？撤离方案的形成是领导的决定还是小组讨论的结果？

（3）你们的方案是否坚决贯彻到底了？中间发生了什么变化？为什么？

（4）事后回顾当初的方案，觉得是否可行？有更好的方案吗？为什么当时没有想到或没有提出来？

（5）小组是如何分配组员撤离的先后次序的？考虑到了什么因素？

2. 第二轮实验

讨论后各小组重新制订计划，再进行一轮实验，体验计划有无改进以及经过反馈后的计划实施效果。

（四）实验点评

（1）制订计划时，需要发挥创新思维，也要有充分的应变能力。一个合理可行的计划需要对外部环境和内部资源进行充分的利用和分析，多方面考虑可能出现的变化才能保证计划实施的成功。

（2）在集体制订计划时，个人的观点可能会相互冲突，这就需要进行协调。只有得到每个人的认可，计划才能取得很好的实施效果。

第四章　组织类实验

第一节　组织管理的基本理论知识

一、组织设计的含义

1. 组织设计的含义

组织设计是管理者为实现组织目标而对组织活动和组织结构进行的设计活动。

2. 组织设计的基本要求和原则

（1）有利于实现组织目标的原则。

（2）整体协调的原则。

（3）突出重点的原则。

（4）因事设职的原则。

（5）权责结合的原则。

（6）规范标准化和制度化的原则。

3. 进行组织设计时必须考虑的因素

组织设计时必须考虑的因素主要有：组织环境、组织战略、组织的发展阶段。组织战略是指实现组织目标的各种行动方案、方针、方向和途径的总和，因此，它是实现组织目标的基本手段。

4. 组织发展各阶段的特点及对组织设计的要求

（1）创业阶段：信息沟通以非正式方式进行，组织设计要求简单。

（2）职能扩展和分权阶段：组织结构逐步专业化和正规化，分权造成组织结构的复杂和对统一协调的高度要求。

（3）参谋激增阶段：在（2）的基础上，单纯依靠高层管理者的协调变得困难，需要增加参谋人员。

（4）协调和规范阶段：提出新的权力结构和运行方式。

5. "稳定—机械式"组织与"适应—有机式"组织的区别

（1）组织环境：前者相对稳定明确，后者经常变动。

（2）组织目标：前者明确持久，后者多样化，不断发展变化。

（3）技术：前者统一而稳定，后者复杂而不断发展变动。

（4）基本任务：前者按照常规进行活动，后者除常规性工作外，创造性和革新性工作成为重要内容。

（5）决策方式：前者的决策按照程序化模式进行，后者实行探索性决策方式，协调和控制成为组织必配的管理手段。

（6）组织层次：前者组织结构和制度规范相对严密，后者层次较少，具有较大的结构可变性和灵活性。

二、组织设计过程

（一）组织职位设计

1. 组织职位设计的基本任务

（1）组织职位应该有明确的任务和职责。

（2）组织职位应该有合理的广度和深度。

（3）组织职位应该有特定的规范。

2. 组织职位设计的方法

（1）职位的分类设计：包括职位、职系、职级、职等和职数。

①职位：组织中的具体工作职务和职责。

②职系：工作性质相同、但是任务和责任以及工作难度不同的职位系列。

③职级：对职系的不同等级层次的划分。

④职等：对工作性质不同、但是工作难度相同或相近的职位的划分。

⑤职数：在特定层次上的同样职位数。

（2）职位广度扩大设计：丰富工作内容，副职轮岗。

（3）职位深度拓进设计：加入同样性质工作但纵深而丰富的内容，激发其积极性。

（4）职位的工作团体设计：专案组。

（二）组织部门设计

1. 组织部门设计的主要任务

（1）确定和划分组织的不同部门。

（2）规定这些部门之间的相互关系。

2. 组织部门设计的常用方法

（1）按照职能设计组织的部门。按照业务性质或内容设计是最普遍的方法。比如，政府的经济管理职能部门、文化职能部门，企业的供应、生产、销售各部门等。

该方法符合职能专业化分工的原则，可以做到事权专一、职责明确、力量集中，有利于提高各部门的效率和工作人员的专业技术水平。

（2）按照区域设计组织的部门。比如，华北、华东等。

该方法有利于特定区域范围内组织的各项工作的综合协调和工作效率的提高，有利于组织根据当地的实际情况进行活动和管理，有利于组织管理者综合管理能力和协调能力的加强。

（3）按照行业和产品设计组织的部门。比如，林业部、农业部，熟食部、饮料部等。

（4）按照服务对象设计组织的部门。学生司、留学生司，儿童用品部、妇女用品部等。

（5）按照特定组织的重要性设计组织的不同部门。

比如，成果性业务部门、支持性事务部门，管理性部门、后勤保障部门等。

3. 部门关系的分析和配合的基本要求

（1）对工作性质、业务内容、运行方式相同或者相似的部门，进行必要的整合。

（2）对相互摩擦甚至绝对排斥和冲突的部门，进行必要的合并或者改设。

（3）对不同部门的业务、作用和活动之间的程序性因果逻辑关系进行分析，按照这种逻辑关系去界定部门之间的关系。

（三）管理幅度和管理层次设计

1. 管理幅度设计

管理幅度指一位管理者直接有效地管理和控制的下属人员的数量。它实际体现着一位管理者直接管辖的部门或次级组织的数量，体现着该管理者直接控制协调的业务活动量。

影响组织幅度设计的主要因素有：

（1）组织中人的工作能力和素质因素。

（2）工作内容和特性：工作复杂变化程度、下属工作内容和性质的相似性程度、工作的计划程度及按计划实施的程度、管理者需要处理的非管理事务数量多少。

（3）工作基础和条件。

（4）组织环境和组织状况。

美国学者 A. V. 格丘纳斯提出：管理者的直接下属数量以数字呈级数增加时，该管理者与其直接下属间的相互影响、这些直接下属间的相互影响的数量就会以几何级数增加。

英国学者汉密尔顿主张有效的管理幅度为 3~6 个；美国学者认为行政性管理幅度为 3~9 个，业务性管理幅度可以达 30 个。

2. 管理层次设计

管理层次指组织纵向结构的等级，体现着组织的纵向分工和各个等级层次不同的管理职能。

（1）影响管理层次设计的因素

除了和影响管理幅度设计的 4 大因素外，还包括：

①管理幅度的影响：管理幅度与管理层次成反比关系。

其中，扁平结构形态的优、缺点如下：

优点：有利于信息的沟通，有利于保持所传递信息的真实性，有利于不同层次人员的主动性、积极性和创造性的发挥。

缺点：难以对每个直接下属人员和机构进行充分有效的监督和控制，管理者难以识别、选择和确定来自下属的重要信息和事务。

锥形结构形态的优缺点如下：

优点：有利于管理者充分详细地研究下属报送的信息，从而提出比较成熟的对策；

有利于管理者对每个直接下属人员和机构进行有效的指导、监督和控制；有利于管理者按照事务的轻重缓急处理组织事务。

缺点：管理层次繁多，信息的真实性和传递速度受到影响；影响组织人员的积极性和创造性的发挥；管理工作烦琐而复杂，影响管理的效率。

②组织的纵向职能。

比如，美国斯隆管理学院提出的"安东尼结构"，把企业组织确定为上层（战略规划）、中层（战术计划）、下层（运行管理）三部分。

③组织效率的要求。

④层次节制和分层管理的原则。

层次节制指次级层次必须服从上级层次的领导、指挥、制约和监督。

（四）组织职权设计

1. 组织职权的特点

（1）组织职权是职位的权力。

（2）组织职权具有多种权力行使方式。

（3）组织职权具有不同的类型。

（4）组织职权具有动力意义。

2. 组织职权设计的原则

（1）确保命令统一的原则。

（2）连续分级的原则。

（3）权职对称原则。

（4）合理集权和分权的原则。

3. 影响特定的组织职权配置的因素

（1）组织的发展过程。

（2）组织的规模。

（3）组织管理者的偏好。

（4）中下层管理人员的能力和素质。

（5）组织管理的技术状况。

三、组织结构的基本形式

1. 直线型组织结构

（1）定义：组织职位按照垂直系统直线排列，各级主管对自己的下级拥有直接的一切职权，职权和命令从上而下直线纵向贯穿于组织之中。

（2）优点：结构简单，职权集中，责任分明，指挥统一。

（3）缺点：没有职能部门，最高主管事必躬亲。

（4）分类：分为纯粹直线组织结构形式和部门直线组织结构形式（横向分工）。

2. 职能型组织结构

（1）定义：设立职能机构，且职能机构有权发号施令（有职能职权）。

（2）优点：企业可以实行专业化的管理，可以发挥专家的作用，对下级工作指导具体，从而弥补了行政领导管理能力的不足。

（3）缺点：容易形成多头领导，管理层与职能层协调困难，造成下级无所适从。

（4）适用范围：适合于任务复杂或生产技术复杂、需要专门知识进行管理的组织。

3. 直线职能型组织结构

（1）定义：直线职能型是以直线型为基础，在保持直线型组织的统一指挥基础上，增加了为各级行政主管出谋划策但不进行指挥命令的参谋部门而综合形成的组织结构。组织中设置了两套系统，一套是命令统一原则的组织指挥系统，直线部门的管理人员在自己的职权范围内有决定权，对其下属的工作实行指挥和命令，并负全部责任；另一套是按专业化原则组织的职能系统，各职能机构只作为直线主管的参谋发挥作用，并起业务指导的作用。只有当直线主管授予他们直接向下级发布指示的权力时，才拥有一定程度的指挥命令权，即职能职权。

（2）优点：既有利于保证集中统一的指挥，又可发挥各类专家的专业管理作用。

（3）缺点：

①各职能单位自成体系，往往不重视工作中的横向信息沟通，加上狭窄的隧道视野和注重局部利益的本位主义思想，可能引起组织中的各种矛盾和不协调现象，从而对企业生产经营和管理效率造成不利的影响。

②如果职能部门被授予的权力过大过宽，则容易干扰直线指挥命令系统的运行。

③按职能分工的组织通常弹性不足，对环境的变化反应比较迟钝。

④职能工作不利于培养综合管理人才。

（4）适用范围：直线职能型组织结构在我国绝大多数企业尤其是面临较稳定环境的中小企业中得到了广泛采用。对于规模较大，决策时需要考虑较多因素的组织，则不太适用。

4. 事业部型组织结构

（1）定义：以组织的产品、地域和服务对象等为基础，把组织划分为若干事业部而组成的组织结构。组织最高权力下设置有半独立性质的管理部门。

（2）优点：使最高管理部门摆脱日常的行政事务，集中精力于组织的战略问题和决策，有利于事业部主动性和积极性的发挥，有利于组织的专业化运行。

（3）缺点：可能造成组织整体性下降，事业部本位主义增强，管理部门增加，机构设置重复。

5. 矩阵型组织结构

（1）定义：由两套组织部门联合构成的双重组织结构。其中一套是在组织职能基础上形成的部门，另一套是在组织特定业务项目基础上形成的部门，这两个部门在组织中以纵横两个方向设置，构成了矩阵状态，故称之为矩阵型组织结构。

（2）优点：加强了各部门间的协作，增强了组织的灵活性和协调性，有利于专业人员优势的发挥。

（3）缺点：可能在任务、部门界限、管理关系运行以及资源配置方面形成模糊状态。

第二节　组织类实验项目

一、飞机制造公司的搭建与运行

（一）实验目的

（1）体会组织结构的形成过程：①确定实现组织目标所必需的活动；②对活动进行分组，并形成职位、部门和层次；③配备人员，划分职责和权限；④设置纵横向联系手段和基本制度规范。

（2）了解组织部门化过程所遵循的原则：管理的方便性原则。

（3）了解一份完整的部门职能说明书和岗位职责说明书应包含哪些内容。

（4）了解组织中部门协作的重要性，建立服务伙伴的内部顾客观念。

（二）实验要求

（1）室内分组进行。

（2）需要一些 A4 纸作为实验材料。

（3）提前制作好各部门的相互评分表。

（4）提前制作好各部门的角色说明书。

（5）提前制作好顾客评估表。

（三）实验内容

1. 实验程序

（1）将所有学员按照部门分成若干小组，并确定总经理及顾客的角色人选，形成组织框架。

（2）各小组讨论形成自己部门的"部门职能说明书"（要求简洁），各小组成员完成自己的"岗位职责说明书"（要求简洁），以上两类说明书要求以书面形式呈现。

（3）飞机制造公司的各部门正式开始运营；飞机制造公司按照角色说明书投入生产、质检、储运、销售等阶段工作。

（4）飞机制造公司经过一段时间（30 分钟左右）的经营运作后，学员开始讨论。各部门的主管及员工可以讨论以下的问题：①你部门在实验中的表现如何；②其他部门在实验中的表现如何。总经理及顾客请讨论以下的问题：在实验中你对公司的总体有效性如何评价？

（5）根据在实验中各小组（部门）的行为表现和各小组（部门）的两个说明书的规范情况进行部门间的相互评分。最高分为 10，最低分为 0。评分表如表 4-1 所示。

表 4 - 1　　　　　　　　部门相互评分表（最高分 10 分）

部门评分	生产部	质检部	储运部	销售部
生产部				
质检部				
储运部				
销售部				
总经理				
顾客				

（6）指导老师根据"部门相互评分表"对组织的整体运行进行点评。

2. 实验的一般规则

（1）除了运送产品到下一个部门以外，所有的员工必须留在自己的部门。

（2）如要去其他的部门，必须得到总经理的批准。

（3）如有工作上的需要，主管可以去其他部门。

（4）只有销售部及储运部可以接触顾客。

（5）如没有得到公司总经理的邀请，顾客不可以进入公司范围。

（6）总经理有权去任何部门及有权接触顾客。

3. 角色说明书

（1）总经理角色说明书

①确保公司的有效运作。

②如有需要，你可以在任何时间和你的主管及公司的所有成员开会，你可以去任何部门及调动人员。

③你有权布置工作给所有的人员。

④飞机销售价格：V 型飞机（尖头），10 元/架；U 型飞机（平头），12 元/架。

（2）生产部角色说明书

①根据销售部所下的订单生产飞机，并将飞机交给质检部做飞行测试。

②如果飞机不能通过质检的测试，质检部可以通知生产部重新生产。

③除了主管以外，其他人员不能去别的部门。

④生产的飞机类型为：V 型飞机、U 型飞机；颜色为绿色、红色、白色三种。

⑤原料成本：每张 A4 纸 4 元，一张纸可生产 2 架飞机。

（3）质检部角色说明书

①测试飞机的性能，并将飞机飞到指定地。

②你先从生产部得到飞机。

③你需要把飞机成功地从"起飞点"飞到"降落点"，并由另外一位测试员接住才算合格。

④飞机落在地上便算不合格，作为废品，不可重新使用。

⑤测试员不能进入或越过"降落点"去抓取飞机。

⑥飞机要经过测试合格后才可以交给储运部。

⑦飞机如不能通过测试，主管要通知生产部追补生产。

⑧除了主管以外，其他人员不能去别的部门。

（4）储运部角色说明书

①接受质检部审核合格的飞机，然后根据销售部的订单把飞机送给客户。

②要求客户收货后要在送货单上签名。

③把已签名的送货单交给销售部才完成工作。

④如送货途中把飞机掉在地上，这飞机就是不合格的产品，不能交给客户。

⑤如果客户拒绝接受产品，你需要通知销售部。

⑥退货的飞机，如果质量许可，你可以把它拿去满足其他客户的订单。

（5）销售部角色说明书

①明确客户的订单要求，满足客户的需求和解决客户的投诉。

②根据客户的订单填写销售订单。

③将订单交给生产部及储运部。

④销售部的总销售目标是60架。

（6）顾客角色说明书

①你将扮演一位客户，你的主要任务就是从该飞机制造公司的销售部订购两种不同机型的飞机。

②你会先向该飞机制造公司的销售部订购10架飞机（订单1和订单2），但是你不必在同一时间给予订单。

③如果你满意他们的服务和飞机的质量，你可以根据附上的其余订单向销售部继续下订单。不过，你必须在收到订单1或订单2的货物后，才能继续下订单。你的总需求不超过30架飞机。

④你是一个很合理的客户，但你期望得到高质量和周到的服务。

⑤在实验完成后，你需要对这个公司的运作进行评估，评估单如表4-2所示。

表4-2　　　　　　　　　　　　　顾客评估单

项目	打分（0~10）	
质量		说明：0——极不满意 10——非常满意
与订单的一致性		
仔细、快速的服务		
效率		

4. 附件

附件一：V型飞机（如图4-1所示）与U型飞机（如图4-2所示）的制作方法。

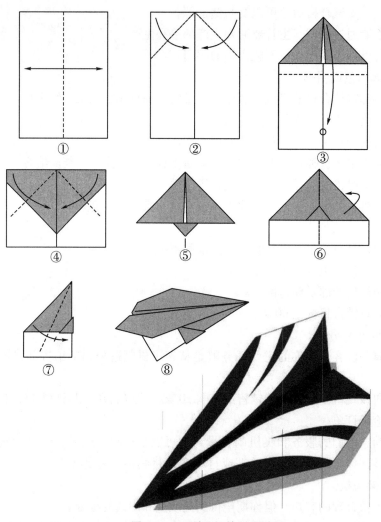

图 4-1 V 型飞机的制作过程

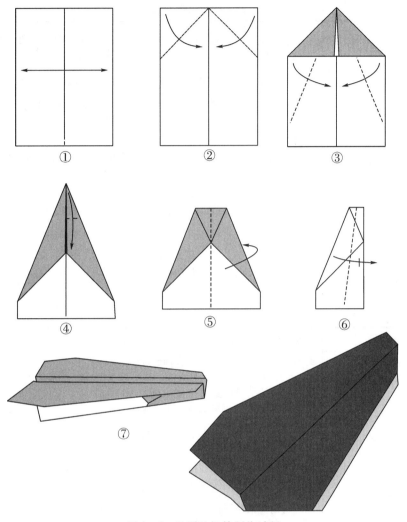

图4-2 U型飞机的制作过程

附件二："部门职能说明书"（如表4-3所示）和"岗位职责说明书"（如表4-4所示）。

表4-3　　　　　　　　　　　　部门职能说明书

部门基本信息	分管上级	对部门进行定位，明确它在组织中所处的位置，以及部门工作的汇报关系。
	下属部室	
	部门本职	描述部门"做什么"，概括主要工作、主要目标。
	部门宗旨	阐明了设置该部门的目的，描述部门"为什么"做这些工作，以及要实现的最终目标。
部门职能描述		根据公司现状及未来的发展战略，可将部门的职能分为"主要职能"和"一般职能"。与公司发展战略密切相关、对公司业务发展起重要作用的职能归入主要职能；操作性的、维持公司日常运作的职能划分为一般职能。
部门主要责任		主要责任是部门宗旨的具体表现，是对完成该部门主要职能后所产生结果的要求。
部门主要权力		来源于组织，是落实部门责任的必需。
部门岗位设置		部门内的岗位设置与定编方案。

表4-4　　　　　　　　　　　　岗位职责说明书

岗位编号	为便于归类、查阅，给各岗位按一定标准编号。
职系	所属系列（如技术系列、管理系列等）。
职级	通过岗位评估可以给每个岗位确定相应的职级。岗位职责说明书上标明的岗位职级将与薪金标准相对应。
薪金标准	
直接上级	对岗位进行定位，明确各个岗位在组织中、部门中所处的位置，以及岗位之间的汇报关系。
直接下属	
晋升岗位	反映该岗位未来的发展空间。
岗位概要	以一句话概括该岗位的主要工作，主要目标。
工作描述	分为重点工作、一般工作。
主要责任	该岗位所承担的责任。
岗位权力	为完成岗位职责而应当具备的权力。
任职资格	从资历、技能、素质等方面描述该岗位应具备的最低条件。

（四）延伸知识——弗洛斯特法则

1. 弗洛斯特法则概述

（1）内容：在筑墙之前应该知道把什么圈出去，把什么圈进来。

（2）提出者：美国思想家 W. P. 弗洛斯特。

（3）点评：开始就明确了界限，最终就不会做出超越界限的事来。

2. 弗洛斯特法则的运用

要筑一堵墙，首先就要明晰筑墙的范围，要把那些真正属于自己的东西圈进来，把那些不属于自己的东西圈出去。实际上，做任何事情之前，我们都要有一个清晰的界定：什么能做，什么不能做；接受什么，拒绝什么……做人如此，做企业也是如此。我们一定要清楚我们适合做什么，不适合做什么。要是盲目跟风，轻则会竹篮打水，重则会全军覆没。

在现实生活中，没有一个企业能够获得整个市场，至少不能以同一种方式吸引住所有的购买者。因为购买者实在太多、太分散，而且他们的需要和购买习惯各不相同。此外，企业在满足不同市场的能力方面也有巨大差异。因此，每个企业都必须寻找到最适合自己的市场，而不是试图满足整个市场。做自己擅长的事，你才能取得成功。

要想在竞争中立于不败之地，企业就一定要对自己有一个明确的定位。该干什么，不该干什么，心里一定要有底。要是不顾自己的实际情况，什么都想做，什么都想上马，还美其名曰"规模经济""赢家通吃"，那么到时苦的只会是自己。

开始就明确了界限，最终就不会做出超越界限的事来。

二、哈雷与将军

（一）实验目的

（1）了解扁平型组织结构与高耸型组织结构的异同以及各自的优缺点。

（2）熟悉组织结构设计的原则：目标原则、分工协作原则、权责对等原则、信息畅通原则、人事匹配原则和经济高效原则。

（3）了解如何建设一个和谐有效的团队。

（二）实验要求

（1）分组不宜太小，也不宜太大。太小难以体会到实验的目的，太大则耗时过长。每组以 15 人左右为宜。

（2）室内外都可以安排实验，但每组以室内围圈坐定或依顺序列队方式坐定为好。

（3）注意命令在传达过程中严格按照一对一方式依序进行，声音不宜太大。

（三）实验内容

1. 背景介绍

据说，1910 年，美军部队的一次命令传递过程是这样的：

少校对值班军官：今晚 8 点左右，哈雷彗星将可能在这个地区出现，这种彗星每隔 76 年才能看见一次。命令所有士兵穿野战服在操场上集合，我将向他们解释这一罕见的现象。如果下雨，就在礼堂集合，我会为他们放一部关于彗星的影片。

值班军官对上尉：根据少校的命令，今晚 8 点，每 76 年出现一次的哈雷彗星将在操场上空出现。如果下雨，就让士兵穿着野战服列队前往礼堂，这一罕见现象将在那里出现。

上尉对中尉：根据少校的命令，今晚 8 点，非凡的哈雷彗星将身穿野战服在礼堂出现。如果操场上有雨，少校将下达另一个命令，这种命令每隔 76 年才出现一次。

中尉对上士：今晚 8 点，少校将带着哈雷彗星在礼堂出现，这是每隔 76 年才有的事。如果下雨，少校将命令彗星穿上野战服到操场上去。

上士对士兵：在今晚 8 点下雨的时候，著名的 76 岁的哈雷将军将在少校的陪同下，身着野战服，开着他那"彗星"牌汽车，经过操场前往礼堂。

2. 实验设计

让实验参与者传达同样的命令，即：今晚 8 点左右，哈雷彗星将可能在这个地区出现，这种彗星每隔 76 年才能看见一次。命令所有士兵穿野战服在操场上集合，我将向他们解释这一罕见的现象。如果下雨，就在礼堂集合，我会为他们放一部关于彗星的影片。

3. 实验步骤

（1）由指导老师分组，每组 15 人左右。

（2）确立每组的命令传达次序，要求命令的传达是一对一小声传达（传达对象听得清楚即可），由第 1 人对第 2 人，第 2 人对第 3 人……第 14 人对第 15 人传达命令。

（3）各级命令传达完毕后，在指导老师的主持下，检查各组在命令传达过程中的决策资讯损失情况，并结合背景介绍（背景介绍宜在各组命令传达完成后进行）进行讨论。

4. 思考的问题

（1）设想每一实验小组代表一个公司，每一小组成员代表公司的一个部门（部门之间都是垂直的上下关系），那么，扁平型组织结构与高耸型组织结构对企业的执行力各有什么不同的影响？

（2）设想每一实验小组代表一个公司，每一小组成员代表公司的一个部门（部门之间都是垂直的上下关系），那么，在本实验中，企业组织结构设计违反了哪几个原则？

5. 启示

这绝对是一个黑色幽默，少校的命令在传递过程中一次次被过滤、被叠加、被篡改、被遗漏，最后变得面目全非，资讯失真率达到 90% 以上。在企业决策过程中，也会出现此类失误，一个重要原因就是决策资讯的传递存在着失真问题。

如何避免资讯传递失真，这里给出几个"秘方"。

（1）减少资讯传递的层次，关键性决策要直接面对企业所有员工，要确保员工对重大决策原汁原味和全面地了解。

（2）充分利用资讯网络化的成果，建立企业的网络平台，使企业的所有决策和企业的经营资讯在企业网络平台上展现出来，每一个员工都可以通过这个网络数据库了解企业。

（3）在企业内部要理顺资讯传递的机制与渠道。

（4）建立决策执行失误责任追究制度。决策在执行的过程中会出现两种失误情况：一是对决策资讯没有真正理解就盲目执行，使决策资讯出现偏差；二是有意使决策出现失真，从而有利于自己的利益。这两种情况都应当建立相应的责任追究制度，从而减少失误率。

（5）建立决策听证与评估制度，对企业决策的执行定期进行评估。通过评估，确认决策执行中失真问题是否存在。若存在，弄清为何存在，知道怎样解决。

（四）延伸测试——团队健康度自我测试问卷

本测试内容与上述实验内容相互独立，如时间允许，可在实验后单独进行。

团队健康度自我测试问卷

人们都希望有一种办法来了解自己团队的现状，特别是想知道我们可以从哪些方面去评价一个团队，以及自己的团队在这些方面的具体表现如何。

一般地，我们可以从以下五个方面来评价团队的健康度：

（1）成员共同领导的程度。这是指一个团队的每一个成员都可以并有义务分享领导责任，一个团队是大家共同来领导的。如果一个团队是独裁专制型的，那它的健康水平也就低。

（2）团队工作技能。这是指成员在一起工作相处的技巧。

（3）团队氛围。这是指团队成员共处的情绪和谐度和信任感。

（4）凝聚力。这是团体成员对目标的一致性。

（5）团队成员的贡献水平。这是指团队成员为实践自己的责任所付出的努力和成就程度。

也就是说，管理者在建设团队方面，应当考虑从这样五个方面入手。如果一个团队在这几个方面都很出色，那它也就会是一个优秀的团队，也就必定会是一个高绩效的团体。

为了使操作简单化起见，我们在这里介绍一种简便的诊断团队健康度的方法。

请用 1~4 分评定下列各种陈述是否符合你所在的团体。

评分标准：不适合为 1 分；偶尔适合为 2；基本适合为 3 分；完全适合为 4 分。

以下为 25 个问题，请按上述标准填写：

（1）每个人有同等发言权并得到同等重视。

（2）把团队会议看做头等大事。

（3）大家都知道可以互相依靠。

（4）我们的目标、要求明确并达成一致。

（5）团队成员实践他们的承诺。

（6）大家把参与看做是自己的责任。

（7）我们的会议成熟、卓有成效。

（8）大家在团队内体验到透明和信任感。

（9）对于实现目标，大家有强烈一致的信念。

（10）每个人都表现出愿为团队的成功分担责任。

（11）每个人的意见总能被充分利用。

（12）大家都完全参与到团队会议中去。

（14）团队成员不允许个人事务妨碍团队的绩效。

（15）每个人都让大家充分了解自己。

（16）在决策时我们总请适当的人参与。

（17）在团队会议时大家专注于主题并遵守时间。

（18）大家感到能自由地表达自己真实的看法。

（19）如果让大家分别列出团队的重要事宜，每个人的看法会十分相似。

（20）大家都能主动而创造性地提出自己的想法和考虑。

（21）所有的人都能了解充分的信息。

（22）大家都很擅长达成一致意见。

（23）大家相互尊敬。

（24）在决策时，大家能顾全大局，分清主次。

（25）每个人都努力完成自己的任务。

（1）_____（2）_____（3）_____（4）_____（5）_____
（6）_____（7）_____（8）_____（9）_____（10）_____
（11）_____（12）_____（13）_____（14）_____（15）_____
（16）_____（17）_____（18）_____（19）_____（20）_____
（21）_____（22）_____（23）_____（24）_____（25）_____
A　　　　　B　　　　　C　　　　　D　　　　　E

（1）～（25）条共分为 5 项内容，在上面列为 A、B、C、D、E 5 栏。把各栏中所标题目的相应评分累加起来，就得到各栏的分数，它们的含义是：

A＝共同领导　B＝团队工作技能　C＝团队氛围　D＝团队凝聚力　E＝成员贡献水平

每一项的满分为 20，每项的得分越高越好。比较所在团队不同方面的得分，就可以粗略地了解自己团队的长短。如果让所在团队的每一个成员都做以上评定，就可以得到两种结果：其一，得到团队成员对团队的总体（平均化）评价；其二，可以比较总体评价和每一个团队成员的评价，了解每一个人与其他人的看法的差距。这些结果都可以应用于团队建设的具体设计中去。

（五）延伸知识——蝴蝶效应（The Butterfly Effect）

1. 蝴蝶效应简介

（1）提出者：蝴蝶效应由美国气象学家洛伦兹（Lorenz）于 1963 年提出。

（2）内容：事物发展的结果，对初始条件具有极为敏感的依赖性，初始条件的极小偏差，都将可能会引起结果的极大差异。

2. 蝴蝶效应的来历

美国气象学家洛伦兹于 1963 年提出一篇论文。该论文名叫《决定论的非周期流》，里面根据大气运动的规律，建立了一个简化的数学模型——三变量的常微分方程组，也就是著名的洛伦兹方程。洛伦兹经过研究发现，当这个方程组的参数取某些值的时候，轨线运动会变得复杂和不确定，具有对初始条件的敏感依赖性，也就是初始条件最微小的差异都会导致轨线的行为的无法预测。正是根据数值分析，洛伦兹才得出结论说，天气的长期预报是不可能的，形象化的说法就是所谓的蝴蝶效应。

这个发现非同小可，以致科学家都不理解，几家科学杂志也都拒登他的文章，认为"违背常理"：相近的初值代入确定的方程，结果也应相近才对，怎么能大大远离呢！

1979 年 12 月，洛伦兹在华盛顿美国科学促进会的再一次讲演中提出：一只蝴蝶在巴西扇动翅膀，有可能会在美国的德克萨斯州引起一场龙卷风。其原因在于：蝴蝶翅膀的运动，导致其身边的空气系统发生变化，并引起微弱气流的产生，而微弱气流的产生又会引起四周空气或其他系统产生相应的变化，由此引起连锁反应，最终导致其他系统的极大变化。他的演讲和结论给人们留下了极其深刻的印象。洛伦兹把这种现象戏称为"蝴蝶效应"，意思是一件表面上看来毫无关系、非常微小的事情，可能带来巨大的改变。从此以后，"蝴蝶效应"之说就不胫而走、名声远扬了。

3. 蝴蝶效应的应用

（1）在政治和军事领域。可以用西方流传的一首民谣对此作形象的说明。这首民谣说：

丢失一个钉子，坏了一只蹄铁；

坏了一只蹄铁，折了一匹战马；

折了一匹战马，伤了一位骑士；

伤了一位骑士，输了一场战斗；

输了一场战斗，亡了一个帝国。

马蹄铁上一个钉子的丢失，本是初始条件十分微小的变化，但其"长期"效应却是一个帝国存与亡的根本差别。这就是军事和政治领域中的所谓"蝴蝶效应"。

（2）在社会学领域。"蝴蝶效应"在社会学界用来说明：一个坏的微小的机制，如果不加以及时地引导、调节，会给社会带来非常大的危害，戏称为"龙卷风"或"风暴"；一个好的微小的机制，只要正确指引，经过一段时间的努力，将会产生轰动效应，或称为"革命"。

4. 蝴蝶效应的案例

2003 年，美国发现一宗疑似疯牛病的案例，马上就给刚刚复苏的美国经济带来一场破坏性很强的"飓风"。扇动"蝴蝶翅膀"的，是那头倒霉的"疯牛"；受到冲击的，首先是总产值高达 1 750 亿美元的美国牛肉产业和 140 万个工作岗位；而作为养牛业主要饲料来源的玉米业和大豆业，也受到波及，其期货价格呈现下降趋势。但最终推波助澜，将"疯牛病飓风"损失发挥到最大的，还是美国消费者对牛肉产品表现出的信心下降。在全球化的今天，这种恐慌情绪不仅造成了美国国内餐饮企业的萧条，甚至扩散到了全球——至少 11 个国家宣布紧急禁止美国牛肉进口，连远在大洋彼岸的中国广东等地的居民都对西式餐饮敬而远之。

再比如，你能想像得出一个美国人抽烟和中国的通货膨胀有什么关系吗？假设美国现在有一个人抽烟，不小心把没熄灭的烟头扔在了床边，然后出门上班了。大约 20 分钟后，烟头慢慢引燃床单，火越来越大，逐渐蔓延到左邻右舍，引起煤气罐的连环爆炸。这时的美国人已经对"恐怖袭击"胆战心惊，而这个肇事者（扔烟头的人）却忘了自己曾扔过烟头，于是在一时无法查明原因的情况下，暂时被定为"恐怖袭击"。这样，惊恐万状的人们纷纷抛售股票，引起股市大跌。人们下降的消费信心影响了整个美国经济，最后造成美元贬值。由于美元的持续贬值，使得以美元标价的基础性原材料价格上扬，盯住美元的人民币价格也相应上扬。从而导致以原材料为基础的商品价格上涨，引发中国的成本拉动型通货膨胀。

这个例子比较夸张，为的只是说明：我们在解释某种经济现象时，如果无法从常规的分析中找到答案，就要考虑那些看起来无关紧要的因素。然而这种因素太多了，也太不可预测了，这也是为什么经济学家总是难以精确地预测具体经济指数的原因。但也正是这种不可预测性造就了变化多端而丰富多彩的世界。

蝴蝶扇动翅膀都有可能引起龙卷风，那还有什么不可能呢？"没有什么不可能"，恐怕这就是"蝴蝶效应"给我们最大的启示。

三、认识组织结构

（一）实验目的

（1）认识组织结构的形成过程。

（2）了解组织结构设计的影响因素。

（3）了解组织结构变革的一般原因。

（4）了解直线职能型组织结构形式和矩阵型组织结构形式的内容及优缺点。

（二）实验要求

（1）场地为室内，分组进行，每组人数不限。

（2）准备多份案例资料（包括"万维公司的组织结构变革"和"春兰集团的矩阵管理"）。

（3）如有必要，可准备案例资料的PPT（幻灯片）。

（三）实验内容

1. 实验流程

（1）分组，确定本组组长及记录员。

（2）指导老师讲解实验目的、要求等注意事项。

（3）各组在指导老师处领取案例资料——各组学习案例资料（也可由指导老师通过幻灯片讲述）。

（4）小组讨论（提醒注意案例后面的讨论方向提示）。

（5）全体交流共享（可由小组代表发言）。

（6）指导老师总结。

2. 实验规则

（1）本实验主要以讨论形式进行，要求每组围绕"实验目的"和"讨论方向"形成各自的看法。

（2）讨论要在开放的氛围中进行，多建言，少否定。

（3）每组可以指定一人进行记录，以供更大范围内的交流共享。

（4）要求每个小组的每位成员都要对小组的讨论结果有所贡献。

3. 附件：案例

案例一

北京清华万维网络技术有限公司是一家民营高新技术企业，成立于 1998 年 4 月，注册总资本为 300 万元人民币，最大的投资方是清华大学所属的企业集团。该集团拥有公司股份的 70%，公司的部分早期员工持有公司股份的 30%。公司定位在网络技术专业服务领域，创建时初步确定了三个主要业务方向：①网络技术培训；②互联网教育网站；③网络技术咨询和工程监理。万维公司成立时仅有 7 名员工。总经理孟高原是一位个性很强、勇于进取的领导人。在其领导下，公司员工团结一致，艰苦创业，公司的业务和规模都取得了快速的发展。到 1999 年 9 月为止，万维公司已经实现主营业务收入 563 万元，员工总数发展到 78 人。

（1）公司的组织结构。随着企业规模的逐步扩大，万维公司的组织结构经历了一系列的变革发展。创建初期，公司人数很少，采用了简单的组织结构，所有人员由孟总统一指挥调度。当三个业务发展方向逐步确立起来，并且员工数量有所增加之后，公司开始划分为几个不同部门，但部门设置并不正规，各部门仍由孟总直接领导。各项业务规模逐渐扩大之后，为了适应业务发展的需要，公司正式采取事业部结构，并增设了人力资源部、市场公关部和企划部等职能部门，组织结构逐渐清晰和正规起来。万维公司组织结构图如图 4 - 3 所示。

从机构设置角度来看，万维公司目前采用的是事业部结构。但是实际上，各事业部仅仅是在业务和人员方面加以区分，还没有真正实现管理和经营方面的充分自治，各事业部管理基本上还是由高层领导直接负责。

表现在经营管理上，主要存在以下问题：①各部门各自为政，缺少沟通，协作困难。随着规模的扩大，部门间的界限越来越清楚，运作也越发独立。各事业部自成体系，横向沟通日益减少。各部门过于关心自己的任务目标，不但配合减少，还常为争夺资源发生摩擦，最终往往要由孟总亲自拍板才能解决。②管理队伍能力不足。孟总认为，万维公司的管理队伍整体能力明显不足，部分事业部还没有找到合适的领军人物，企划部和市场公关部经理也是虚位以待。抱怨和不满情绪在管理队伍中蔓延。一些中高层经理开始公开反对孟总兼任事业部经理的做法，要求孟总下放事业部管理权。③员工士气越来越低落。管理团队的工作积极性和主动精神严重衰退，推诿扯皮现象增多。基层员工只关心个人的发展机会，对公司的管理问题议论纷纷、意见颇多，但很少通过正规渠道向领导反映；员工工作效率低下，质量下降。

（2）组织变革。面对这种局面，孟总清醒地认识到：公司必须尽快采取变革措施来扭转目前企业管理运作的混乱与无效率状况。通过与远望管理咨询公司总经理李洪博士探讨后决定：万维公司应首先进行一次组织变革，重建组织结构。

为了更好地实施这次组织变革，万维公司决定聘请远望管理咨询公司指导实施这次变革。通过员工调查，根据对万维公司的特点和组织结构关键特征的分析，咨询小组为万维公司设计了一种基于职能资源平台的、以项目管理为核心的、贯彻内部市场机制的矩阵型组织结构。基本思路为：以经营业绩为导向，企业所有职能部门都为经营工作服务；强调资源的动态组合；同时采取决策权力下移的扁平化管理方式，充分

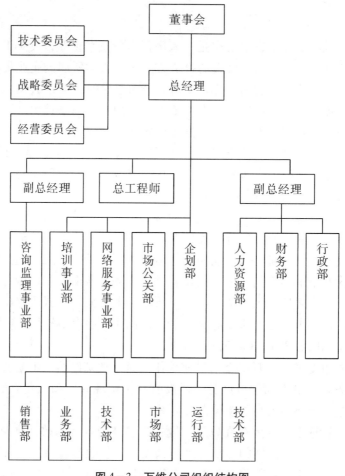

图4-3 万维公司组织结构图

发挥员工工作潜能。调整后的组织结构如图4-4所示。

（3）变革方案的实施与效果。自2000年4月1日开始，万维公司的组织结构调整为矩阵型组织结构，全面实行项目管理和预算控制制度，并建立了培训服务事业部、培训产品事业部、互联网应用（ASP）事业部、互联网服务（ISP）事业部等部门，各事业部分别设总经理，总裁不再兼任事业部经理。

新组织结构体系的推行过程总体上比较顺利，但也遇到了一些具体问题：①由于产品事业部虚拟化，使得事业部计划、预算的过程缺乏下属支持，存在工作难度较大、耗时较长、准确度不高的问题。②项目管理方式提高了组织的动态适应性，但同时引起企业运营成本的增加。对于万维公司，多数项目规模很小，计划和预算程序过于复杂、重复，造成工作量和运营成本过高。③由于全面实行项目管理，项目数量很多，公司内部协调工作大大增加，对资源使用计划和调度管理提出很高的要求，现有管理体系难以胜任，这造成协调效率低、工作流程不顺畅的问题。④项目运作的有效性在很大程度上依赖于团队合作，但动态的人员组合机制又不利于团队合作精神的形成，两者之间存在着矛盾。

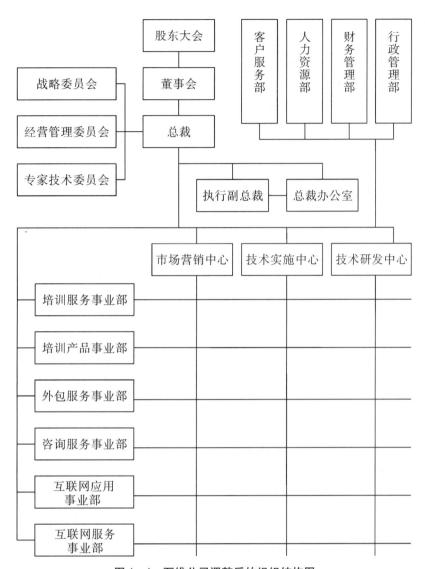

图4-4 万维公司调整后的组织结构图

尽管存在这些问题，在孟总的坚决推动下，经过万维公司改革工作领导小组和咨询小组的共同努力，新的组织运作体系还是在两个月左右的时间里逐步建立起来。在其后的半年时间里，公司规模迅速扩大，至2000年11月，公司的员工总数已经达到187人。

随后在互联网经济降温的压力中，万维公司经历了人员数量猛增到187人后又锐减到83人的剧烈震荡。在重大变化的过程中，万维公司的矩阵型组织结构表现出了出色的调适能力。在人员裁减的过程中，由于各类人员基于相同的平台，便于比较和筛选，并且避免了业务单元间平衡的困难，使裁员工作得以顺利进行，并保证留下来的员工具备较高的素质水平。

讨论方向提示：

（1）万维公司为什么要进行组织结构变革？

（2）为什么要采取矩阵型组织结构？

（3）如何解决万维公司组织结构变革过程中出现的问题？

案例二：春兰集团的矩阵管理

1997年，春兰实现了"扁平化管理"，组建了电器、自行车、电子、商务、海外等五大产业公司，下辖42个独立法人单位。"扁平化管理"实行一段时间后，公司出现两大问题：一是各个产业公司各自为政，总部的决策指令不能很好地执行，资源难以共享；二是某些环节由"不动"变成了"盲动"，管理上出现了一定程度上的失控，权力得不到正确的应用。于是，公司在1999年年底，提出了"创新型矩阵式管理"。

春兰的创新型矩阵管理有一个"16字方针"，主要内容是"横向立法、纵向运行、资源共享、合成作战"。所谓"横向立法"，是指针对原来管理有所失控的问题，将集团的法律、人力、投资、财务、信息等部门划为横向部门，负责制订运行的规则，并依据规则对纵向运行部门实施监管。所谓"纵向运行"，是指保留"扁平化"产业公司运行的特点，以产业为纵向。前8个字重点解决集团和产业公司集权与分权的矛盾，力求"放而不乱"，提高运行效率。这样一来，横向部门"立法"并监管，纵向部门依然大权在握，能充分发挥主观能动性和积极性，不过是在"法"定的圈子里，要依"法"运行。"16字方针"中的后8个字，重点解决原来资源不能共享的问题。办法是将横向职能部门划分为A部门和B部门。制订运行规则"立法"的是横向中的A部门；B部门则负责实现对春兰内部资源的共享，为产业公司提供专家支持和优质服务。

春兰的创新型矩阵管理有这样几个特点：

（1）按横向运行系统实施职能管理。一是制订规则。横向职能系统在集团公司的授权下，按照国家经济法规政策、国家经济发展方针以及市场游戏规则，根据集团公司的发展战略和总体目标，负责制订或修改各项规章制度，并以集团公司名义颁布实施。在矩阵管理方案实施后，其先后制订了计划、财务、科技、物资、经营、质量、人士、法务等11项规章制度，使企业有章可循，有法可依。

二是进行监管。公司各职能副总裁和职能部门依据各项规章制度对各生产经营单位的业务活动进行监督、审查。发现违规现象的，要即刻进行处理。

三是提供支持。集团公司各职能部门，对所有生产经营单位的生产经营活动给予专家级支持和优质服务，协助其处理好各种业务问题，共同完成经营目标。

（2）按纵向运行系统展开生产经营。纵向运行系统按照集团确定的中长期发展战略、经营目标和制订的各项规章制度以及各产业公司及下属单位的职责，围绕各自的年度计划目标和月度经济目标、任务，开展生产和经营活动，努力实现各自的经营目标和生产任务。

（3）明确了横向立法和纵向运行系统的关系。矩阵管理的纵向运行系统和横向立法系统都是在同一个层面上，它们之间既互不干扰，又相互联系，都必须接受CEO（首席执行官）的领导。横向部门"立法"并监管，纵向部门依然大权在握，从而充分发挥了两者的主观能动性和积极性，依法运行。

（4）构筑了四个管理平台。按照矩阵管理"16 字方针"，构建物资采购、产品营销、科技管理、财务管理四个管理平台，对相关的业务流程进行调整、重组，构成新的业务流程。

一是构筑物资采购平台。实行矩阵管理后，一改原来每个单位都有自己的采购部门的做法，统一成立春兰公司的采购中心。采购中心实现统一招标、集中采购，避免过去各单位采购渠道多、定价尺度不一的现象。采购中心与各单位既合作作战，又相互制约，保证采购工作透明、有效地展开。

二是构筑营业平台。从 2000 年开始，春兰集团把驻外代表处和驻外星威连锁店进行整合，建立部分产业的销售平台，由直属公司总部的星威公司统一管理。各成品制造工程派驻营业代表进驻营业平台，负责各自产品的销售，如此形成了直接面对市场的产品终端销售平台，在品牌宣传、营业监管、售后服务、信息支持上为营业工作带来了有力的支持。

三是构筑科技平台。按照"当前与长远结合，基础与应用并举"的科技战略，春兰公司构建了科技平台，推进科技成果创新。具体措施是：建立开放式科技平台，在全世界范围内选择符合春兰发展战略的科研伙伴。目前，春兰集团已经与 40 多家科研机构、大专院校建立了协作关系。实施项目课题研究和新产品开发的合作作战，在全集团3 000多名技术人员中实现科研项目招标，薪酬和课题完成情况紧密挂钩，公司各级技术管理部门负责监督和指导。信息化建设和技术进步相互促进，提高了科技水平，让公司广域网得到了最大限度地使用，做到了企业信息资源共享。

四是构筑财务控制平台。财务平台是将全集团的物流和资金流进行整合利用，强化财务审核和监控的手段，从而大幅度提高物资和资金的利用效率，降低运作成本。主要措施是：降低产品设计成本、实施科学的投资策略、资金和资本的运营市场化、加强物耗管理、资金管理制度化以及财务管理信息化。

自矩阵管理实现之后，春兰有效地解决了集权和分权的矛盾，提高了企业的管理水平。同时还促进了企业的技术创新，推动了企业经济效益的全面提高。

讨论方向提示：

（1）春兰的矩阵结构属于什么类型的组织结构形式？

（2）结合案例，说明春兰的组织创新都体现在什么地方？

（3）针对春兰的横向"立法"和纵向运行，你认为其中会出现什么问题，怎么解决？

（四）延伸知识——鸟笼效应

鸟笼效应是一个著名的心理现象，其发现者是近代杰出的心理学家詹姆斯。1907年，詹姆斯从哈佛大学退休，同时退休的还有他的好友物理学家卡尔森。一天，两人打赌。詹姆斯说："我一定会让你不久就养上一只鸟的。"卡尔森不以为然："我不信！因为我从来就没有想过要养一只鸟。"没过几天，恰逢卡尔森生日，詹姆斯送上了礼物——一只精致的鸟笼。卡尔森笑了："我只当它是一件漂亮的工艺品。你就别费劲了。"从此以后，只要客人来访，看见书桌旁那只空荡荡的鸟笼，他们几乎都会无一例外地问："教授，你养的鸟什么时候死了？"卡尔森只好一次次地向客人解释："我从来就没有养过鸟。"然而，这种回答每每换来的却是客人的困惑和有些不信任的目光。无奈之下，卡尔森教授只好买了一只鸟。詹姆斯的"鸟笼效应"奏效了。

实际上，在我们的身边，包括我们自己，很多时候都是先在自己的心里挂上一只笼子，然后再不由自主地朝其中填满一些什么东西。

"鸟笼效应"是一个很有意思的规律，它说的是：如果一个人买了一个空的鸟笼放在自己家的客厅里，过了一段时间，他一般会丢掉这个鸟笼或者买一只鸟回来养。原因是这样的：即使这个主人长期对着空鸟笼并不别扭，每次来访的客人都会很惊讶地问他这个空鸟笼是怎么回事情，或者把怪异的目光投向空鸟笼，每次都如此。终于他不愿意忍受每次都要进行解释的麻烦，从而选择丢掉鸟笼或者买只鸟回来相配。经济学家解释说，这是因为买一只鸟比解释为什么有一只空鸟笼要简便得多。即使没有人来问，或者不需要加以解释，"鸟笼效应"也会造成人的一种心理上的压力，使其主动去买来一只鸟与笼子相配套。

鸟笼效应放在企业里也可以说明很多问题。对整体而言，它可以说明企业的战略应该和能力相匹配，很多时候应该"顺势而为"。企业有什么样的能力、什么样的资源，往往就已经决定了战略的大方向。企业的战略必须和企业的能力、资源相配合，不然看上去很美的战略实际上是不可能落实的。此外，鸟笼效应还提醒我们，要善于发现企业中存在的众多类似问题，比如组织结构中是不是有虚设的部门、岗位，等等。

四、集权还是分权

（一）实验目的

（1）了解职权的含义及分类。

（2）了解事业部制组织结构形式与其他几种常见的组织结构形式（如直线职能型、模拟分权型、矩阵型等）的异同。

（3）了解事业部制组织结构形式的适应性及优缺点。

（4）了解组织设计的三大基础：部门划分、职权划分和管理层次划分。

（5）了解如何处理好集权与分权的关系以及如何根据组织内外部环境条件的变化设计相应的组织结构。

（二）实验要求

（1）场地为室内，分组进行，每组人数不限。

（2）准备多份案例资料（包括"如何处理集权与分权的关系"和"浪涛公司的集权与分权"）。

（3）如有必要，可准备案例资料的 PPT（幻灯片）。

（三）实验内容

1. 实验流程

（1）分组，确定本组组长及记录员。

（2）指导老师讲解实验目的、要求等注意事项。

（3）各组在指导老师处领取案例资料。

（4）各组学习案例资料（也可由指导老师通过幻灯片讲述）。

（5）小组讨论（提醒，注意案例后面的讨论方向提示和讨论问题提示）。

（6）全体交流共享（可由小组代表发言）。

（7）指导老师总结。

2. 实验规则

（1）本实验主要以讨论形式进行，要求每组围绕"实验目的"和"讨论方向（问题）"形成各自的看法。

（2）讨论要在开放的氛围中进行，紧扣案例，结合实验目的。

（3）每组指定一人进行记录，以供更大范围内的交流共享。

（4）要求每个小组的每位成员都要对小组的讨论结果有所贡献，即要求所有人都参与讨论。

（5）案例二后面附的期望答案只供参考之用。

3. 附件：案例

案例一：如何处理集权与分权的关系

新华电子厂是一个拥有6 000人的大厂，主要以生产计算机、交换机两大系列产品为主。在过去的三十多年中，新华电子厂一直采用从原苏联学来的直线职能型的组织机构形式。该厂原来分生产和销售两大部门，各自垂直领导所属的各级组织、各职能部门，也各自包揽一部分业务。随着体制改革的深入，该厂领导人越来越感到这种组织形式已经不能适应管理转型的需要，即由原来的生产型管理转为生产经营型管理的需要，为了更好地提高经济效益、适应现代化大生产的需要，该厂经过分析研究，决定把企业的组织机构由原来的直线职能型改为事业部制。以产品为中心成立事业部，每个事业部是一个利润中心，在总公司的领导下，实行独立核算，自负盈亏。

在组织结构改革实施前，厂长召集了有关人员共同商讨组织机构改革的相关问题。会上，大家对成立事业部所需解决和可能出现的问题发表了各自的意见。以下是会上提出的几个问题。

（1）关于事业部的职权问题。也就是究竟授予事业部经理多大的权限，才能使其在不改变企业的经营方针、经营结构的前提下充分发挥聪明才智，使事业部取得最大的经济效益。

有人认为本厂技术力量虽然比较雄厚，但管理人员较少且素质低，因而，事业部经理开始时的权限不应给得过大，应在实践中让其锻炼，逐步成为有较高能力的管理人才，然后再赋予其较大的管理权限。这样，因事业部经理开始时权限较小，事业部虽然按盈亏考核，但不必据此追究事业部经理的责任。

有人则认为事业部经理权限虽小，但也要自负盈亏，应严格地追究其责任，这样，才能增加事业部领导人的责任心，使他在工作岗位上得到锻炼，这样也有助于培养和提高他们的领导素质。

还有人认为，事业部经理必须拥有较大的经营自主权，各事业部实行独立核算，自负盈亏，这样才能看出哪种事业对整个公司有利，哪种事业不利，从而便于调整方向，更好地适应社会生产和需求结构的变化。由于各事业部之间有比较、有竞争，也可以促使事业部搞好工作；同时，通过给事业部以更多的自主权，这样才能使公司最高领导层摆脱日常行政事务，成为强有力的决策机构，而且还有利于调动事业部领导人搞好生产经营活动的积极性和主动性。否则，这种组织机构形式不会给企业发展带来多大贡献。

（2）关于事业部之间的横向联系问题。以前各部门之间不存在竞争，所以也不存在很大矛盾。如果实行事业部制，各事业部内部力量加强了，内部产销协调了，但各事业部由于只考虑自己的利益，会影响各事业部之间的协作，而且各事业部之间由于经营方法不同，其效果也不同，从而就会造成不平衡、不协调。对此，有人认为，这种不协调可由总公司通过计划或财务手段来协调，也有人认为这可以通过市场竞争由他们之间自己去协调，不必诉诸行政手段。

（3）关于人员问题。该厂的管理人员（中层以上）占全厂人员的3%，而实行事业部制必然会相应地增加管理人员，但该厂有一定能力和水平的管理人员又很少，这是一个矛盾。与此同时，由于实行事业部制，对工作人员来说，由于有明确的责任界限，便于考核，能够更好地调动他们的积极性，从而使事业部内部的劳动生产率得到提高，这样就会出现一部分多余人员（多为体力劳动者），这部分人在本厂现有的条件下如何合理安排，也是一个问题。

讨论方向提示：

（1）你认为该厂是否有必要改革组织结构形式，实行事业部制？

（2）实行事业部制，应如何处理集权与分权的关系？

（3）实行事业部制，应如何加强事业部间的横向联系？

（4）该厂实行事业部制，应如何解决管理人员少且素质低的问题？富余劳动力应如何安排？

案例二：浪涛公司的集权与分权

浪涛公司是一家成立于1990年的生产经营日用清洁用品的公司，由于其新颖的产品、别具一格的销售方式和优质的服务，产品备受消费者的青睐。在公司总裁董刚的带领下浪涛公司发展迅速。然而，随着公司的发展，公司总裁逐渐发现，一向运行良好的组织结构，现在已经不能适应该公司内外环境变化的需要了。

公司原先是根据职能来设计组织结构的，财务、营销、生产、人事、采购、研究与开发等构成了公司的各个职能部门。随着公司的发展壮大，产品已从洗发水扩展到护发素、沐浴露、乳液、防晒霜、护手霜、洗手液等诸多日化用品上。产品的多样性对公司的组织结构提出了新的要求，而旧的组织结构严重阻碍了公司的发展，职能部门之间矛盾重重。在这种情况下，总裁董刚决定进行机构改革，重新调整公司内部的权力关系。

因此，在2000年，总裁董刚做出决定，他根据产品种类将公司拆分成八个独立经营的分公司，每一个分公司对各自经营的产品负有全部责任，在盈利的前提下，分公司的具体运作自行决定，总公司不再干涉。但是重组后的公司，没过多久，又涌现出许多新的问题。各分公司经理常常不顾总公司的方针、政策，各自为政；而且分公司在采购、人事等职能管理方面也出现了大量重复。在董刚面前逐步显示出的图像是，公司正在慢慢地瓦解成为一个个独立的部门。在此情况下，总裁意识到自己在分权的道路上可能走得太远了。

于是，总裁董刚又下令收回分公司经理的一些职权，强调以后总裁拥有下列决策权：超过 10 万元的资金支出；新产品的研发；发展战略的制订；关键人员的任命等。然而，职权被收回后，分公司经理开始纷纷抱怨公司的方针摇摆不定，甚至有人提出辞职。总裁董刚意识到了这一举措大大地挫伤了分公司经理的积极性和工作热情，但他感到十分无奈，因为他实在想不出更好的办法了。

讨论问题提示：

（1）浪涛公司组织结构调整前的组织结构是（　　　）。

    A. 直线制　　　　B. 职能制　　　　C. 矩阵制　　　　D. 事业部制

（2）浪涛公司由于产品多样性需求重组后的组织结构是（　　　）。

    A. 直线制　　　　B. 事业部制　　　C. 职能制　　　　D. 矩阵制

（3）事业部制的特点为（　　　）。

    A. 统一决策、分散经营　　　　　　B. 事业部制适合于超大型企业

    C. 各事业部通常是独立核算的利润中心 D. 以上三者都是

（4）对于公司总裁从分权到集权的做法，你认为最合理的评价是（　　　）。

    A. 他在一开始分权是对的，公司发展到一定程度后，通常都会要求对组织结构进行调整

    B. 他在一开始就不应该分权，分权通常都会导致失控

    C. 他的分权和组织结构调整的思路是正确的，但是在具体操作上有些急躁

    D. 他后来撤回分公司经理的某些职权的做法是对的，避免了一场重大危机

（5）根据公司的发展，你认为该公司最可能采用的部门化方式是（　　　）。

    A. 产品部门化　　　　　　　　　　B. 地区部门化

    C. 顾客部门化　　　　　　　　　　C. 业务部门化

（6）总裁在设立 8 个独立的分公司时，你认为其最大的失误是（　　　）。

    A. 没有考虑矩阵结构等组织结构

    B. 没有周密地考虑总公司和分公司的职权职责划分问题

    C. 根本就不应该设立独立的分公司

    D. 既没有找顾问咨询，也没有和分公司经理进行广泛的沟通

（7）当总裁意识到自己在分权的道路上走得太远时，他撤回了分公司经理的某些职权，这是行使（　　　）。

    A. 直线职权　　　B. 参谋职权　　　C. 职能职权　　　D. 个人职权

（8）你认为本案例最能说明的管理原则是（　　　）。

    A. 管理幅度原则　　　　　　　　　B. 指挥链原则

    C. 集权与分权相结合的原则　　　　D. 权责对等原则

（9）公司总裁决定收回分公司经理的一些职权，强调以后总裁拥有下列决策权：

超过 10 万元的资本支出；新产品的研发；发展战略的制订；关键人员的任命等。这些事项的决策最可能属于（　　　）。

    A. 程序性决策　　　　　　　　　B. 非程序性决策

    C. 战术决策　　　　　　　　　　D. 业务决策

（10）如果你是总裁的助理，请就如何处理好集权与分权的关系向总裁提出你的建议。

附：（期望答案）

（1）B　（2）B　（3）D　（4）C　（5）A　（6）B　（7）A　（8）C（9）B

（10）分析要点：

集权是指决策权主要集中在组织的较高管理层次上；分权是指决策权主要分散在组织的较低管理层次上。

集权和分权对组织来讲都是不可缺少的，集权与分权是相对的概念。也就是说，完全集权或完全分权的组织均难以有效地运行。

作为公司总裁的助理，可根据以下因素来决定一个组织是更为集权还是更为分权，并提出相应建议。

①当环境稳定，低层次管理者不具有高层管理者那样做出决策的能力或经验，低层次管理者不愿意介入决策，决策的影响大，组织正面临危机或面临失败的危险，企业规模大，企业战略的有效执行依赖于高层管理者，对所发生的事拥有发言权等时，可建议采取集权方式。

②当环境复杂且不确定，低层管理者拥有做出决策的能力和经验，低层管理者要参加决策，决策的影响相对小，公司文化容许低层管理者对所发生的事有发言权，公司各部在地域上相当分散，企业战略的有效执行依赖于低层管理者的参与以及制订决策的灵活性等时，可建议采取分权方式。

（四）延伸测试——哪一种组织文化最适合你？

对下列陈述，根据你自己的感觉，在相应的同意或不同意的等级上划圈。其中：

SA＝非常同意　　　　　　A＝同意　　　　　　U＝不肯定

D＝不同意　　　　　　SD＝非常不同意

1. 测试项目

（1）我喜欢成为团队的一员并根据我对团队的贡献来评价我的绩效。

SA　　　　　　A　　　　　　U　　　　　　D　　　　　　SD

（2）个人的需要不应当为实现部门的目标做出妥协。

SA　　　　　　A　　　　　　U　　　　　　D　　　　　　SD

（3）我喜欢老板让我自由地处置工作。

SA　　　　　　A　　　　　　U　　　　　　D　　　　　　SD

（4）我喜欢冒风险的、激烈刺激的体验。

SA　　　　　　A　　　　　　U　　　　　　D　　　　　　SD

（5）人们不应违反规则。

SA   A   U   D   SD

（6）资历在组织中应得到高度重视。

SA   A   U   D   SD

（7）我崇尚权利。

SA   A   U   D   SD

（8）一个人工作绩效差与他的努力程度无关。

SA   A   U   D   SD

（9）我喜欢可预测的事情。

SA   A   U   D   SD

（10）我宁愿自己的身份和地位来自于自己的职业专长，而不是来自于雇佣我的组织。

SA   A   U   D   SD

2. 计分标准

（1）对于项目第（5）、（6）、（7）和（9），计分标准如下：

强烈赞同   = + 2

赞同   = + 1

不肯定   = 0

不赞同   = − 1

强烈不赞同   = − 2

（2）对于项目第（1）、（2）、（3）、（4）、（8）和（10），计分标准与上述恰好相反，如下：

强烈赞同   = − 2

赞同   = − 1

不肯定   = 0

不赞同   = + 1

强烈不赞同   = + 2

3. 解读

加总你的全部得分，你的得分将落入（−20，20）的区间。

你的得分意味着什么？你的得分越高（正），你越是对正规的、稳定的、规则导向的和结构化的文化感觉良好，这对应着处于稳定环境中的大公司和政府机构。负的得分表明你是更喜欢那种小型、创新、灵活、团队导向的文化，这种文化常见于研究单位和小型企业。

五、果汁游戏

（一）实验目的

通过果汁游戏中对企业组织工作的模拟，使学生体会部门分工与相互配合之间的关系，从而对组织协调产生实感认识，并锻炼系统的决策思维方式。

（二）实验要求

（1）分组：每个实验小组 7～10 人，其中一人扮演客商，其他人分别扮演销售部、生产部、采购部，每个部门 2～3 人。

（2）场地：各组要有讨论区，讨论区应较大，不仅要便于各组分组讨论，还要让各部门决策时易于保密。

（3）道具：实验用表（附后），数字为 5～10 的扑克牌六张。

（4）学时：建议 4 学时，可根据实际速度适当增减轮次。

（三）实验内容

（1）阅读实验材料：

某果汁饮料公司有采购部、生产部、销售部。这三个部门之间的关系是：销售部根据客商订货的情况从公司仓库发货，每轮向生产部提交一次销售计划；生产部根据销售计划组织生产，生产周期为两轮，所需原料从原料仓库中提取；原料仓库由采购部门管理，为防备原料不足，采购部要制订采购计划，采购周期为一轮。公司目标：根据市场需求，合理安排各项计划，降低采购和仓储成本，实现供、产、销各部门的协调工作，使公司各项工作有序进行。公司对各部门的考核包括了计划完成情况和成本控制情况。

①销售部每轮都会从客商那里获得市场需求信息，并独立决策（假设销售部认为没有必要向其他部门通报，所以在实验中不得向其他人透露具体数字）。销售部根据库存情况发货，对能立即进行的发货，客商会表示满意，这有助于今后（下一轮）的正常合作；对缺货，（延迟发货）客商要进行投诉，每缺一个库存，公司会收到一张投诉单。此外每轮中，成品仓库每多出来一个库存，产品会产生保管费，同时会因占用企业资金等给公司造成损失，约 2 000 元。来自客户的投诉单的数量和库存的损失都会影响公司对销售部的考评，所以销售部要力图减少上述两种情况。销售部根据缺货情况和库存要求制订销售计划，并提交生产部。交货周期为两周，即本周提出的销售计划要在两周后即第三周才会出现在库存中以备发货。第一轮期初的库存为五。成品的保质期无限。

②生产部根据销售计划安排生产，并必须以两周为限按时出品。但由于生产工艺要求半成品需存放一轮后才能加工成成品，所以生产部需要有半成品仓库。半成品如果存放超过一轮，品质会下降，从而给公司带来损失。每轮半成品一旦发生损失，会发生费用，约为 5 000 元。公司对生产部的考核从完成销售计划和对半成品损失的控制两个方面进行。生产部根据销售计划和半成品情况的考虑制订生产计划，同时提交采购部。

③采购部下设原料仓库（冷库），并根据原料库存和生产计划制订采购计划，原料采购周期有一轮时间，采购来的原料存放时间不能超过一轮，否则会变质；同时，如果原料买多了也不能退货。

（2）每组由一人扮演客商，其他人分别扮演销售部、生产部、采购部，每个部门2~3人。游戏分轮进行，一轮代表半年，每次游戏进行20轮，即代表了10年。

（3）每一轮中，客商从扑克牌中随机抽取一张，代表的是这一周客商订购的饮料车数，即5代表5车。这一需求只告诉销售部。

（4）销售部根据客商需求，独立决策之后制订销售计划并提交生产部。完成销售工作计划表。

（5）生产部根据销售计划，独立决策之后制订生产计划并提交采购部，并完成生产工作计划表。

（6）采购部根据生产计划，独立决策之后制订采购计划，并完成采购工作计划表。实际采购数和计划采购数相同。

（7）周而复始。总共进行20轮。

注意事项：各部门独立决策之时，小组内扮演客商和其他部门的学生应离开原座位或教室回避，以确保"独立"决策。

（8）讨论问题：

①你们的预测和决策是否是理性的？为什么？

②你所在的部门所做的决策是否是最佳决策？

③公司对各部门工作的衔接情况是否感到满意？如果不满意，问题出在哪里？如果满意，成功的经验又是什么？

④如果你是公司的总经理，你打算用怎样的组织管理制度实现销售部、生产部、采购部之间更好的协调？

⑤经过上述实验，你对系统思考有了怎样的认识？

实验用表（销售工作计划表、生产工作计划表和采购工作计划表）分别如表4-5、表4-6、表4-7所示。

表4-5 销售工作计划表

轮次	当期成品库存	客商订购量	下期库存计划	当期入库计划
1				
2				
3				
4				
5				
6				
7				
8				
9				
10				

表4-5(续)

轮次	当期成品库存	客商订购量	下期库存计划	当期入库计划
11				
12				
13				
14				
15				
16				
17				
18				
19				
20				

表4-6　　　　　　　　　　　　　　生产工作计划表

轮次	当期半成品库存	销售部需求	下期半成品库存	当期半成品产量计划	当期成品产量计划
1					
2					
3					
4					
5					
6					
7					
8					
9					
10					
11					
12					
13					
14					
15					
16					
17					
18					
19					
20					

表 4 - 7 采购工作计划表

轮次	当期原料库存	生产部需求	下期原料库存	当期原料采购量
1				
2				
3				
4				
5				
6				
7				
8				
9				
10				
11				
12				
13				
14				
15				
16				
17				
18				
19				
20				

六、如何有效组织服装厂

（一）实验目的

通过模拟办厂，思考如何根据组织发展目标与现有资源进行有效的组织设计。

（二）实验要求

（1）分组：4~6 人为一组。

（2）场地：讨论室或会议室，便于开展讨论。

（3）道具：自备纸、笔，并带上教材。

（4）学时：建议为 3 学时。

（三）实验内容

（1）阅读情景材料：

假设你决定在自己所在的社区开设一家运动休闲服装厂，经营的内容包括各类运动帽、运动衫、运动套装等，上面有你所在的大学和本地高中的标志。你已经聘用到一位非常有才华的设计师，他已经有了一些能确保产品具有独特风格和流行元素的想法和设计方案。你所在的家族能提供给你足够多的资金来运作这件事情和维持你的生活。

你打算从其他供应商那里购买各种不同款式和规格的运动服，然后再用丝网印刷，将标志和其他装饰性花样印到服装上。本地已经有一些服装店看过你的产品样本并表现出浓厚的兴趣。当然，在大学里学过管理的你也知道自己还必须为客户提供良好的服务，让顾客满意。

当务之急是，你必须决定需要用多少人工，以及如何进行分组才能获得最佳的效率。你的打算是从小规模开始，在获得较为稳定的销售保证之后再扩大经营。同时你也担心如果不断地增加人手和进行组织调整，会带来企业工作的混乱和低效。

（2）根据以下设想，决定组织设计的最佳方案：

①设想一：你自己销售产品，一开始雇佣 5 名员工。

②设想二：你自己负责生产，一开始雇佣 9 名员工。

③设想三：你不打算由自己负责任何一种职能，一开始雇佣 15 名员工。

以 5～6 人组成小组。比较各种可能的组织结构类型，并画出组织结构图。说明其中的共性和区别。

（3）假设你的企业在 5 年后取得了巨大的成功，你拥有了一家大型的工厂进行生产，产品销往 15 个省份。企业员工总数接近 500 人。请提出你认为最适合当前企业情况的组织设计。

（4）回答问题：

①为什么企业要由小到大，而不是一开始就进行大规模的经营？

②在决定组织设计时，你考虑的基本因素有哪些？

七、授权

（一）实验目的

（1）正确理解组织授权和集权、分权的含义。

（2）掌握影响集权和分权的因素。

（3）熟悉组织部门化的方式，掌握命令链的设计。

（二）实验要求

（1）分组：4～6 人为一组。

（2）场地：讨论室或会议室，便于开展讨论；每个小组有一台电脑，有上网条件。

（3）道具：自备纸、笔，并带上教材。

（4）学时：建议为 3 学时。

（三）实验内容

1. 完成项目一

（1）熟悉情景材料：

组织经常会改变集权和分权的程度。现在有两种截然相反的情景。情景一：假设你是一个大型组织的最高管理者，这个组织历史上一向采用集权制。由于种种原因，你决定将组织改为分权。情景二：与情景一的情况正好相反，你是一家长期采取分权制的企业的最高管理者，现在决定转向集权。

（2）分别列出在情景一中实行分权化和在情景二中实行集权化可能遇到的主要障碍。

（3）回答问题：

①哪一种情况实施起来比较容易？为什么？

②你会选择在集权的组织还是分权的组织中工作？为什么？

2. 完成项目二

（1）熟悉情景材料：

假设你负责为一家新的大型零售书店建立组织结构。请问你将如何建立部门、如何规定每位主管的管理幅度，以及如何制订直线部门及其岗位和参谋部门及其岗位的差异。你的员工中包括管理人员，负责不同种类图书（儿童书、小说、技术类图书等）的人员以及店面设计与展示、广告、财务、法律、零售、库存和仓储、人力资源和电脑人员。

（2）为你的书店建立组织结构，包括组织层级、命令链、管理幅度等。

（3）回答问题：

①哪些部门是直线部门、哪些部门是参谋部门？

②描述你打算采用的协调机制。

③用互联网调查一家书店的组织结构。比较和分析你所设计的结构与从网上得到的结构有何区别？思考为什么会有这样的区别。

八、组织结构实验

（一）实验目的

掌握组织结构的类型，理解不同类型组织结构的特点。

（二）实验要求

（1）分组：2~3人为一组。

（2）场地：讨论室或会议室，便于开展讨论；每个小组有一台电脑，有上网条件；教室有投影设备。

（3）道具：自备纸、笔，并带上教材。

（4）学时：学时数受分组数量的影响。例如，当小组数为12个时，建议4学时。

（三）实验内容

（1）课前准备。

①每组选择几家行业不同、规模各异、发展历史长短不一的公司或行政机关、学校、医院及其他非营利性组织，通过访问其网站，找出可以打印的组织结构图或对其

组织结构的描述。判断组织结构类型并说明依据。

②选择百事可乐公司或宝洁公司作为研究对象，访问公司网站，并前往大型超市调查其产品。写一份简短的总结来描述该公司的事业部结构和每个事业部的产品。

（2）实验课中，各组陈述调查结果，接受其他组的提问，老师点评。

九、组织设计与运作

（一）实验目的

学习设计组织结构，感受企业内部信息如何传递、指挥链如何运作。

（二）实验要求

5~6人一组，计划学时为4学时。

（三）实验内容

（1）教师简要介绍实验目的和实验流程，回顾相关理论知识点。

（2）实验分组：8个小组，其中4个组成立鞋业公司，4个组成立百货公司。

（3）组织结构搭建。

要求鞋业公司和百货公司分别为自己的公司取名、进行组织结构设计、完成公司的组织结构图和岗位设计，并进行岗位分配。设计完成后，要求提供公司名称、组织结构图、部门职能说明书、岗位职责说明书。

（4）公司组织结构汇报和展示：各小组分别对本公司组织结构进行介绍。

（5）发布情景问题。向8个小组发布考验题目。场景一：百货公司遇到货品不满意，退货。场景二：鞋业公司遇到送货事故。

①考验情景一：

地点与人物：百货公司商场；消费者、销售员、收银员。

情节：短时间内很多消费者来退同一品牌皮鞋；很多消费者都想购买××牌皮靴。

②考验情景二：

模拟现场：办公室。

情节：送货事故。交通运输管理局来电，通知办公室该公司送货员发生车祸，请协助办理后续事宜。

（6）组织运作场景模拟。各公司开会，讨论应对方案；画出信息流动图（行动流程图）并进行说明，解释在处理问题的过程中，哪些岗位是关键以及为什么，这样处理的原因是什么；对处理过程中涉及的岗位进行角色分配。

（7）各组说明自己的处理流程，教师总结。

（四）实验点评

（1）感受组织运作的复杂性；同学对本公司的组织运作效率和规范性进行自我评价，如有无越级指挥、沟通混乱等现象，结合理论知识进行反思。

（2）百货公司常见的机构部门为：总经理、办公室、市场部、采购部、仓储部、销售部、财务部、人事部、后勤安保部。

（3）鞋业公司常见的机构部门为：总经理、办公室（行政接待、会务、宣传、公关）、采购与运输部（原材料采购、仓储、运输）、设计部（产品设计、工艺设计、技术研发）、生产部（生产制造、质量监控）、销售部（渠道建设、产品销售）、财务部、人事部（招聘、培训、考核、薪酬、福利）、后勤安保部（安全保卫、车辆管理）。

（4）事件一处理：销售人员带领顾客去售后办理退货手续；将产品退回库房；向销售经理反映情况；销售经理向总经理反映，并与采购部、仓库沟通，采购部查明原因；销售人员向销售经理反映情况；销售经理向总经理反映，并与采购部沟通，采购部重新制订采购计划。

（5）事件二处理：办公室通知总经理、人事部门、采购运输部门（所在部门）；总经理立即成立事故小组；办公室主任通知家属；采购运输部门经理和总经理向家属表示慰问；财务部门发放抚恤金；采购运输部或总经理告知销售部门送货事故；销售部门与百货公司联系，商谈推迟交货，重新签订合同；生产经理对存货进行调配，考虑是否需要组织加班，完成新的生产任务。

十、一家餐饮企业的组织结构的变迁

（一）实验目的

通过对背景材料中企业发展过程的分析，为处于不同发展阶段和不同规模的企业设计合适的组织结构，掌握组织设计的基本过程，感受不同类型组织结构的特点和优缺点。

（二）实验要求

计划学时 4 学时，要求实验完成后每个小组提交组织结构设计图一份。

（三）实验内容

1. 背景资料

王天明是一家大型餐饮企业"××市食为天餐饮有限责任公司"的老板。1985 年创业之初，王天明凑了三万元钱，在市区一处背街小巷中开了一家经营面积只有 16 平方米的"老王小面馆"，面馆工作人员只有他们夫妻俩和老家的两个表妹。每天清晨，老王和妻子一起去批发市场买菜买面，回来后四个人一起备餐。王天明主要负责收钱和招呼客人，客人多时也会帮着点餐和端面；妻子负责做面、下面；两个表妹负责点餐、端面和店里的清洁卫生。

由于老王面馆的小面品种多、味道好、分量足、价格实惠，生意越来越好。三年后，老王用赚来的钱扩大了经营规模，将饭店搬到了商业街附近，更名为"老王饭庄"，新餐厅可容纳 160 多人同时就餐。同时，餐厅招聘了一批服务员和厨师，面馆也由做面为主扩大到了各式中餐。老王不再亲自收钱和招呼客人，转而开始监督员工们的工作。妻子负责财务和采购，两个表妹也分别成了大堂领班和采购经理。

1991 年，企业在完成原始资本累积的同时，成立了"食为天饮食文化有限公司"，走上从个体私营转向企业化发展的道路。该公司在本市和附近的几个省市开出了多家连锁餐饮门店，除餐饮外，公司还生产和销售各类面条调味料。

目前，食为天已成为一家在全国颇有名气的集团公司，公司经营范围涉及宾馆、度假村等多个领域，年销售收入 10 多亿，员工近万人。

2. 组织结构分析和设计

分析该企业发展过程及不同阶段的资源和业务特点，为不同阶段的企业设计组织结构，提交组织结构变迁图，并说明结构设计时考虑的主要因素。

第五章 领导类实验

第一节 有效领导的基本理论知识

一、管理者的领导职责

（一）基本概念

领导是个体对他人施加影响，带领和指导他人活动以实现群体或者组织目标的过程。

领导者是个人对团体成员造成合理影响，以实现团体目标的个体。

领导和管理有联系，又有区别（如表5-1所示），其区别在于：领导是"做正确的事情"；管理是"把事情做正确"。

表5-1　　　　　　　　　　　　领导和管理的区别

比较项目	管理	领导
活动的对象	人、财、物、信息（各类资源）	人
引发的变动	小，实现规范化	大，引发变革、因人而异
管制的方法	规章制度，流程	愿景，文化，理念
进行的方式	指示，督促，考核	期望，鼓励，承诺
经常用语	效率，标准，系统	荣誉，自觉，激励

表5-2　　　　　　　　　　　　领导者和管理者的区别

比较项目	管理者	领导者
存在的环境	组织	群体
产生的方式	依法任命	自发形成
影响力及其来源	职权，来自管理岗位	威信，来自个人素质
工作的方式	计划，组织，控制	指导，协调，激励
和下属的关系	鞭策（走在下属后面）	带领（走在下属前面）

而领导者和管理者的区别在于：领导者未必是管理者，但管理者应该成为领导者（如表5-2所示）。

（二）领导影响力的来源

领导影响力的来源如图 5 - 1 所示。

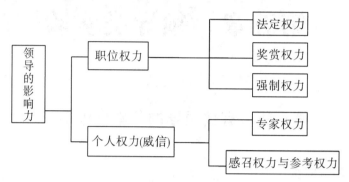

图 5 - 1　领导影响力的来源

（三）领导工作的内容

（1）权力与影响力的形成与运用。

（2）激励。

（3）沟通。

（4）营造组织气氛，建设组织文化。

二、有效的领导理论和方法

领导效能的决定因素如图 5 - 2 所示。

图 5 - 2　领导效能的决定因素

对领导理论的研究围绕着领导者个人品质、领导风格、领导工作的情景这三个要素展开。

（一）领导品质理论

1. 传统领导品质理论

这类理论认为，领导者所具有的品质是天生的，是由遗传因素决定的。如斯托格迪尔把领导者的素质归纳为 5 项体质特征、16 项个性特征、6 项工作特征和 9 项社会性特征，其中包括：外貌、精力、年龄、适应性、进取心、独立性等。

2. 现代领导品质理论

该理论认为领导者的品质和特性是在实践中培养和发展的，可以通过后天的教育训练习得。如巴斯认为，有效领导者的特性是有强烈的责任心，追求目标执着，具有冒险性和创造性，富于自信和辨别力，等等。

（二）领导行为理论

1. 最基本的领导行为分类——专制式、民主式和放任式

（1）专制式领导风格。专制式亦称专权式或独裁式，这种领导者独自负责决策，然后命令下属予以执行。其主要优点是，决策制订和执行速度快，可以使问题在较短的时间内得到解决。主要缺点是，下属依赖性大，领导者负担较重，容易抑制下属的创造性和工作积极性。专制式领导适用于任务简单且经常重复，领导者只需与部属保持短期的关系，或者要求问题尽快得到解决的场合。

（2）民主式领导风格。民主式亦称群体参与式，指领导者在采取行动方案或做出决策之前听取下属意见，或者吸收下属参与决策的制订。这种领导风格有利于集思广益，制订出质量更好的决策，同时还能使决策得到认可和接受，从而减少执行的阻力，并增进下属的自尊心和自信心，提高他们的工作热诚和工作满足感。不足之处是，决策制订过程长、耗用时间多，领导者周旋于各派意见之间，容易优柔寡断、唯唯诺诺。

（3）放任式领导风格。放任式的领导者极少行使职权，而留给下属很大的自由度，让其自行处理事情。这种领导方式虽能培养下属的独立性，但由于领导者之无为，下属各自为政，容易造成意见分歧，决策难以统一。放任式领导风格很难得到提倡，除非被领导者是专家级人物且具有高度的工作热诚，才可在少数情况下采取这种"无为而治"的领导方式。

2. 基于态度与行为取向的领导风格分类

（1）以任务为中心的领导风格。

（2）以人员为中心的领导风格。

（3）关心任务和关心人员结合式的领导风格。

3. 管理方格理论

管理方格论认为，以任务为中心和以人员为中心这两种分类并不是相互排斥、非此即彼的，它们可以按不同的程度结合在一起。可以有很多表现形式，如表5-3所示，主要形式有9.1型、1.9型、1.1型、5.5型、9.9型。

表 5-3　　　　　　　　　　　管理方格

高	1.9								9.9
对									
人									
的									
关					5.5				
心									
程									
度									
低	1.1								9.1

低　　　　　　　　　　　对任务的关心程度　　　　　　　　　　高

（1）9.1 型。9.1 型表示以任务为中心，组织对任务非常关心，对人不关心。

（2）1.9 型。1.9 型表示以人员为中心，组织对人非常关心，而对工作不关心。

（3）1.1 型。1.1 型表示既不关心工作任务，也不关心人员，因而是不良的贫乏式，类似于自由放任式。

（4）5.5 型。5.5 型是以两者的折中来求得平衡。领导者对工作任务和对人员的关心程度都适中。这尽管可获得正常的工作效率和合乎要求的员工士气，但绝非出类拔萃，因此称这种妥协平衡的领导方式为中庸式。

（5）9.9 型。9.9 型的领导者对工作任务和人员的关心都有高标准的要求，通过鼓励互信、互敬及相互协作的团队精神来取得关心任务和关心人员两方面都高程度的、有效的结合，故称之为团队式领导。

管理方格论认为，9.9 型团队式领导是一种最理想的领导风格，应该以此作为领导者检讨和改进现有领导方式的努力方向。

（三）领导情景理论

1. 依被领导者素质而权变的领导方式

在情境领导理论中，赫塞和布兰查德提出 4 种领导方式：

（1）命令式。这种领导方式，适用于下属成熟程度很低的情形，即被领导者既无能力也无意愿承担责任。这时，领导者需要为被领导者确定工作任务，并以下命令的方式告诉他们做什么、怎么做、何时何地做。

（2）说服式。这种领导方式，适用于下属成熟程度中等偏低（较低）的情形。由于被领导者虽有意愿承担责任但缺乏应有的能力，所以需要领导者对其工作任务做出决策，但在决策下达过程中宜采取说服的方式让被领导者了解所做出的决策，并在决策任务执行中给予大力的支持和帮助，使其高度热诚、充满信心地产生预期行动。

（3）参与式。这种领导方式，适用于被领导者有能力但不愿意承担责任的中等偏高（较高）的成熟程度的情形。这时需要让被领导者参与决策，领导者则从中给予支持和帮助。

（4）授权式。这种领导方式，适用于被领导者既有能力，也有意愿承担责任的高度成熟的情形。领导者既不下达指令，也不给予支持，而是让被领导者自己决定和控制整个工作过程，领导者只起监督的作用。

2. 依环境条件而权变的领导方式

费德勒的领导随机制宜理论指出，领导行为的有效性受环境条件的强烈影响。从领导行为取向的角度来看，究竟是采用任务中心式还是人际关系中心式的领导行为，取决于领导工作所面临的环境条件。这种要求领导行为随机制宜的环境条件由三方面因素构成：一是职位权力，即领导者所拥有的正式权力的大小及上级和组织对他支持的程度；二是任务结构，即下属所承担任务的明确化和常规化的程度；三是领导者同下属的关系，即被领导者对领导者的信任和忠诚程度。以上三个因素组合形成了八种不同的环境，依其对领导工作的有利程度分为三种状态：有利、不利和中等状态。

面对非常有利和非常不利环境的领导者，宜采用任务中心式的领导行为；反之，领导者若处在中等程度有利和中等程度不利的环境中，则宜采取人际关系中心式的领导行为，这样匹配会取得较好的领导效能。具体如图5-3所示。

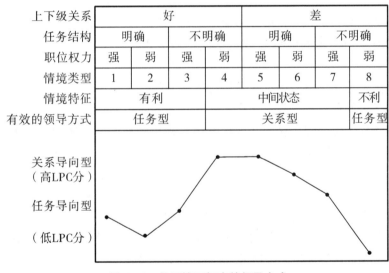

图5-3　依环境而权变的领导方式

三、激励理论

（一）激励的基本含义

优秀的领导者一般都有调动员工积极性的心愿。激励，就是通过一定的手段使员工的需要和愿望得到满足，以调动他们的工作积极性，使其主动而自发地把个人的潜能发挥出来，奉献给组织，从而确保组织达成既定的目标。

（二）几种主要的激励理论

1. 内容型激励理论

内容型激励理论是指领导者在激励员工时，首先必须找出他们的需要是什么，然后再提供适当的刺激或诱因以激励员工努力工作。

内容型激励理论有许多，主要有需要层次理论和双因素理论。

（1）需要层次理论。该理论认为，人的需要由低到高可分为五个不同层次，当低层次的需要得到满足时，会产生出更高级的需要来。如图 5-4 所示。

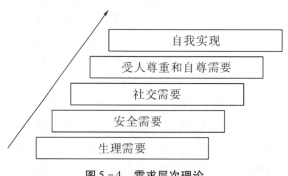

图 5-4　需求层次理论

（2）双因素理论。该理论研究了激励手段和激励效果之间的关系。认为引起人们工作满足的因素与不满的因素是截然不同的两类因素，分别称之为激励因素和保健因素。

人们工作满足（正值）的反面是没有工作满足（零值），而不是工作不满；同样，工作不满（负值）的反面是没有工作不满（也为零值），而非工作满足。

以这种区分作为基础，双因素理论提出，领导者在激励下属的过程中，一方面需认识到保健因素不可缺少，以免引起员工对工作产生不满；另一方面则更需注意提供真正起作用的激励因素，以便使员工切实产生对工作的满足感和内在动力。

保健因素多是与工作环境和条件相关的，如公司政策与管理监督，工作中的物质环境与人际关系，工资福利、工作安全和权力地位等。

激励因素是与工作性质相关的因素，如工作富有挑战性、工作取得成就才能得到赏识、增加工作责任的负担、获得成长和发展的机会等。

2. 过程型激励理论

过程型激励理论研究的是从动机产生到采取行动满足需要的内在心理和行为过程（人是如何产生特定行为的）。

过程型激励理论主要有以下两种：

（1）期望理论。期望理论试图从个人对组织所提供报酬（诱因）的价值判断以及对取得该报酬的可能性预期来解释人的行为。前者称为效价（取价），后者称为期望值（期望率）。

该理论认为，一个人受激励的程度，取决于效价和期望值这两个因素的共同作用。即存在：

激励力＝效价×期望值

其中，效价和期望值都是个人的主观判断。

（2）公平理论。公平理论主要从社会比较角度研究激励的心理过程。一个人的工作动机，不仅受其所得报酬绝对值的影响，而且受到相对报酬多少的影响。即人们常常将其付出和所得的比率与他人付出和所得的比率做比较，以此衡量其得到的报酬是否公平。

由于人们借以作比较的标准是由个人选定的，所以对公平与否的感觉实际上只是一种主观判断。通常出现的一个情况是，个人会过高地估计自己所付出的投入和他人所得到的报酬，这样个人就更容易感到不公平和不满足。

3. 行为修正型激励理论

行为修正型激励理论研究某一种行为及其结果对以后行为的影响。强化理论就是这类研究中的典型代表。

强化理论认为，当某种行为的结果对个人有利时，这种行为在以后就会重复发生；而在结果不利时，则行为就会减少发生甚至不再发生。前者称为"强化"，后者称为"弱化"。强化方式可以分为四种：

（1）正强化。这是指提供令人满意的结果，如奖励、加薪、表扬、晋升和给予进修机会等，这些措施会使人努力表现出所希望的行为，如按时上下班，按要求保质、保量完成任务，等等。

（2）惩戒。这是指提供令人不满意的结果，如扣减薪金和奖金、批评处分、降职甚至开除等，这些措施可以阻止该行为继续发生下去。

（3）负强化。这是指通过建立一种对员工来说是令人不愉快的环境，使员工产生领导者或组织所希望的行为，以避免给自己带来不合意的结果（如处罚）。

（4）自然消退。这一般指从"冷处理"或"无为而治"角度使这种行为消除。如开会时，要是管理者不希望下属提出无关的或干扰性的问题，则可以用冷处理方式来消除这种行为，也即当这些员工举手要发言时，无视他们的表现，那么举手行为必然因得不到强化而自行消失。

三、沟通

（一）沟通的含义和重要性

沟通是人与人之间传达思想感情和交流情报信息的过程。沟通的重要性有以下几点：

（1）沟通是协调各个体、各要素，使企业成为一个整体的凝聚剂。

（2）沟通是领导者激励下属，实现领导职能的基本途径。

（3）沟通是企业和外部环境建立联系的桥梁。

（二）沟通的要素和过程

（1）沟通的要素

有效的沟通，就是指发出的信息与对方收到的信息在内容上能达到相互一致或基本上接近。有效沟通需具备的要素如图 5-5 所示。

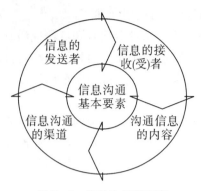

图 5-5 有效沟通的要素

（2）沟通的过程

①信息的发出。

②信息的传递。

③信息的接收。

④信息的反馈。

（三）沟通的类型

组织中存在着两种类型的信息沟通：正式沟通、非正式沟通。

1. 正式沟通

正式沟通是指通过正式的组织程序，依照组织结构所进行的信息沟通。

正式沟通可以有如下几条渠道：纵向信息沟通、横向信息沟通、斜向信息沟通。如图 5-6 所示。

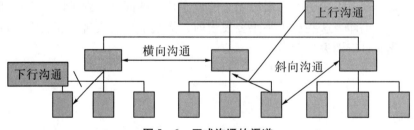

图 5-6 正式沟通的渠道

2. 非正式沟通

非正式沟通包括非正式组织内部的沟通和正式组织中不按照正式的组织程序而进行的沟通两种。非正式沟通的特点是，其信息传递的媒介和路线均未经过事先安排，具有很强的随意性、自发性。尤其在非正式组织中，成员间的社会交往行为就主要采用这种非正式沟通渠道进行，其具体表现是各式传闻或小道消息。非正式沟通的主要特点是，信息传递速度快，但失真比较严重。

第二节　领导类实验项目

一、寻找共同的图案

（一）实验目的

（1）综合使用各种领导手段，包括指导、协调和激励的具体运用，培养领导能力。

（2）体会不同沟通方式的异同，尤其是口头沟通与书面沟通的异同。

（3）了解管理与领导、管理者与领导者的异同。

（4）体验在特定任务完成过程中团队合作的重要性。

（5）学会授权。

（二）实验要求

（1）室内分组进行，每组的每个成员都需要准备用于书面沟通时使用的纸和笔。

（2）通过充分沟通，每组形成一份由小组每个成员都参与其中并最终以书面形式呈现的"任务执行方案"；落实"任务执行方案"，完成实验任务。

（三）实验内容

1. 实验准备

（1）空白纸张若干，主要用于每个小组书写"任务执行方案"和小组成员与各自沟通对象的书面交流。

（2）带有图案及信息的纸条，也就是不同角色的角色任务单。

2. 实验步骤

（1）分组，并通过形成组织框架的方式明确每个人在实验中的沟通对象。

指导老师首先将学生分成多个小组，每个小组 12 人左右。小组划分完毕，指导老师要求各小组成员在小组内部确定出"董事长"1 名、"总经理"1 名、"部门经理"3 名、"业务主管"6 名，以此构建起基本的组织框架，确立小组成员的各自沟通对象，如图 5-7 所示。

（2）指导老师说明实验规则。

第一，只允许垂直沟通，不许越级指挥和汇报。即"董事长"不能越过总经理直接指挥"部门经理"和"主务主管"等下属；下属也不允许越过"总经理"直接向"董事长"汇报和询问。

第二，除允许的垂直沟通（指导、请示、汇报）外，任何的平行沟通和斜向沟通均不允许。

第三，只允许使用文字方式沟通，不允许讲话。

第四，要在 40 分钟左右的时间内完成任务（提示：最终任务可以通过充分沟通获知），即先沟通形成"任务执行方案"，后执行方案完成任务。最先完成任务的小组就算优胜者。

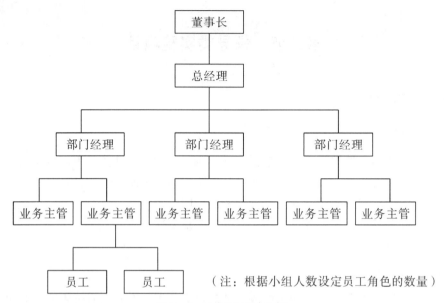

（注：根据小组人数设定员工角色的数量）

图5-7　小组组织结构图

第五，不管遇到什么问题，只有"董事长"有权举手示意，并低声向指导老师询问，此外的所有事情都只能在你们小组内部通过文字沟通的方式解决。

（3）发放实验材料，宣布实验开始

①指导老师给每个小组分发厚厚的一沓类似便签的空白纸条，供大家沟通使用。

②让各小组的这些"董事长"们远离他们的各级下属，"总经理"和"部门经理""业务主管"坐在一起。

③指导老师先给每一位"董事长"发放一张上面画有五种图案的纸，图的下面有几行文字说明；接着又给每一个小组的成员发放类似的一张纸；郑重声明不能相互交换、不能相互观看，且宣布实验开始。

注意："总经理"和"部门经理""业务主管"拿到的纸是大体一样的，上面都画有五种动物图案和写有一些要求，此外什么都没有。"董事长"拿到的纸有所不同，除了其他成员掌握的信息外，这张纸上多了这样一条信息，即"你们小组的每个人都拿了这样一张纸，上面也有五种图案，这些图案是不同的，只有一种图案在你们每个人拿到的纸上都有，你的任务是带领你的下属，在最短的时间内形成找出这个共同图案的方案，并执行方案，要求小组成员每个人都能向老师指出这个共同的图案"。

3. 附件

（1）附件一：董事长的角色单。图案如图5-8所示。

图5-8　董事长角色持有的图案

任务：你们小组的每个人都拿了这样一张纸，上面也有五种图案，这些图案是不同的，只有一种图案在你们每个人拿到的纸上都有，你的任务是带领你的下属，在最短的时间内形成找出这个共同图案的方案，并执行方案，要求小组成员每个人都能向老师指出这个共同的图案。

（2）附件二：总经理的角色单。图案如图 5－9 所示。

图 5－9　总经理角色持有的图案

要求：

第一，你只可以和"董事长"及"部门经理"书面沟通，不可以越级报告。

第二，你和其他人一样，手中都有 5 种图片。

第三，你的直接上级将领导你们完成任务。

第四，手中的图片不可露白，也不可传递、互看。

（3）附件三：部门经理的角色单。图案如图 5－10 所示。

图 5－10　部门经理角色持有的图案

要求：

第一，你只可以与"总经理"及你分管的"业务主管"书面沟通，不可以越级报告。

第二，你和其他人一样，手中都有 5 种图片。

第三，你的直接主管"总经理"及"董事长"将领导你们完成任务。

第四，你手中的图片不可露白，也不可传递、互看。

（4）附件四：业务主管的角色单。图案如图 5－11 所示。

图 5－11　业务主管角色持有的图案

要求：

第一，你只可以与你的直接主管"部门经理"及直接下属"员工"书面沟通，不可以越级报告。

第二，你和其他人一样，手中都有5种图片。

第三，你的各级上级主管将领导你们完成任务。

第四，你手中的图片不可露白，也不可传递、互看。

（5）附件五：一般员工的角色单。图案如图5-12所示。

图5-12　一般员工角色持有的图案

要求：

第一，你可以与你的直接上级"业务主管"及同一"业务主管"下的同事进行纸上沟通。

第二，你和其他人员一样，手中各有5种图片。

第三，你的各级主管将领导你们完成任务。

第四，你手中的图片不可露白，也不可传递、互看。

4. 实验结果

寻找到的相同图形，如图5-13所示。

图5-13　本实验中的相同图案

（四）延伸测试——授权的自我评估

以下是一个"授权的自我评估"测试，测试结果仅具参考价值。

请仔细阅读每一句话，并将你对该陈述的感受勾选于下边字段中。要提醒您的是，在做自我评估时，很容易选出"应该"选的答案，但是这样做却无法对自我了解提供实质的助益。此外，并没有人会去分析你是如何作答的。因此，请试着以客观的态度，真正地审视自己。

请务必将每一题都作答后，再计算分数。

1. 我是想要更加授权，但我所授权的工作似乎从未依我想要的方式完成过。

□完全同意　　　　□有些同意　　　　□有些不同意　　　　□完全不同意

2. 我感到自己没有时间好好地将任务授权给部属。

□完全同意　　　　□有些同意　　　　□有些不同意　　　　□完全不同意

3. 我能很小心地检查部属的工作，而不让他们知道。因此，我能在任何小错误引发大问题前加以改正。

□完全同意　　　　□有些同意　　　　□有些不同意　　　　□完全不同意

4. 我将工作全部授权下去，也就是在我完全不参与的情况下，让部属有机会去完成一项工作。然后，我会检查最后的结果。

□完全同意　　　　□有些同意　　　　□有些不同意　　　　□完全不同意

5. 当我已经给了明确的指示，而工作却没有做对时我会生气。

□完全同意　　　　□有些同意　　　　□有些不同意　　　　□完全不同意

6. 我觉得部属不像我一样那么有使命感。因此，任何工作授权出去都不像我自己做得那么好。

□完全同意　　　　□有些同意　　　　□有些不同意　　　　□完全不同意

7. 我是想要更加授权，但我认为自己能比任何接受授权的人将一件事做得更好。

□完全同意　　　　□有些同意　　　　□有些不同意　　　　□完全不同意

8. 我是想要更加授权，但是如果对方无法把工作做好，我将会是受到指责的人。

□完全同意　　　　□有些同意　　　　□有些不同意　　　　□完全不同意

9. 假如我非得将某些工作授权出去的话，我自己的工作就不会那么有乐趣了。

□完全同意　　　　□有些同意　　　　□有些不同意　　　　□完全不同意

10. 每当我授权某件工作时，我总是会发现它不符合我的标准，结果我还得自己重新做一遍。

□完全同意　　　　□有些同意　　　　□有些不同意　　　　□完全不同意

11. 我还没有真正地觉得授权可以省时间。有时候花在授权与追踪上的时间比我自己去做还要多。

□完全同意　　　　□有些同意　　　　□有些不同意　　　　□完全不同意

12. 在授权时，我做得既清楚又明确。我会精确地说明要怎么去完成这件工作。

□完全同意　　　　□有些同意　　　　□有些不同意　　　　□完全不同意

13. 我不能完全如自己所愿的去授权，因为我的部属缺乏所需的经验。

□完全同意　　　　□有些同意　　　　□有些不同意　　　　□完全不同意

14. 当授权时，我感到自己会失去掌控。

□完全同意　　　　□有些同意　　　　□有些不同意　　　　□完全不同意

15. 我想要更加授权，但我是十足的完美主义者。

□完全同意　　　　□有些同意　　　　□有些不同意　　　　□完全不同意

16. 我工作的时间比我的部属长，有时也比我自己希望的时间还长。

□完全同意　　　　□有些同意　　　　□有些不同意　　　　□完全不同意

17. 我可以将例行的工作交给部属做，但我觉得那些非例行的工作还是必须留在自己手上。

□完全同意　　　　□有些同意　　　　□有些不同意　　　　□完全不同意

18. 我发现我经常将工作带回家做。

□完全同意　　　　□有些同意　　　　□有些不同意　　　　□完全不同意

19. 有时我发现自己在做别人的工作（这些事是他们自己也能够做的）。

□完全同意　　　　□有些同意　　　　□有些不同意　　　　□完全不同意

20. 在休假或出差后，我的公文盒都会堆得满满的。

☐完全同意　　　　☐有些同意　　　　☐有些不同意　　　　☐完全不同意

21. 我常常会因为其他人来问我问题，或就一些特别项目向我提出请求时，而将工作打断。

☐完全同意　　　　☐有些同意　　　　☐有些不同意　　　　☐完全不同意

22. 有时候我发现自己花在例行性工作上的时间，要多过用在计划与督导上的时间。

☐完全同意　　　　☐有些同意　　　　☐有些不同意　　　　☐完全不同意

23. 我有喜欢插手每一件事情的倾向。

☐完全同意　　　　☐有些同意　　　　☐有些不同意　　　　☐完全不同意

24. 我经常赶着在限期内完成工作，而且会亲自花很多时间在重要的工作上。

☐完全同意　　　　☐有些同意　　　　☐有些不同意　　　　☐完全不同意

25. 我是想要多授权，但我的老板期待我对所有的细节都非常清楚。

☐完全同意　　　　☐有些同意　　　　☐有些不同意　　　　☐完全不同意

现在计算你的分数。每个选项的分值从左到右分别为 1 分、2 分、3 分、4 分。然后，将每个问题你所勾画的选项分数相加，这便是你的总分。

如果你的总分低于 35 分，你不运用部属的问题可能相当严重。总分在 35～54 分，显示出你的授权习惯和态度可以大幅度地改善。总分在 55～74，意味着你仍有一些成长的空间。若你的总分是 75 分或以上，你应该是个有效的授权者。

本测试说明，授权应谨记八个字：放开双手、睁开双眼。

（五）延伸知识——鲶鱼效应

1. 简介

鲶鱼效应又称为"头鱼理论"。德国动物学家霍斯特发现了一个有趣的现象：鲶鱼因个体弱小而常常群居，并以强健者为自然首领。然而，如果将其中那条较为强健的鲶鱼脑后控制行为的部分割除后，此鱼便失去自制力，行动也发生紊乱，但是其他鲶鱼却仍像从前一样盲目追随！这就是我们在企业管理中经常提到的"鲶鱼效应"！

2. 启示

作为经理人应从"鲶鱼效应"中得到以下启示：

启示一：下属觉得最没劲的事，是他们跟着一位最差劲的领导。企业、部门与团队，以及任何组织，只要出现了问题，经理人要承担不可推卸的责任。鲶鱼的首领行动紊乱导致整个鲶鱼群行动紊乱。同样的，在一个企业或者组织中，只要经理人出现问题，那么整个企业或者组织也就不可避免地会出现问题。经理人就是一个企业的核心脊梁，必须为企业的发展承担责任。经理人往往是团队中最后一个知悉问题的人，而且经理人所看到的一般只是一小部分而已。像冰山的一角，在水的上面，你看到的是一小块冰山，但藏在水下的要大得多，通常都更具破坏性。

启示二：下属的悲剧总是经理人一手造成的！每个人都渴望成功，但成功的往往是少数。作为员工的出路一般只有三个，第一个就是获得升迁，但这是少数；第二个就是保持，保持现有的状态，年复一年都是下属的职位；第三个就是自愿离职或者被辞退。事实上，第二和第三个出路，对一个员工来说都是悲剧。但这种悲剧是谁造成的呢？就是我们的经理人！下属得不到提升或者最终离开企业，总是经理人一手造成的。

启示三：这说明，成为行业领导者的人，最需要的是勇气。如果具有一定程度上的换脑思维，以大胆、勇气去创新，尝试新的领域和业务，他就可能成为新的头鱼。

3. 注意区分

另外还有个效应，叫"鲶鱼效应"，即采取一种手段或措施，刺激一些企业活跃起来投入到市场中积极参与竞争，从而激活市场中的同行业企业。其实质是一种负激励，是激活员工队伍的一大奥秘。

二、换牌

（一）实验目的

（1）培养领导力。

（2）团队建设，通过实验认识到企业高、中、基层协调配合的重要性。

（3）了解和培养沟通技术。

（4）体验团队合作（通过指导、协调和激励）的重要性。

（二）实验要求

（1）场地：室内最佳。

（2）材料：扑克牌数副（两个小组用1副），笔、A4纸若干。

（3）分组：建议7人一组。

（三）实验内容

1. 实验步骤

（1）分组并发放实验用具。指导老师要求7人一组，分三排就座，如图5-14所示，形成金字塔形状，并以此确定每组成员的角色。即A是B、C的上级，B是D、E的上级，C是F、G的上级。同时发给每个人用A4纸裁好的小纸条20张、笔1支、扑克牌3张（随机）。

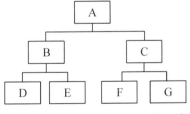

图5-14　各个小组的组织结构示意

（2）指导老师宣布实验规则。第一，不能讲话，只能进行书面交流。第二，不能看别人的牌，也不能让别人看到你手上的牌。第三，每个人都只能跟上下级交流换牌，而不能同级或越级交流换牌。第四，每次只能交换一张牌，争取在 30 分钟里通过换牌使得这个组织中的最高管理者手中形成最优牌形。第五，实验的结果是比较两个使用同一副牌的小组谁最先形成最优牌形，且最优牌形应在本小组最高管理者手中。第六，详尽要求见各角色单上的要求。

（3）宣布开始实验并开始计时。每小组需要在严格遵守规则的基础上共同完成任务。如果完成任务，请向指导老师举手示意。

2. 各角色任务单

（1）A 的任务单。你现在属于一个团队（组织结构如图 5－14 所示），A 是你自己的职位（团队领导者），B、C、D、E、F、G 都是你的下属（其中 B 和 C 是你的直接下属）。

要求：

第一，不能讲话，如有不清楚的地方，请举手。

第二，不能让别人看到你手上的扑克牌。

第三，可以同直接下属 B 和 C 进行信息交流，但只能采用写纸条的方式。

第四，可以同直接下属 B 和 C 换牌，但每次只能换一张，而且你手上始终应持有三张牌（交换过程除外）。

第五，不能同直接下属以外的任何人越级交流和换牌。

实验任务：请在 30 分钟的时间内，采用规则允许的办法，通过你和小组成员的共同努力（交流、换牌），在你手中形成最优牌形。

（2）B/C 的任务单。你现在属于一个团队（组织结构如图 5－14 所示），B/C 是你自己的职位，A 是你的上级，C/B 是你的同级，D、E（F、G）都是你的下属。

要求：

第一，不能讲话，如有不清楚的地方，请举手。

第二，不能让别人看到你手上的扑克牌。

第三，可以同上级 A 和直接下属 D、E（F、G）进行信息交流，但只能采用写纸条的方式。

第四，可以同上级 A 和直接下属 D、E（F、G）换牌，但每次只能换一张，而且你手上始终应持有三张牌（交换过程除外）；

第五，不能同直接上下级以外的其他任何人交流和换牌。

（3）D/E 的任务单

你现在属于一个团队（组织结构如图 5－14 所示），D/E 是你自己的职位，B 是你的上级，E/D 是你的同级。

要求：

第一，不能讲话，如有不清楚的地方，请举手。

第二，不能让别人看到你手上的扑克牌。

第三，可以同上级 B 进行信息交流，但只能采用写纸条的方式。

第四，可以同上级 B 换牌，但每次只能换一张，而且你手上始终应持有三张牌

（交换过程除外）。

第五，不能同直接上级以外的其他任何人交流和换牌。

（4）F/G 的任务单。你现在属于一个团队（组织结构如图 5-14 所示），F/G 是你自己的职位，C 是你的上级，G／F 是你的同级。

要求：

第一，不能讲话，如有不清楚的地方，请举手。

第二，不能让别人看到你手上的扑克牌。

第三，可以同上级 C 进行信息交流，但只能采用写纸条的方式。

第四，可以同上级 C 换牌，但每次只能换一张，而且你手上始终应持有三张牌（交换过程除外）。

第五，不能同直接上级以外的其他任何人交流和换牌。

3. 最优牌形说明

总原则是比牌点数字的大小。在此原则下，从大到小依次为：三张同样大小的牌、花色相同且数字相连的三张牌、三张花色相同的牌、三张花色不同但数字相连三张牌、三张牌中有两张点数同样大小的牌、花色不同的牌、除以上牌型的牌（单张）。

4. 有关讨论

（1）在规定时间内顺利完成任务的关键是什么？

可能答案：三个层面的信息交流通畅、充分；由 A 确定换牌的正确目标（是同花，还是顺子等）；A 的处理信息的速度。

（2）组织中 A 的作用是什么？

可能答案：A 在实验里面是非常重要的位置，既决定了整个的政策，也决定了具体的实施方法。A 是整个组织信息交流的瓶颈，A 的信息处理速度就是整个组织的速度，如果 A 本身没有头绪、没有办法，最后组织必然是一团散沙。

（3）实验中信息交流的方式有什么局限？用来交换的牌到底是什么？对企业管理有什么启示？

可能答案：信息交流方式单一，只能通过纸条交换信息；信息流量有限，每次只能交换一张牌；实验中的纸牌并不是信息，而是资源，有限的是这个资源，而非沟通的信息内容；部门之间、企业内部可以共用、交流的资源的确是比较少的，所以更需要广泛的沟通以及合理的安排，使资源能够得到最佳利用。

（4）组织中 A 是最重要的，如何让 A 解脱出来呢？除了利用先进的信息交流处理技术，组织的中、基层能做些什么呢？

可能答案：基层要尽量反映自己的实际情况、自己的想法，努力按照领导布置的方案实施，但是努力的效果有限。中层起到上下沟通的关键作用，如果不能够将 A 的意图、另外两个基层的意见有效地汇总、传递，并加入自己的意见和建议，整个系统还是会失败。实验中虽然规定一次只能交流一张牌，但是并没有限制信息交流的次数和内容。作为下属，可以尽量将自己的意见写出来，递交上去；发现没有结果就及时再更新意见，甚至提出需求。当然如果一切无效，就只有等待了，现实生活中也许就是消极怠工或者辞职，那这样的企业恐怕就要失败了。

（5）小窍门：正确快速完成任务的首要，是由最底层的四个人把自己的信息传给B、C，然后B、C连同自己的信息一并传给A，最后由A确定本次实验的牌组目标。

（四）延伸测试——测试你的领导作风

请阅读下列各个句子，当（A）句最能形容你时，请划圈；当（B）句对你来说是最不正确时，请划圈。请你务必详答，以便求得更正确的积分。

1. （A）你是个大多数人都会向你求助的人。
   （B）你很激进，而且最注意自己的利益。

2. （A）你很能干，且比大多数人更能激发他人。
   （B）你会努力去争取一个职位，因为你可以比大多数人掌握更大的职权。

3. （A）你会试着努力去影响所有事件的结果。
   （B）你会急着减少所有达成目标的障碍。

4. （A）很少人像你那么的有自信。
   （B）你想取得世上任何你想要的任何东西时，你不会有疑惧。

5. （A）你有能力激发他人去跟随你的领导。
   （B）你喜欢有人依你的命令行动；若必要的话，你不反对使用威胁的手段。

6. （A）你会尽力去影响所有事件的结果。
   （B）你会作全部重要的决策，并期望别人去实现它。

7. （A）你有吸引人的特殊魅力。
   （B）你喜欢处理必须面对的各种情况。

8. （A）你会喜欢面对公司的管理人，咨询复杂问题。
   （B）你会喜欢计划、指挥和控制一个部门的人员，以确保最佳的福利。

9. （A）你会向企业群体和公司咨询，以改进效率。
   （B）你对他人的生活和财务，会作出决策。

10. （A）你会干涉官僚的推拖拉作风，并施压以改善其绩效。
    （B）你会在金钱和福利重于人情利益的地方工作。

11. （A）你每天在太阳升起前，就开始了一天的工作，一直到傍晚六点整。
    （B）为了达成所建立的目标，你会定期而权宜地解雇无生产力的员工。

12. （A）你会对他人的工作绩效负责，也就是说，你会判断他们的绩效，而不是你们的绩效。
    （B）为求成功，你有废寝忘食的习性。

13. （A）你是一位真正自我开创的人，对所做的每件事充满着热忱。
    （B）无论做什么，你都会做得比别人好。

14. （A）无论做什么，你都会努力求最好、最高和第一。
    （B）你具有驱动力、积极性人格和奋斗精神，并能坚定地追求有价值的任何事情。

15. （A）你总是参与各项竞争活动，包括运动，并因有突出的表现而获得多项奖牌。

（B）赢取和成功对你来说，比参与的享受更重要。

16．（A）假如你能及时有所收获，你会更加坚持。

（B）你对所从事的事物，会很快就厌倦。

17．（A）本质上，你都依内在驱动力而行事，并以实现从未做过的事为使命。

（B）作为一个自我要求的完美主义者，你常强迫自己无限地去实现理想。

18．（A）你实际上的目标感和方向感，远大于自己的设想。

（B）追求工作上的成功，对你来说，是最重要的。

19．（A）你会喜欢需要努力和快速决策的职位。

（B）你是坚守利润、成长和扩展概念的人。

20．（A）在工作上，你比较喜欢独立和自由，远甚于高薪和职位安全。

（B）你是安于控制、权威和强烈影响的职位上的。

21．（A）你坚信凡是自身分内的事，最能冒险的人，能赢得到金钱上的最大回报。

（B）有少数人判断你应比你本身更有自信些。

22．（A）你被公认为是有勇气的、生气蓬勃的和乐观主义者。

（B）作为一个有志向的人，你能很快地把握住机会。

23．（A）你善于赞美他人，而且若是合宜的，你会准备加以信赖。

（B）你喜欢他人，但对他们以正确的方法行事之能力，很少有信心。

24．（A）你通常宁可给人不明确的利益，也不愿与他人公开争辩。

（B）当你面对着"说出那像什么时"，你的作风是间接的。

25．（A）假如他人偏离正道，由于你是正直的，故你仍会无情地纠正地。

（B）你是在强调适者生存的环境中长大的，故常自我设限。

结论检测：你的得分计算方法是，先计算一下你圈（A）的数目，然后乘以4，这就是你领导特质的百分比；同样的，计算你圈（B）的数目，再乘以4，（B）所得的分数，就是你管理特质的百分比。即：

领导人（A 的总数）×4＝领导特质百分比

管理者（B 的总数）×4＝管理特质百分比

（五）延伸知识——大雁法则

大雁是鸟类的一种，但人们从管理学、社会学的角度对大雁进行的研究发现，大雁具有很强的团体意识。

第一，每只大雁在飞行中拍动翅膀，为跟随其后的同伴创造有利的上升气流，这种团队合作的成果，使集体的飞行效率增加了70%。这就要求团队中的每个成员，必须共同"拍动翅膀"。问题是，大雁如果不拍翅膀，就飞不起来，换言之，拍翅膀是大雁的本能；且只要排成"人"字队形，就可以提高飞行效率。但是，人未必这样思考。在一个需要合作的团体中，对每个人来讲，其最优选择是假定其他人"拍翅膀"，自己不用拍，从而搭便车。因此，对团队而言，团体意识和团体行为不会是自发的，必须创造一种共同"拍翅膀"的生存环境，使那些不拍翅膀的成员被淘汰或根本无法生存。这样的环境包括两个方面：一是形成比较严格的考核缺席的硬环境；二是营造使员工实现个人理想的软环境。

第二，所有的大雁都愿意接受团体的飞行队形，而且都实际协助队形的建立。如果有一只大雁落在队形外面，它很快就会感到自己越来越落后，由于害怕落单，它便会立即回到雁群的队伍中。管理人员必须按照一定的方式进行组织的团队建设，否则，就无法形成有效的合力。最重要的，不仅是组织框架上形成的团体，而且还应是内心一致的团体，要使组织的每一个成员都认可组织的使命与追求，取得价值观的认同，进而求得行动上的一致。没有灵魂的人只是行尸走肉；没有灵魂的团队，则是一群乌合之众。

第三，队形后边的大雁不断发出鸣叫，目的是为了给前方的伙伴打气激励。如果大雁之间存在竞争，就难以相互激励。在一个充满内部竞争的组织中，成员之间很难相互激励。原因在于，管理岗位是有限的，为了得到某个位置，在很多情况下，并不是简单地靠业绩，还需要阻碍竞争对手。这样一来，就可能导致想要得到晋升位置的成员之间，不仅不会合作，而且还会相互拆台。因此，要消除这种内在的摩擦，必须建立有效的、只是针对个体而不是成员之间的激励制度，即将现有的个体之间的竞争，转为自己和自己的竞争。这就要求管理者必须在每个员工面前，树立一个由物质和精神、职务和职称构成的梯子，让员工自己去爬。如果一定要把所有员工都赶到一条独木桥上，合作就不可能形成，相互激励就会被相互泄劲代替。

第四，不管群体遭遇的情况是好是坏，同伴们总是会相互帮忙。如果一只大雁生病或被猎人击伤，雁群中就会有两只大雁脱离队形，靠近这只遭到困难的同伴，协助它降落在地面上，然后一直等到这只大雁能够重回群体，或是直至不幸死亡后，它们才会离开。帮助弱者，也是人类的天性，因为弱者已经对自己不再构成竞争与威胁。因此，在这个方面，人类与大雁的行为是一致的。

第五，大雁的领导工作，是由群体共同分担的。虽然有一只比较大胆的大雁会出来领队，但是当这只带头雁疲倦时，它便会自动后退到队伍之中，然后，几乎是在难以察觉的情况下，另一只大雁马上替补领导的位置。大雁可以轮流当头雁，但是，在人类社会中，这种行为是很难的。实际上，任何强壮的大雁，其体力总是有限的。同样，任何人的智力、知识和能力，也是有限的。因此，一个组织的各级管理者应保持正常的动态与流动，这不仅十分必要，而且也是一个组织生命力强盛的表现。

雁行启示总结：

（1）每当雁鼓动双翼时，对尾随的同伴都具有"鼓舞"的作用，雁群一字排开成"V"字型时，比孤雁单飞增加了70%的飞行速度。

启示：与拥有相同目标的人同行，能更快速、更容易地到达目的地，因为，彼此之间能互相推动。

（2）不论何时，当一只雁脱离队伍，它马上会感受到一股动力，阻止它离开，借着前一只伙伴的"支撑力"，它很快便能回到队伍。

启示：如果我们像大雁一样聪明的话，我们就会留在与自己目标一致的队伍里，而且乐意接受他人的协助，也愿意协助他人。

（3）当带头的雁疲倦了，它会退回队伍中，由另一只取代它的位置。

启示：在从事困难的任务时，轮流担任与共享领导权是有必要的，也是明智的，因为我们都是互相依赖的。

（4）队伍中后面的雁会以叫声鼓励前面的伙伴继续前进。

启示：我们必须确定从我们背后传来的是鼓励的叫声，而不是其他的声音。

（5）当有大雁生病或受伤时，其他两只雁就会由队伍中飞下来协助及保护它，这两只雁会一直伴随在旁边，直到它康复或死亡为止，然后它们自己组成队伍再开始飞行，或者去追赶原来的雁群。

启示：如果我们像大雁一样聪明的话，我们也会互相扶持，不论是在困难的时刻，还是在坚强的时刻。

三、撕纸与拼图

（一）实验目的

（1）了解管理的领导职能所包括的工作。
（2）体验指导的本质是一个人际沟通问题，而人际沟通往往应该是双向的。
（3）了解组织沟通的类型与形式。
（4）了解组织沟通的方法和主要障碍。

（二）实验要求

（1）室内进行，人数不限，可以不分组。
（2）每个学生需要 4 张纸，纸张大小不限，纸张是否用过也不限。
（3）学生面前需要有拼图的平面空间，桌面最佳。
（4）事先准备好的"拼图样式"图纸 1 张。

（三）实验内容

实验分为两个相对独立的阶段进行，第一阶段主要在指导老师的主持下进行，第二阶段主要由自告奋勇的学生指导进行。

1. 第一阶段

（1）每位学员准备好 1 张纸。
（2）请严格按照指导老师发出的指令去做，全过程不允许问问题。
（3）指导老师发出指令：①大家闭上眼睛；②把纸对折；③再对折；④再对折；⑤把右上角撕下来；⑥转 180 度；⑦把左上角也撕下来；⑧睁开眼睛，把纸打开。
（4）请学员们对比各自手中的纸张（撕过的纸张），看看是否一样。答案当然是不一样，那么再来一次。
（5）这次由一位学员来下达指令，指令内容仍然与上一次的相同，唯一不同的是这次学员们可以随时问问题。
（6）这次的结局是大家撕过的纸张仍然不一样，但大多数人基本一样了。
（7）点评与讨论。
第一阶段小结：此阶段实验为了说明在我们平时的沟通过程中，经常使用单向的沟通方式，结果听者总是见仁见智，个人按照自己的理解来执行，通常都会出现很大的差异。使用了双向沟通之后，差异依然存在，虽然有改善，但增加了沟通过程的复杂性。所以什么方法是最好的？这要依据实际情况而定。沟通的最佳方式要根据不同的场合及环境而定。

第一阶段相关讨论：完成第一次撕纸之后可以问大家，为什么会有这么多不同的结果（也许大家的反映是单向沟通、不许问问题，所以才会有误差）。完成第二次撕纸之后又问大家，为什么还会有误差（希望说明的是，任何沟通的形式及方法都不是绝对的，它依赖于沟通者双方彼此的了解，沟通环境的限制等。沟通是意义传递的过程）。

2. 第二阶段

（1）每位学员准备好 1 张纸。

（2）请严格按照指导老师发出的指令去做，全过程可以随时问问题。

（3）指导老师发出指令：①把你手上的纸撕成一张正方形；②把正方形的纸对折；③再对折，使其成为一个小正方形；④再对折；⑤然后沿所有的对折线撕开；⑥看看结果是什么。

（4）结果当然是 8 张长宽比为 2 比 1 的长方形纸片，拿出这些纸片中的 6 张备用。

（5）此时开始，由学员来指导实验。要求下达指令的学员用尽可能简洁的语言，指令其他学员拼出以下图形，如图 5－15 所示，此图不可以展示给其他学员看；同时，也要求其他学员在实验全过程中，不可以问问题，只是按照相应指令去做就可以了。

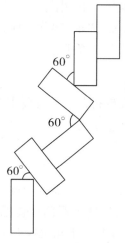

图 5－15　拼图样式示意

（6）结果一般是拼图出现多样化面貌。那么，再由 1 名、2 名或 3 名学员依次来指导实验，要求依然与前面一样，看看结果有无变化，能否让所有学员都拼出我们所要求的图形。

（7）点评与讨论。

第二阶段点评：本阶段的重点在指导拼图。在不允许双向沟通的前提下，一个貌似简单的拼图却很难准确地表述，这一方面说明管理者的表达技能是有差别的，且在指导过程中很重要，另一方面也说明了指导的效率和效果在一定程度上也来源于被指导者的接受程度。

第二阶段相关讨论：完成本阶段的撕纸，大家会觉得很容易，完成本阶段拼图，大家会觉得很困难，为什么？仅仅是由于指导者传达的信息太模糊吗？

（四）延伸测试——沟通技能自我测试

1. 评价标准

非常不同意/非常不符合（1分）　　　　不同意/不符合（2分）

比较不同意/比较不符合（3分）　　　　比较同意/比较符合（4分）

同意/符合（5分）　　　　　　　　　　非常同意/非常符合（6分）

2. 测试问题

（1）我能根据不同对象的特点提供合适的建议或指导。

（2）当我劝告他人时，更注重帮助他们反思自身存在的问题。

（3）当我给他人提供反馈意见、甚至是逆耳的意见时，能坚持诚实的态度。

（4）当我与他人讨论问题时，始终能就事论事，而非针对个人。

（5）当我批评或指出他人的不足时，能以客观的标准和预先期望为基础。

（6）当我纠正某人的行为后，我们的关系常能得到加强。

（7）在我与他人沟通时，我会激发出对方的自我价值和自尊意识。

（8）即使我并不赞同，我也能对他人观点表现出诚挚的兴趣。

（9）我不会对比我权力小或拥有信息少的人表现出高人一等的姿态。

（10）在与自己有不同观点的人讨论时，我将努力找出双方的某些共同点。

（11）我的反馈是明确而直接指向问题关键的，并非泛泛而谈或含糊不清。

（12）我能以平等的方式与对方沟通，避免在交谈中让对方感到被动。

（13）我以"我认为"而不是"他们认为"的方式表示对自己的观点负责。

（14）讨论问题时，我通常更关注自己对问题的理解，而不是直接提建议。

（15）我有意识地与同事和朋友进行定期或不定期的、私人的会谈。

3. 参考答案

如果你的总分是：

（1）80～90，你具有优秀的沟通技能。

（2）70～79，你略高于平均水平，有些地方尚需要提高。

（3）70以下，你需要严格地训练你的沟通技能。

请选择得分最低的6项，作为技能学习提高的重点。

（五）延伸知识——沟通的类型与障碍

1. 沟通的类型

组织既是一个各种各样的人所组成的群体，又是一个由充当着不同角色的组织成员所构成的整体。在一个组织中，既有非正式的人际关系，又有正规的权力系统。因此，组织中的沟通可分为两大类：正式沟通和非正式沟通。具体如表5-4所示。

表5-4 　　　　　　　　　　　　　　　　沟通的类型

正式沟通	由上而下的沟通	信息按照组织上下级的隶属关系，从较高的组织层次向较低的组织层次传递。
	自下而上的沟通	信息按照组织上下级的隶属关系，从较低的组织层次向较高的组织层次传递。
	横向沟通	发生在工作群体内部同级同层次成员之间的信息沟通。
	斜向沟通	发生在组织中不属于同一部门和等级层次的人员之间的信息沟通。
非正式沟通	单线式沟通	一个人将信息传递给另一个人，通过一长串的人际关系来传递信息，而这一长串的人之间并不一定存在着正规的组织关系。
	流言式沟通	信息发送者主动寻找机会，通过闲聊等方式向其他人散布信息。
	偶然式沟通	每一个人都随机地传递信息给其他人，信息通过一种非主动的随机方式传播。
	集束式沟通	指信息发送者有选择地寻找一批对象传播信息，这些对象大多是一些与其亲近的人，而这些对象在获得信息后又将信息传递给自己的亲近者。

2. 沟通的障碍

在组织管理活动中，人与人之间的沟通过程，也是一个信息传递过程，这一过程受到多方面因素的影响，这就是沟通的障碍因素，如表5-5所示。

表5-5 　　　　　　　　　　　　　　　　沟通的障碍因素

过滤	指故意操纵信息，使信息显得更容易得到接受；过滤的程度受组织层级和组织文化的影响。
选择性知觉	指人们根据自己的兴趣、经验和态度而有选择地去解释和传播所看到或所听到的信息。
情绪	在接受信息时，接受者的感觉也会影响到他对信息的解释。
信息超载	当一个人接收到的信息超过了他能够整理和使用的容量时，他会倾向于筛选、轻视、忽略或遗忘某些信息，或者干脆放弃进一步的努力，直到超载问题得以解决。
防卫	出于对人、事的不信任或自我保护意识而造成的信息曲解。
语言	年龄、教育以及文化背景是影响一个人语言风格和词汇界定的最重要的三个要素，其中包括行业用语。
文化	不同文化之间、同一文化内的不同亚文化之间的风俗习惯、价值观等文化背景的差异与冲突，可以形成对信息传播的障碍与误解。

四、送你一枝玫瑰花

（一）实验目的

（1）了解激励的本质。

（2）了解人性理论、动机理论和激励理论及其在管理中的运用。

（3）了解不同行为改造策略（正强化、负强化、不强化及惩罚）的适用性及效果。

（4）了解激励的类型及适用情境。

（5）了解领导行为理论。

（二）实验要求

（1）室内分组进行，每组人数无限制，以 12 人左右为宜。

（2）足够的 A4 纸张，废纸亦可，红色彩纸更好；纸张的多少视参与实验的人数多少而定。

（3）复印好的角色说明书。

（4）指导老师熟悉折纸玫瑰花的制作过程。

（5）如果必要，可以准备讲解折纸玫瑰花详细过程的幻灯片。

（6）本实验的操作部分也可用其他折纸或手工制作替代。

（三）实验内容

1. 实验步骤

（1）分组，每组 12 人左右；并由各组自主选出 1 名组长；强调本次实验将在各组组长的带领下完成。

（2）指导老师分发实验材料，每人（不包括各组组长）A4 纸若干张。

（3）在指导老师主持下，各组组长随机抽选"角色说明书"，要求在实验开始后，各组组长要在各自小组中忠实地、积极地履行自己所选定的角色职能。

（4）指导老师用幻灯片展示或现场演示的方法向全体参与实验人员详解折纸玫瑰花的制作过程，要求所有人员尽快掌握。

（5）宣布实验开始，要求各参与实验的小组之间、各小组的成员之间开展一场折纸玫瑰花的比赛，看看哪一组在限定的时间内（30 分钟左右）完成的数量最多，且质量最高。

（6）指导老师现场监督各组组长的履职情况。

（7）限定时间到点后，清点并比较各组的折纸成果。

（8）在指导老师的主持下进行讨论；讨论之后指导老师对整个实验进行总结。

2. 注意事项

（1）指导老师应该督促和指导各组组长忠实地执行角色要求。

（2）各组组长应该在实验完成后正确记录本组成员的总成绩。

（3）实验完成后，公布各个小组的成绩，并进行排序。

3. 结果提示

在实验中，哪个角色的领导扮演得越逼真，给参与者的情境理解就越深刻。结果经常是这样：正面激励的环境中，实验总是坚持到最后，而且成绩总是最好；负面反馈的环境中，实验早早就结束了，成绩总是最差；无激励的则居于前后者之间。

4. 讨论方向提示

（1）请各个小组的成员代表谈一下实验中自己的主要感受。

（2）请各个小组的组长说明自己事先受命扮演的不同角色以及自己的感受。

（3）请各个小组的成员代表谈一下本组取得的成绩与组长领导方式的关联。

（4）讨论不同的激励方式对不同的团队工作产生的影响。

（5）讨论本实验中，各组成绩的排序有无必要性？为什么？

（6）结合相关激励理论、领导理论及以下案例，自主发言、讨论。

5. 配合讨论的一个案例

金城公司是一家中等规模的汽车配件生产集团。该公司有这样三个领导：

（1）伍自豪。伍自豪对他本部门的产出感到自豪。他总是强调对生产过程、出产量控制的必要性，坚持下属人员必须很好地理解生产指令，以得到迅速、完整、准确的反馈。伍自豪遇到小问题时，会放手交给下级去处理；当问题很严重时，他则委派几个有能力的下属人员去解决问题。通常情况下，他只是大致规定下属人员的工作方针、怎样完成及完成期限。伍自豪认为只有这样才能导致更好的合作，避免重复工作。

伍自豪对下属人员采取一种敬而远之的态度。他认为，对一个经理来说这是最好的行为方式，所谓的"亲密无间"会松懈纪律。他不主张公开谴责或表扬某个员工，相信他的每一个下属人员都有自知之明。

据伍自豪说，他感到管理中的最大问题是下级不愿意接受责任。他说，他的下属人员可以有机会做许多事情，但他们并不是很努力地去做。而对于他的下属人员以前如何能与一个毫无能力的前任经理相处，他表示不能理解。

（2）常方权。常方权认为每个员工都有人权，他偏重于管理者有义务和责任去满足员工需要的理论。他说，他常为他的员工做一些小事，如给员工两张下月在某地举行的艺术展览的入场券。他认为，每张门票才 15 元，但其价值对员工和他的妻子来说却远远超过 15 元。通过这种方式，也可以表达对员工过去几个月工作的肯定。

常方权说，他每天都要到工场去一趟，与至少 25% 的员工交谈。常方权不愿意为难别人，他认为管理方式过于死板会导致员工产生不满情绪，这种情绪不利于团队合作和生产，尽管员工们除了忍耐别无他法。

常方权说，他已经意识到在管理中有不利因素，但大都是由于生产压力造成的。他的想法是以一个友好、粗线条的管理方式对待员工。他承认尽管在生产率上不如其他单位，但他相信他的雇员有高度的忠诚与士气，并坚信他们会因他的开明领导而努力工作。

（3）王兴拔。王兴拔说他面临的基本问题是与其他部门的职责分工不清。他认为不论是否属于他们的任务都安排在他的部门，似乎上级并不清楚这些工作应该由谁做。王兴拔承认他没有提出异议，他说这样做会使其他部门的经理产生反感。王兴拔说，过去在不平等的分工会议上，他感到很窘迫，但现在适应了，其他部门的领导也不以为然了。

王兴拔认为纪律就是使每个员工不停地工作，预测各种问题的发生。他认为作为一个好的管理者，没有时间握紧每一个员工的手，告诉他们正在从事一项伟大的工作。他相信如果一个经理声称为了决定将来的提薪与晋职而对员工的工作进行考核，那么，员工则会更多地考虑他们自己，由此而产生很多问题。

他主张，一旦给一个员工分配了工作，就让他以自己的方式去做，取消工作检查。他相信大多数员工知道自己把工作做得怎么样。如果说存在问题，那是因为工作范围和工作职责在生产过程中发生的混淆引起的。

王兴拔的确想过，希望公司领导叫他到办公室听听他对某些工作的意见。然而，他并不能保证这样做不会引起风波而使情况有所改变。他说他正在考虑这些问题。

思考题：

（1）你认为这三个部门经理各采取什么领导方式？这些模式都是建立在什么人性假设的基础上的？试预测这些模式各将产生什么结果？

（2）是否每一种领导方式在特定的环境下都有效？为什么？

6. 附件：组长的角色说明书

（1）角色一：正面激励的领导

你是一个提倡正面激励的领导，在游戏的过程中，你始终不断地鼓励你的小组成员。

（2）角色二：无反馈的领导

你是一个不给予成员任何反馈的领导，不管你的小组成员取得了什么样的成绩，你都是面无表情，不闻不问。

（3）角色三：负面激励的领导

你是一个不断给成员打击的领导，成员在游戏过程中，你不断地用各种方法打击成员的工作积极性。

7. 附件：折纸玫瑰花的制作过程

按照制作过程的先后次序，如图 5-16 所示。

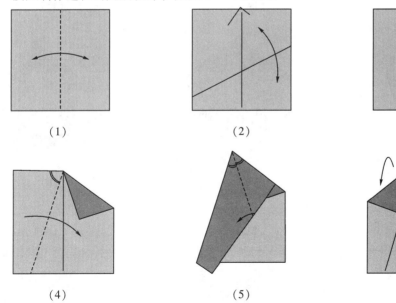

（1）　　　　　　　　（2）　　　　　　　　（3）

（4）　　　　　　　　（5）　　　　　　　　（6）

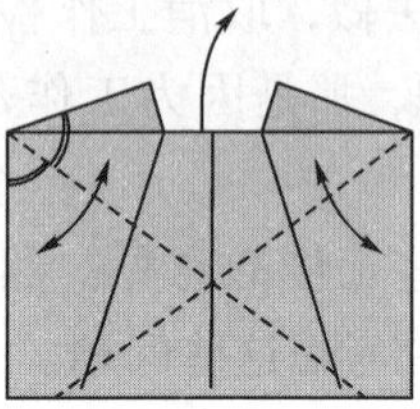

（7）

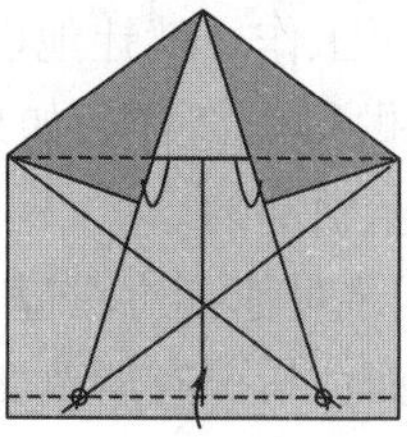

（8）

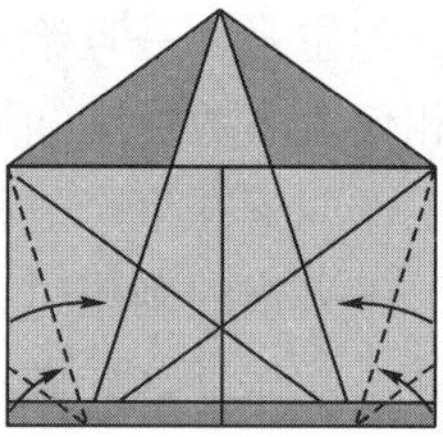

（9）

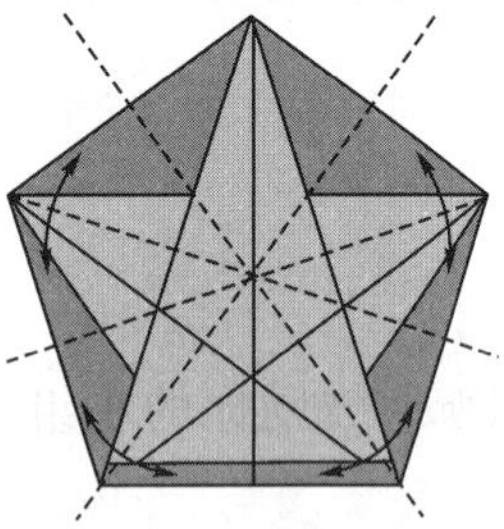

（10）

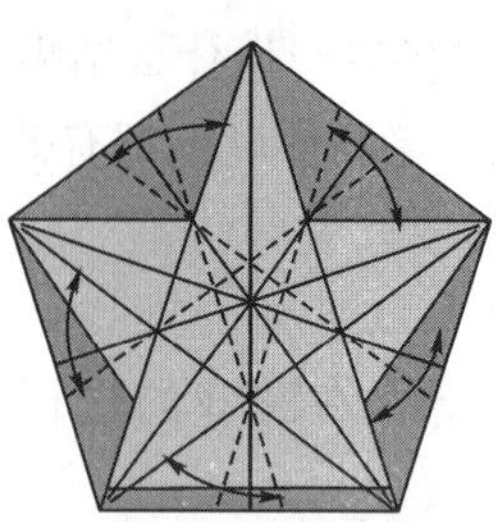

（11）

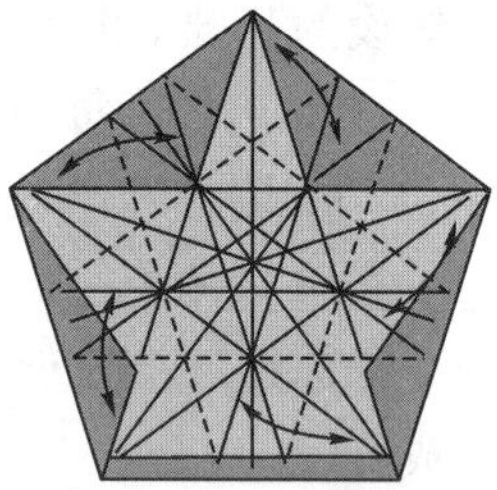

（12）

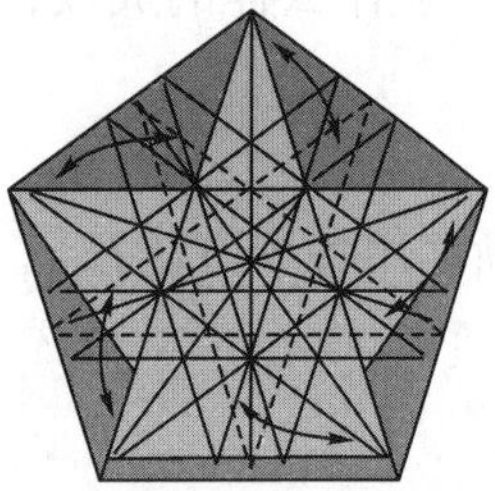

（13）

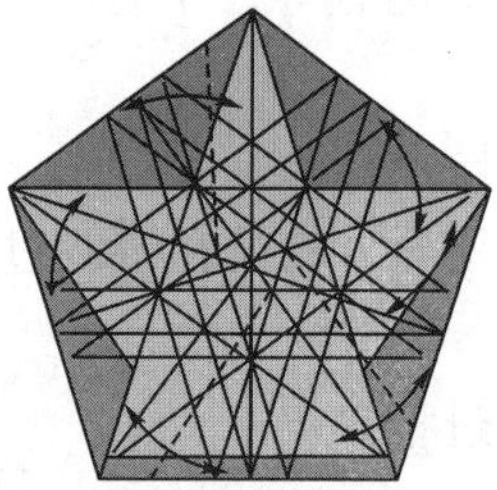

（14）

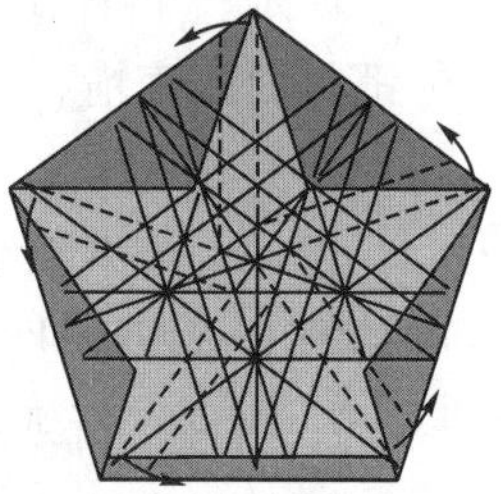

（15）

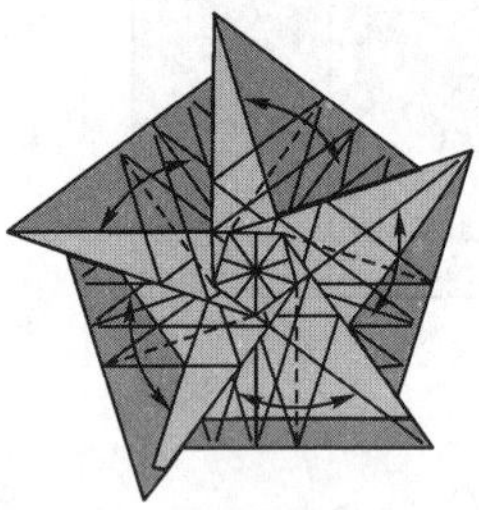

（16）

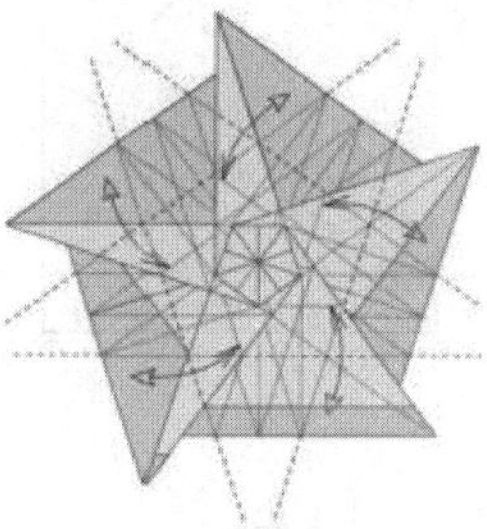

（17）

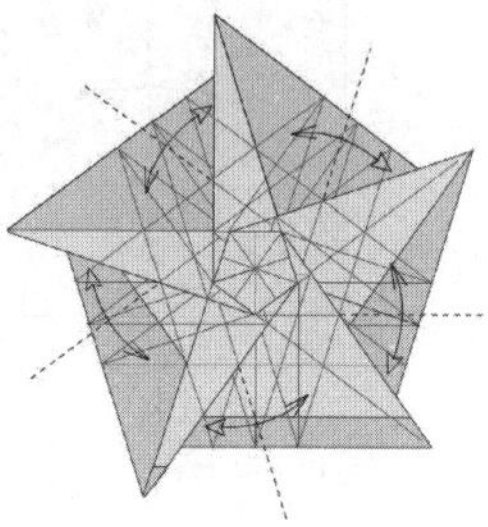

（18）

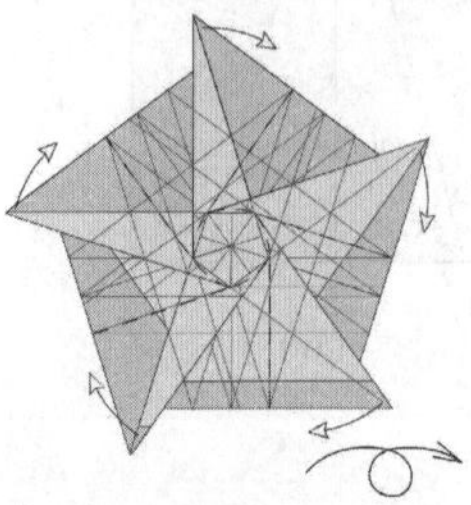

（19）

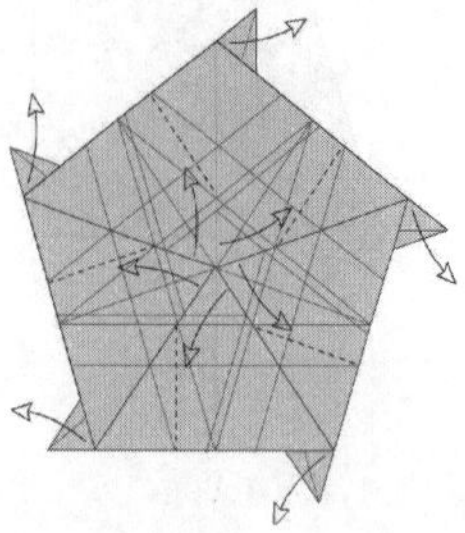

（20）

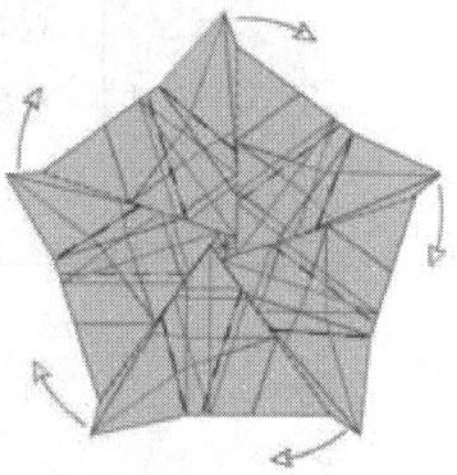

（21）

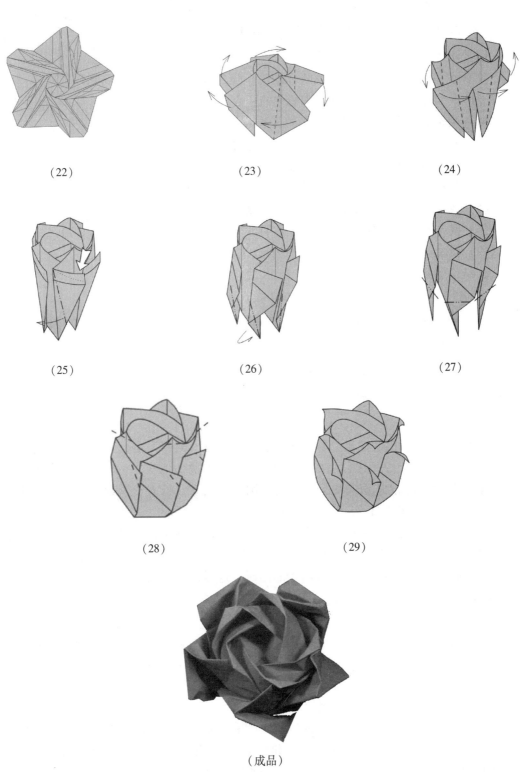

（22）　　　　　　　　　（23）　　　　　　　　　（24）

（25）　　　　　　　　　（26）　　　　　　　　　（27）

（28）　　　　　　　　　　　　（29）

（成品）

图 5 - 16　折纸玫瑰花的制作过程

（四）延伸测试——管理动机强烈程度的自我评估

1. 要求

对于每一个问题，要在最能反映你的动机强烈程度的数字（从弱到强依次是：1、2、3、4、5、6、7）上划圈，然后加总你的分数。

（1）我希望与我的上级建立积极的关系。（1 2 3 4 5 6 7）

（2）我希望与我同等地位的人在游戏和体育中比赛。（1 2 3 4 5 6 7）

（3）我希望与我同等地位的人在工作有关的活动中竞争。（1 2 3 4 5 6 7）

（4）我希望以主动和果断的方式行事。（1 2 3 4 5 6 7）

（5）我希望吩咐别人做什么和用法令对别人施加影响。（1 2 3 4 5 6 7）

（6）我希望在群体中以独特和引人注目的方式出人头地。（1 2 3 4 5 6 7）

（7）我希望完成通常与工作有关的例行职责。（1 2 3 4 5 6 7）

2. 结论解读

你的得分将在区间（7～49）内，其中：

（1）1～12：较低的管理动机。

（2）12～34：中等。

（3）35～49：较高的管理动机。

（五）延伸知识——南风法则

1. 简介

南风法则也叫做温暖法则，它来源于法国作家拉·封丹写的一则寓言：北风和南风比威力，看谁能把行人身上的大衣吹掉。北风首先使劲地吹，一时间寒风凛冽、冰冷刺骨，结果行人把大衣裹得更紧了。南风则徐徐吹动，行人于风和日丽中，觉得暖意融融，于是开始解开扣子，继而又脱掉了大衣。

南风法则告诉我们：温暖胜于严寒。运用到管理实践中，南风法则要求管理者要尊重和关心下属，时刻以下属为本，多点"人情味"，多注意解决下属日常生活中的实际困难，使下属真正感受到管理者给予的温暖。这样，下属出于感激就会更加努力积极地为企业工作，维护企业利益。

2. 启示

（1）感人心者，必先乎情。企业在对待员工时，要多点"人情味"，应实行温情管理。所谓温情管理，是指企业领导要尊重员工、关心职员和信任下属，以员工为本，少点官架子，尽力解决员工工作、生活中的实际困难，使员工真正感觉到领导者给予的温暖，从而激发他们工作的积极性。

首先，温情管理能够满足员工得到爱和尊重的需要。马斯洛的需要层次理论告诉我们，人类最高层次的需求就是得到爱和尊重。人人都希望得到他人的肯定与欣赏，得到社会积极与肯定的评价。温情管理正好能够满足员工的情感需要，培养员工对企业的深厚感情。

其次，温情管理能够激发员工的工作热情和聪明才智。"人非草木，孰能无情"，如果企业实行温情管理，处处关心员工，事事尊重员工，员工就会在工作中倍感舒适和温馨，就会"投之以桃，报之以李"，以饱满的工作热情、充沛的工作精力投入工作，充分发挥自己的聪明才智，为企业做出更大的贡献。

最后，温情管理能够增加员工对公司的忠诚。威廉·大内说，温情管理让"每个人的真正能力和工作表现得以充分显示，而且亲密无间的关系还带来了在了解彼此的'需求和计划'的过程中所需要的高度微妙性。这种支持和自我克制的混合体促进了相互信任，因此相互和谐的目标和彻底的胸襟坦率，排除了对欺骗的恐惧和欲望"。正由于此，温情管理为员工营造了一种和谐的工作氛围，让员工感到了家的温馨，增进了企业内部的相互信任，增加了员工对公司的忠诚感。

温情管理的精义是尊重员工、关心员工和信任员工。

（2）审时度势，相机行事。在南风法则的寓言故事中，北风遵循惯性思维，只想一举吹掉行人身上的大衣，结果无功而返；南风则善于顺势而动，不是盲目吹下行人大衣，而是让行人感觉温暖，然后自觉脱掉大衣，结果如愿以偿。南风法则启示我们，在招聘、使用和激励人才时，企业要根据实际情况审时度势，相机行事，只有这样，才能收到事半功倍的效果。

首先，要从实际出发。比如在员工的招聘和使用上，企业要想招聘到既能用又能留的员工，必须要从自身实际情况出发，在观念上有所突破，不能困于以往的惯性招聘思维模式，要对人才需求有个清晰的自我定位。弄清楚自己需要什么样的人才是最重要的，不一定非要追求学历等硬性指标，只要能胜任某个职位、完成某项任务就可以了，其他方面可以放宽要求，没必要跟随市场的招聘潮流，更不能盲目推崇唯学历论、唯关系论、唯海归论、唯性别论。

其次，要因材施用。清代学者魏源曾经说过："不知人之短，不知人之长，不知人长中之短，不知人短中之长，则不可以用人。"作为管理者，首先要知道每个下属的长处和短处，并且识长中之短、短中之长，这样才能做到知人善任。在任何组织中，人的行为都是互相影响、互相制约、互相补充和互相适应的，所以，管理者在使用人才时，既要重视个体成员的素质水平，又要注重群体的素质结构。事实上，组织群体中的全才是极其罕见的，绝大多数人都是"偏才"，但是，如果"偏才"组合得好，形成合理的群体素质结构，那么不仅能够使每个成员充分发挥潜能，构成真正的全才，而且能够减少组织内耗，产生规模效应。

最后，要按需要激励。激励的起点就是满足员工的需要，而员工的需要存在个体差异性和动态性，也就是说，不同的员工具有不同的需求，即便是同一位员工，在不同的时间或环境下，也会具有不同的需求。因此，管理者必须深入调查研究，不断了解员工的需要层次和需要结构的变化趋势。对于企业不同类型的员工，应当因人而异采取不同的激励方式，以尽量满足员工的不同需求，达到预期的激励效果。

（3）合抱之木，生于毫末。在南风法则的寓言故事中，北风着眼于短期效应，一开始就呼啸而来，吹得人寒冷刺骨，结果行人把大衣裹得更紧；南风则具有长远目光，徐徐吹动，循序渐进，让行人感觉温暖如春，然后自觉脱掉大衣。南风法则启示我们，在企业的经营管理过程中，要具有战略眼光，高瞻远瞩，放眼未来。

"合抱之木，生于毫末；九层之台，起于累土；千里之行，始于足下。"从人力资源管理的角度看，企业在人才招聘和员工培训时，应当"风物长宜放眼量"，高瞻远瞩，放眼未来，不要好大喜功、好高骛远，不要追求短期效益。

五、上下级之间的对话

（一）实验目的

（1）观察并体验谈话的过程，根据领导特质理论，分析谈话者现有素质的长处和不足。

（2）观察并总结领导者影响力的来源。分析不同的谈话者现有影响力的构成及尚存的不足。

（3）观察并体验沟通的过程，根据其沟通的条件和方式评判谈话者是否达到沟通目的。

（二）实验条件

（1）分组：一个教学班内，分 2~3 个大组，其中 12~16 人为一个中组，其中的每 4 人左右为一个小组。

（2）场地：教室里要分隔出适合两人谈话、同时方便别人观察的区域。

（3）道具：无特殊要求。

（4）学时：建议学时 4 学时。

（三）实验内容

1. 熟悉谈话的背景材料

一家制造公司，一个角色是总经理张维，另一个角色是生产部经理刘军。

（1）总经理张维的角色说明。你刚才请了刘军来你办公室开会。刘军是公司的生产部经理。从许多方面来说，你承认刘军是一位理想的管理人员，他有节约意识，聪明能干，积极主动，为人诚恳。在刘军的领导下，公司产量稳步上升。此外，刘军也是你的私人朋友。

你请刘军到你办公室讨论一个自去年以来一直困扰你的问题。那就是，尽管刘军有许多优点，但还有一个不容忽视的问题——生产科一些管理干部拒绝为刘军工作。没有一个生产部门的管理干部在公司里工作超过 6 个月。他们抱怨刘军独断专行，从不允许他们自己处理问题；刘军总是在监视他们，并明确告诉他们该怎么干，甚至最具体的事务也是如此。

公司一个副总经理位置空缺，你想过要不要提升刘军。但另一方面，你还有过一个不同的念头：为了公司，该不该让刘军走人。这个问题你已经同刘军谈过好几次了，你觉得你已经足够清楚地告知刘军提升取决于他是否能够培养一位继任者接替生产部经理的职位。

最近，许多不错的年轻人离开了公司。你要决定要么刘军改变他的做法以遏止人才外流的趋势，要么让他辞职。

（你在文件处理工作上稍微落后了一点，不知道刘军最近给你送来了一份报告。如果他提到，你就说还没有看到。）

正在此时，刘军如约来到了你的办公室。

（2）生产部经理刘军的角色说明。你刚才接到上司——公司总经理张维的电话，他要见你。在去他办公室的路上，你寻思他找你干什么。你想可能是两件事之一。

一个可能是要提升你做副总经理，张维以前已经数次谈过这件事。如张维所言，如果你能在生产部经理任上证明自己，副总经理就非你莫属。你当然记得他曾经暗示你理应得到提升。因为你们的产量创了纪录，生产部门在你的领导下有效运转，你对自己的成绩感到自豪。

另一个可能是关于你上周提交给他的那份报告的事。你在那份报告中提出要招聘一些确实优秀的生产主管和工人，你提出：

①大幅增加工资以期招揽更佳的人才。

②建立一项先进的人事测评项目，以便刷掉平庸的求职者。

虽然你对自己在生产部门的成就感到自豪，但有一个问题困扰你，那就是中、低层管理人员素质太差。这些人当中有几个新近离职，但你宁愿让他们通通滚蛋。这些家伙大多让人感到沉闷，又不负责任，智商也太低了点。他们大部分不能胜任工作，没有一个可以提升。

你总是为推进这些下属的工作而疲于奔命，不管你怎样教导、鼓励甚至威胁，你似乎还是得亲自检查两遍才能保证他们确实把工作做好了。

就你看来，你已经通过纠正他们的错误，为公司节约了成千上万元了。

张维是你的一位老朋友，你对你们之间的工作关系感到满意，想到这里，你踏进了总经理办公室。

谈话就此开始。

2. 具体过程

从 4 人小组开始，任意 2 人成为一次谈话的组合，选出沟通能力最好的一位，和中组内其他小组推出来的同学进行组合，继续开展同样背景下的谈话。以此类推，每个中组再推选一名同学参加大组范围内的谈话，各大组再推选一名同学进行谈话组合。在每场谈话中，同组内的其他学生展开观察。

3. 对观察谈话的建议

（1）观察上级开始谈话的方式。

①谈话者做了什么？他是否以某种方式创造了一种融洽的气氛？

②谈话者是否开门见山说明谈话目的？

③谈话目的是否表述得清楚简明？

（2）观察谈话是怎样进行的。

①谈话者在多大程度上了解下属对工作的感受？

②谈话者是否以泛泛的、一般性的问题开始谈话？

③上司是否批评下属？

④谈话者是否能理解下属的思想感情？

⑤谁说话多？

⑥谈话者了解到别的什么没有？

⑦上级有没有表扬下属？

（3）观察、评价谈话结果。

①谈话结束时，谈话者对下属的评价在多大程度上达到了公正和准确？

②上级是否给下属以激励？

③谈完后，两个人之间的关系是改善了还是恶化了？

④谈话者怎样才能做得更好？

六、无领导小组讨论

（一）实验目的

体验沟通的过程，观察领导者的产生，感受领导者的影响力。

（二）实验要求

（1）分组：6～10人为一组。

（2）场地：讨论室或会议室。

（3）道具：无特殊要求。

（4）学时：建议为3学时。

（三）实验内容

1. 熟悉讨论材料

一艘小型客轮在海上突然遇险。营救中心收到求救信号之后，迅速派遣直升机赶到出事海域组织营救，发现9名乘客挤在一艘救生艇上，而且救生艇一直在漏气，乘客随时有落水的危险。由于这些乘客都不会游泳，而且严冬的海水冰冷刺骨，乘客一旦落水则必然丧生。然而，直升机只能把乘客一个一个地拉上去，晚一分钟上飞机就会多一分丧生的危险。现在，假设有足够的时间进行讨论并做出决策，请将这9名乘客从最先被救到最后被救排一个顺序。这9名乘客的个人资料见下表：

（1）老将军，68岁，男，在几次保卫国家的重大战役中做出过卓越的贡献，有着丰富的领导和管理军队的经验，现已退休。

（2）医生，41岁，女，国内著名的外科医生，成功地完成过多例疑难手术，目前正主持一项重要的医学课题。

（3）职业经理人，38岁，男，一名跨国电子公司的总经理，刚刚把一家有着国际影响力的大型公司扭亏为赢。

（4）中学生，18岁，男，高三学生，国际奥林匹克物理竞赛金牌获得者。

（5）中学教师，53岁，男，全国特级教师，教学经验丰富，深受学生欢迎。

（6）运动员，23岁，女，多次奥运会金牌得主，现处于运动的巅峰状态，有望在下届奥运会为国家争取更多奖牌。

（7）儿童，9岁，女，小学3年级学生。

（8）父亲，36 岁，那位 9 岁女孩的父亲，一名优秀的律师，曾经成功地在几场重要的国际、国内商业诉讼案中胜诉，在国内法律界享有较高声誉。

（9）大学教授，45 岁，男，教授，博士生导师，是他所在研究单位的重要学科带头人，在国际性刊物上发表过多篇颇有影响力的学术论文，目前正主持一项国际合作课题。

2. 讨论主要分为四个阶段

（1）开始阶段：小组成员注意听老师宣读讨论的注意事项，仔细阅读讨论题目，独立思考，准备个人发言，准备时间为 5 分钟。在这 5 分钟里，如果学生有任何问题，要及时向老师提问。进入第二阶段以后，老师不再回答学生的任何问题。

（2）个人发言阶段：学生轮流发言，发言顺序由各位小组成员自主决定。每位学生初步阐述自己的观点，发言时间不能超过 3 分钟。

（3）自由讨论阶段：个人发言后，小组进入自由讨论阶段。学生不但要继续阐明自己观点，而且要对别人的观点做出反应。讨论最后必须达成一致意见。自由讨论的时间为 30 分钟，此阶段教师不做任何干预。

（4）代表总结发言阶段：自由讨论结束后，学生需要推选一名代表进行总结发言，时间为 3 分钟。

教师要注意各阶段的时间限制。个人发言时间不超过 3 分钟，自由讨论时间为 30 分钟。学生应充分利用时间，表现自己，积极表述观点并提供理由。讨论后必须达成一致意见。

3. 完成无领导小组讨论评分表

讨论结束后，每位学生根据无领导小组讨论评分表（如表 5-6 所示）为小组内的其他学生在各维度上进行评分：1 表示非常差；2 表示较差；3 表示中等偏差；4 表示一般；5 表示中等偏好；6 表示较好；7 表示非常好。如果在观察过程中，发现了某学生其他方面的特征，可以在"其他评价"栏中进行说明。

表 5-6　　　　　　　　　无领导小组讨论评分表

评分项 学生姓名	思维分析	表达沟通	人际敏感性	组织协调	影响力	其他评价

七、观察管理者

（一）实验目的

（1）比较管理者和领导者的差异。

（2）发现管理工作和领导工作的区别。

（3）体会领导者的权力来源。

（二）实验要求

（1）分组：两人一组或不分组。

（2）场地：普通教室。

（3）道具：无特殊要求。

（4）学时：1~4学时均可，指导教师可根据实际情况灵活掌握。

（三）实验内容

（1）实验准备。指导教师提前两周布置任务，要求学生就近选择一位管理者，了解其职务，观察其工作活动累积时间不少于8小时并不少于4种活动，做好记录。将其工作内容按照管理和领导分别归类整理。并思考以下问题：

①管理者的日常活动有哪些？衡量这些活动是否有什么标准或依据？这些工作有什么共性，为什么？

②管理者是否开展了领导活动？其具体内容有哪些？对这些活动的必要性做出评价。

2. 实验课中，学生轮流汇报观察结果，并接受师生提问。必要时，汇报人可隐去管理者的姓名和所在单位。

八、领导力测试

（一）实验目的

（1）测验自己的领导能力。

（2）学习面对不同类型的人群，做出恰当的工作反应和情绪反应。

（二）实验要求

（1）分组：无需分组，每个人独立完成。

（2）学时：计划学时1学时。

（三）实验内容

1. 领导能力测验

请回答下列问题：

（1）以下三种职业中，你喜欢哪一种？

　　A. 做某个组织的发言人

B. 做某个团体的首领

C. 做某支军队的指挥官

（2）你认为权力下放有何益处？

A. 有利于提高个人能力

B. 可以让上级领导集中精力于高层管理

C. 减轻上级领导的工作负担

（3）做出某项与下属的工作密切相关的决定时，你是否事先征求了他们的意见？

A. 是的，因为我一贯重视下属的意见

B. 不，我认为管理者有权做决定

C. 不一定，这要取决于我是否有时间

（4）授予下属权限后，希望他们：

A. 先斩后奏

B. 每做重要决定时都征求你的意见

C. 自行决定是否需要征求你的意见

（5）你希望下属参与制订工作计划吗？

A. 不，因为他们只会劝我把指标定得低低的

B. 是的，因为这样才能使他们发扬奉献精神，努力完成任务

C. 有时候，但重大项目除外

（6）如果某位部下在完成一项艰巨任务过程中表现出色，你会？

A. 立即向他表示祝贺

B. 不加评论，避免他趁机要求加薪

C. 遇到他时顺便赞扬几句

（7）如果某位一向表现不错的员工突然走下坡路，你会？

A. 尽快与他促膝谈心，找出问题所在

B. 态度强硬地威胁他，逼他改正

C. 上报人事部门，请他们去调查

（8）如果你将向全体部下宣布一项重要的新措施，你会？

A. 发一份简报，将新措施方案刊载在其中

B. 安排一位助手去向大家解释

C. 召开一次专门会议，向每位下属详细解释新方案

（9）如果某位部下因未获提升而情绪低落，你会？

A. 告诉他那个职位本来就不适合他

B. 教他改进的方法，以便在下次提升时脱颖而出

C. 劝他别伤心，谁没有挫折

（10）如果你对某位下属提出的过激方案不感兴趣，你会？

A. 指出这个方案的缺陷，同时鼓励他重新考虑新方案

B. 告诉他这个方案不合时宜，成本太高，不实用

C. 表示将认真考虑他的意见，随后却丢进档案柜

2. 评分标准

评分标准如表5－7所示。

表5－7   评分标准

答案 得分 题号	A	B	C
（1）	0	10	5
（2）	0	5	10
（3）	10	0	5
（4）	5	0	10
（5）	0	10	5
（6）	10	0	5
（7）	10	0	5
（8）	5	0	10
（9）	0	10	5
（10）	10	5	0

3. 结果分析

（1）80～100分：你是一位出色的领导，很善于调动下属的积极性，使他们发挥自己的最大潜力。你领导的部门一定气氛融洽，生动活泼，各位员工都富有朝气和干劲。

（2）55～75分：你能正确认识经营管理者的职责，不过有时还不够大胆，不能充分相信群众。

（3）25～50分：你过于保守，束缚着下属的发展。你不仅需要增强自信心，也需要增强对别人的信心。

（4）0～20分：你根本不适合做经营管理工作。

不同情境下的领导反应

如果你是遇到下面16种情况的领导人，你会如何做出反应？

请选择一种工作反应和一种情绪反应（注意：你所选的行为必须反映你最可能做的事情，而不是你应该做的事情），在表格上（如表5－9所示）适当的地方填上工作反应A，B，C或D以及情绪反应W，X，Y或Z。

材料一：

表 5 - 8　　　　　　　　　　　　工作反应和情绪反应分类

工作反应	
A	指导与教导。列出主要的程序和提供指导；突出重要的工作流程步骤；找出雇员在执行任务时必须知道的事项。
B	详细说明要求和强调重要性。定下目标和最后限期；提供忠告和资源；强调取得成果的主要领域或行动要点。
C	对任务的开展进行双向的讨论。就所要达到的目标、采用的方法、几时采取行动和所需的主要资源、职员等问题进行双向讨论。
D	对于要采取的行动或职员在行为等方面的改变给予具体的反馈。找出雇员采取某种行动或做出某种行为的原因，对于要采取的行动达成共识。
情绪反应	
W	严肃，表现出不理会挑衅性行为的举止，包括言语、非言语或者两者兼有。
X	做出支持性的举动，例如，同意对方所说的话，展现笑容、点头、注视对方的眼睛。
Y	保持友善，不过立场坚定，例如强调工作的重要性或最后期限。
Z	给予鼓励和精神上的支持，如表现关怀。

材料二：

表 5 - 9　　　　　　　　　　　　16 种情况及反应

序号	情境	反应	
		工作	情绪
1	一名新员工刚加入公司。他渴望证明自己的能力，不过有时却因为对其他职员或者一些工作程序不太熟悉而犯错误。现在他必须做一项自己从没做过的工作。		
2	一名非常能干的员工在同一岗位上工作了很久。他的责任感很强。这项任务很紧要，它可以使公司得到一份很重要的长期合同。		
3	一名非常有潜力的员工渴望在工作上有所发展。他针对改善所属单位的工作程序提出了一个很宝贵的意见。		
4	一名经验丰富的员工在同一个岗位上工作了很久。他对一些自己认为是无理取闹的老顾客无礼，也不理会他们的投诉。最近公司又接到另一个针对他的投诉。		
5	一名非常有潜能的年轻雇员刚接手一个涉及国外市场的复杂业务。他虽然希望早点负起这个重任，但是也感到有些担忧。		
6	一名经验丰富的老员工已经发挥了最大的工作潜能。他很有责任感，对公司很忠诚。这项任务是访问另一个国家的官员，公司在这个国家投下了巨资。		

表5-9(续)

序号	情境	反应	
		工作	情绪
7	一名经验丰富的资深员工致力于制订一个提高公司生产力的计划。他设法对现有的工作方式进行一些改动,以了解潜在的好处。		
8	一名聪明的员工能以多种具有创意的方法完成任务。不过,如果不迁就他的办事方法,他就不遵从指示。这项任务是组织公司的野餐活动。		
9	一名资历浅的雇员经常不肯遵守原有的工作程序和方法做事。他声称同一个单位的其他雇员在办事时都不会用大脑思考。其他雇员则埋怨他难以驾驭,不肯遵照一般的做法。他有时会畅所欲言和盛气凌人。		
10	一名具有工作热忱的雇员,因为以很高的效率和圆滑的方法把工作办好而受到顾客的赞扬。他致力于学习和自我提升。现在他受委托去面对另一个雇员应付不了的顾客。		
11	一名经验丰富的合格雇员在管理多数的业务时值得依赖。他必须察看工厂或办公室发生的一项故障。这个任务虽然很普通,不过如果处理不当,就会对周围的人的健康和安全造成非常严重的影响。		
12	一名老雇员在大部分的任务获得重新分配后,似乎无法应付现有的工作。因为这是一项他不熟悉的任务。然而,他经常自愿留下来学习和尽量完成工作。		
13	一名合格的技术人员具有很强的办事能力,他能解决任何工作上的难题。然而,他经常违反公司的条例,例如没有准时上班,不做他认为枯燥的工作。每当他认为公司实施某种不公平的政策时,就会进行批评和抒发己见。		
14	一名经验丰富和熟练的雇员在公司的长期服务中,显示出很强的责任感。他渴望成为工作改善小组的组长,协助改善给予顾客的服务。		
15	一名经验非常丰富和熟练的雇员在同一个行业里工作了很多年,他对自己的工作感到自豪,公司委托给他的工作,他都竭尽所能去完成它。公司决定派他参加一个重大的国际竞赛。公司急于赢得这项比赛。		
16	一名雇员的工作表现一向都很好,可是没有什么潜能。他必须执行一项自己不熟悉的全新任务。他虽然乐于学习,却显得有点紧张。		

要求:每题1分,共32分。

具体标准如下:

(1)28分及以上为优秀的领导者。

(2)23~27分有潜质的优秀领导者。

(3)17~22分为一般的领导者。

(4)16分及以下为优秀的员工。

（四）实验点评

不同的员工具有不同的成熟度，领导者应懂得恰当的应用领导风格理论，面对不同的员工，使用不同的领导风格，以取得最佳领导效能。参考答案如表 5-10 所示。

表 5-10　　　　　　　　　　16 种情况及反应的参考

序号	情境	反应	
		工作	情绪
1	一名新员工刚加入公司。他渴望证明自己的能力，不过有时却因为对其他职员或者一些工作程序不太熟悉而犯错误。现在他必须做一项自己从没做过的工作。	A	Z
2	一名非常能干的员工在同一岗位上工作了很久。他的责任感很强。这项任务很紧要，它可以使公司得到一份很重要的长期合同。	B	Y
3	一名非常有潜力的员工渴望在工作上有所发展。他针对改善所属单位的工作程序提出了一个很宝贵的意见。	C	X
4	一名经验丰富的员工在同一个岗位上工作了很久。他对一些自己认为是无理取闹的老顾客无礼，也不理会他们的投诉。最近公司又接到另一个针对他的投诉。	D	W
5	一名非常有潜能的年轻雇员刚接手一个涉及国外市场的复杂业务。他虽然希望早点负起这个重任，但是也感到有些担忧。	A	Z
6	一名经验丰富的老员工已经发挥了最大的工作潜能。他很有责任感，对公司很忠诚。这项任务是访问另一个国家的官员，公司在这个国家投下了巨资。	B	Y
7	一名经验丰富的资深员工致力于制订一个提高公司生产力的计划。他设法对现有的工作方式进行一些改动，以了解潜在的好处。	C	X
8	一名聪明的员工能以多种具有创意的方法完成任务。不过，如果不迁就他的办事方法，他就不遵从指示。这项任务是组织公司的野餐活动。	D	W
9	一名资历浅的雇员经常不肯遵守原有的工作程序和方法做事。他声称同一个单位的其他雇员在办事时都不会用大脑思考。其他雇员则埋怨他难以驾驭，不肯遵照一般的做法。他有时会畅所欲言和盛气凌人。	D	W
10	一名具有工作热忱的雇员，因为以很高的效率和圆滑的方法把工作办好而受到顾客的赞扬。他致力于学习和自我提升。现在他受委托去面对另一个雇员应付不了的顾客。	C	X
11	一名经验丰富的合格雇员在管理多数的业务时值得依赖。他必须察看工厂或办公室发生的一项故障。这个任务虽然很普通，不过如果处理不当，就会对周围的人的健康和安全造成非常严重的影响。	B	Y
12	一名老雇员在大部分的任务获得重新分配后，似乎无法应付现有的工作。因为这是一项他不熟悉的任务。然而，他经常自愿留下来学习和尽量完成工作。	A	Z

表5-10(续)

序号	情境	反应	
		工作	情绪
13	一名合格的技术人员具有很强的办事能力，他能解决任何工作上的难题。然而，他经常违反公司的条例，例如没有准时上班，不做他认为枯燥的工作。每当他认为公司实施某种不公平的政策时，就会进行批评和抒发己见。	D	W
14	一名经验丰富和熟练的雇员在公司的长期服务中，显示出很强的责任感。他渴望成为工作改善小组的组长，协助改善给予顾客的服务。	C	X
15	一名经验非常丰富和熟练的雇员在同一个行业里工作了很多年，他对自己的工作感到自豪，公司委托给他的工作，他都竭尽所能去完成它。公司决定派他参加一个重大的国际竞赛。公司急于赢得这项比赛。	B	Y
16	一名雇员的工作表现一向都很好，可是没有什么潜能。他必须执行一项自己不熟悉的全新任务。他虽然乐于学习，却显得有点紧张。	A	Z

九、领导与激励的心理学实验

（一）实验目的

通过对下列经典管理心理学实验的重现，了解管理心理学的相关知识，提升领导、激励和沟通技巧。

（二）实验要求

（1）分组：5~6人为一组进行实验。

（2）学时：计划学时4学时。

（三）实验内容

1. 查尔迪尼"门面效应"和"登楼梯效应"实验

将全部同学分为两个大组，约20人一组。

（1）"门面效应"实验。教师向第一组提出要求：请你为山区失学儿童捐助100元。记录下拒绝和接受的人数。然后，提出另一个要求：请你为山区失学儿童捐助30元。记录下拒绝和接受的人数。

教师向第二组同学直接提出第二个要求，记录下拒绝和接受的人数。

（2）"登楼梯效应"实验。选出两位同学担任募捐者，替慈善机构募捐，愿意捐钱的同学将认捐金额写在纸上投入募捐箱内。募捐时，对第一组同学附加了一句话："哪怕一分钱也好。"而对第二组同学不说此话。

募捐结束后，比较从两组同学那里募捐来的钱的多少。

将实验结果告知同学，同学们分小组讨论这两种现象出现的原因，并举例说明"门面效应"和"登楼梯效应"在管理活动中的应用。

2. "韦伯—费希纳差别感受"实验

下面是两个不同假设条件的实验：

实验一：假设你所光顾的文具店计算器的价格是 20 元，而有人告诉你其他商店的价格是 15 元。

实验二：假设你所光顾的文具店计算器的价格是 120 元，而有人告诉你其他商店的价格是 115 元。

那么，在哪种情况下你会转到其他商店去购买？

将实验结果告知同学，同学们分小组讨论这种现象出现的原因，并举例说明"韦伯—费希纳定律"在管理活动中的应用。

（四）实验点评

门面效应：如果对某个人提出一个很大而又被拒绝接受的要求，接着再向他提出一个小一点的要求，那么，他接受这个小要求的可能性就比向他直接提出小要求而被接受的可能性要大得多……许多人正是利用这种策略去影响他人，当他们想让别人为自己处理某件事情之前，往往会提出一个别人根本不太可能会接受的要求，待别人拒绝且怀有一定的歉意时，再提出自己真正要对方办的事情。由于前面的拒绝，人们往往会为了留住面子而接受随后而来的要求，心理学称之为"门面效应"。

登楼梯效应：当对人们提出很简单的要求时，人们很难拒绝，否则怕被别人认为自己是不通人情的"小气鬼"。当人们接受了简单要求后，再向他们提出较高要求，此时人们为了保持认识的统一和给他人留下前后一致的印象，心理上就倾向于接受较高的要求。这称之为"登楼梯效应"。

差别感受实验：人们对于奖金水平的感受与奖金的基础水平有关。人们对于奖金水平的感受更多地取决于奖金的相对水平，而非绝对水平。

第六章　控制类实验

第一节　管理控制的基本理论知识

一、管理控制的含义与必要性

（一）控制的含义

（1）狭义的控制：就是"纠偏"，即按照计划标准衡量所取得的成果，并纠正所发生的偏差，以确保计划目标的实现。

（2）广义的控制：包括纠正偏差和修改标准两方面内容。

（3）管理控制的定义

由管理人员对组织实际运行是否符合预定的目标进行测定并采取措施确保组织目标实现的过程。

（二）控制的必要性

（1）由于组织环境具有不确定性，为了更好地实现组织目标和计划，组织必须通过控制来及时了解环境变化的程度和原因。

（2）基于现代组织活动的复杂性，为确保各项具体活动或工作顺利进行，组织必须对各部门及其活动开展大量控制。

（3）在失误难以避免的情况下，控制是发现错误、纠正错误的有效手段。

（4）通过掌握企业经营现状，准确评估已有行为，有助于提升组织的效率和企业竞争力。

二、管理控制的目标

（1）限制问题（偏差）的累积。

（2）帮助组织适应环境的变化。

三、管理控制的过程

（1）确立标准。

（2）测量实绩与界定偏差。

（3）分析原因与采取措施。

管理控制的过程如图 6-1 所示。

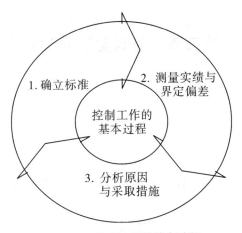

图 6 - 1　管理控制的基本过程

四、控制系统的构成要素

（1）具有明确的控制目的。

（2）具有及时、可靠、适用的信息。

（3）具有行之有效的行动措施。

五、管理控制的类型

（1）从控制目的和对象的角度以及纠正执行偏差和调整控制标准不同，可以分为负馈控制与正馈控制。

（2）按控制力量的来源不同，可以分为外在控制与内在控制。

（3）按控制信息获取的时间点不同，可以分为反馈控制、前馈控制和现场控制。

（4）按问题的重要性和影响程度不同，可以分为战略控制、绩效控制和任务控制。

（5）按所采用的控制方式的不同，可以分为集中控制、分层控制和分散控制。

六、管理控制的原则

（1）重点原则。

（2）及时性原则。

（3）灵活性原则。

（4）经济性原则。

第二节　控制类实验项目

一、船舶制造

（一）实验目的

（1）体验在经营管理活动中控制工作给我们带来的益处。

（2）了解控制工作与计划工作、组织工作、领导工作的关系。

（3）了解确定控制的标准和依据。

（4）了解控制的不同类型以及不同效用。

（二）实验要求

（1）室内分组进行，每组人数 10 人左右。

（2）材料：三种颜色的彩色纸张若干（最好不要太硬）。

（3）如有必要，制作演示折纸船舶制作过程的幻灯片。

（三）实验内容

1. 实验概述

（1）任务。本实验主要为体验管理的控制工作而设计。参与实验的每一组都被设定为生产相同产品的船舶制造公司。船舶制造公司将负责生产两种类型（长城号和红旗号）、三种颜色的船舶。实验将在各组（各公司）全程控制和全局控制的前提下，比赛哪一组生产出来的船舶数量最多且质量最高。

（2）流程

①分组、推选组长、听指导老师做实验要点、实验规则讲解。

②各组（各公司）从指导老师处领取部分生产原材料（即彩色纸张，够"一天"的生产用即可）。

③各组在组长主持下进行生产前的计划安排（30 分钟左右）。

④指导老师对全体参与实验人员进行船舶制造方法培训。

⑤指导老师宣布开始生产（30 分钟左右），并每隔 5 分钟宣布新一天的开始。

（注意：每天（5 分钟）结束后都要即时向指导老师提交产品。）

⑥生产终止、检查统计各公司的生产情况和经营业绩。

⑦对比各公司的业绩，讨论、总结。

2. 实验要点

（1）实验时间总共有 60 分钟，其中 30 分钟是计划时间，另外 30 分钟是生产时间。

（2）在 30 分钟的计划时间内，各公司可以：分配资源、分析订单、计划生产程序、计划定购材料、组织员工培训。注意，这些活动都服务于管理的控制工作，即为了保证有序、高效地开展生产而进行。

（3）员工培训：在计划时间开始 10 分钟后指导老师会安排一个折叠船舶的培训，

使所有实验参与者熟悉生产（折纸）船舶的方法和程序，以满足实验中订单的生产要求。

（4）所有完成的产品必须连同填写好的订单一起在实验的每个生产阶段（即每天）结束后检查统计并即时交给指导老师。

3. 一般规则

（1）实验的生产时间设定为从本星期三到下星期一，当中包括一个星期六和星期天。如果有需要的话，各组可以安排在星期六加班。

（2）每天相当于 5 分钟，实验生产时间总共有 25 分钟（如果星期六加班的话）。每隔 5 分钟，指导老师会宣布新一天的开始。

（3）必须把当天的旧订单完成后，才可以生产新的订单。实验规定的每天订单生产量由指导老师根据参与实验的人数（主要是每组的人数）来确定，并在讲解实验规则时予以公开说明。

4. 其他说明

（1）产品售价如表 6-1 所示。

表 6-1　　　　　　　　　　　　　产品售价　　　　　　　　　　　单位：元/艘

产品类型	旧订单		新订单	
	准时交货	延迟交货	准时交货	延迟交货
长城号船舶	4.00	2.00	5.00	2.50
红旗号船舶	6.00	3.00	8.00	4.00

（2）罚则。

①对于准时交货的订单，你会得到全额的付款。

②迟到一天交货的订单，你会得到一半的付款。

③迟于一天以上交货的订单，将被拒收。

（3）生产资源及成本如表 6-2 所示。

表 6-2　　　　　　　　　　　　　生产成本　　　　　　　　　　　单位：元

资源	用途	成本
彩色纸张 （每一张彩色纸张可生产 2 艘船舶）	用于生产船舶	4.00
员工加班费	如需要在星期六加班	5.00

（4）特别事项（组长须知）。

①材料可向指导老师采购（计入成本即可），所有材料需要一天的时间送到你的工厂，所以当你下采购单时需提前一天（5 分钟）进行。

②实验的生产阶段开始时，你们组已经领取了一些材料，这些材料也是有成本的，它们主要是彩色纸张。

③即使只有一个员工于星期六加班，你（组长）也必须回到工厂监督工作。所以你应该权衡加班为你组带来的收益是否大于加班的费用。

④你有一个工人会在星期四休假一天，指导老师会在你做计划的时候通知你谁是休假的工人。

5. 讨论方向提示

（1）计划工作是否需要控制？如何进行？

（2）组织工作是否需要控制？如何进行？

（3）领导工作是否需要控制？如何进行？

（4）结合实验，说明为什么控制是管理不可或缺的一项职能。

（5）结合实验，回答控制对组织的绩效带来什么样的影响。

6. 附件：长城号船舶和红旗号船舶的制作方法

（1）培训资料之一：长城号船舶制造流程，如图6-2所示。

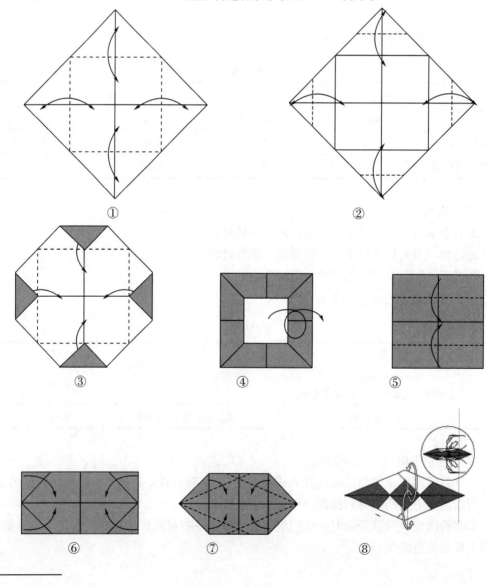

图6-2 长城号船舶制造（折纸）方法示意

（2）培训资料之二：红旗号船舶制作流程，如图6-3所示。

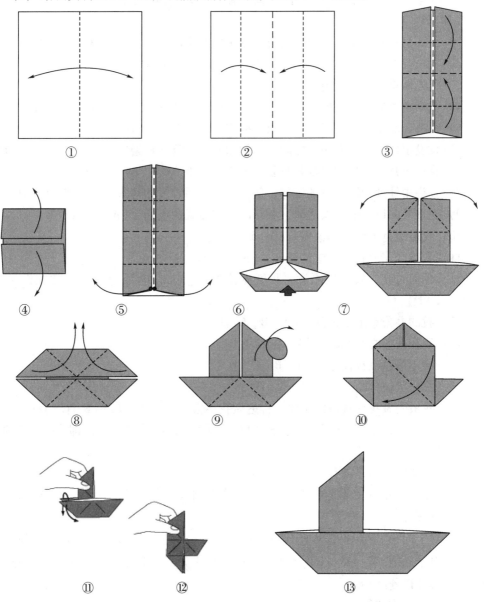

图6-3 红旗号船舶制造（折纸）方法示意

（四）延伸测试——时间管理自我测试

你自己的时间管理得如何？请在最符合你情况的选项上画圈。

1. 选项依据

A 表示是的，我同意，这完全就是我的特征，我总是这样做。

B 表示是的，我同意，这有点像我，我有时这样做。

C 表示不，我不同意，这不太像我，我很少这样做。

D 表示不，我不同意，这完全不是我的特征，我根本不会这样做。

你的回答越真实，你所描绘的图景就越清晰。答案不分对错。

2. 测试题

（1）我不衡量我的工作，也不区分各项工作的主次顺序。（A　B　C　D）

（2）我将我的工作分成 A、B、C、D 类。（A　B　C　D）

（3）我先做重要的、紧迫的 A 类工作。（A　B　C　D）

（4）我知道我最高效率的时段，在这个时段我做 A 类工作。（A　B　C　D）

（5）我每天准备一份关于必做事情的列表。（A　B　C　D）

（6）我设定任务开始和完成之间的时间限制，并且严格遵守它。（A　B　C　D）

（7）我有每月、每星期以及每日要做工作的列表。（A　B　C　D）

（8）我集中处理相同类型的工作，例如，打电话、复印等等。（A　B　C　D）

（9）在重要的讨论或会议之时，我切断或转接我的电话。（A　B　C　D）

（10）我避免将工作带回家做。（A　B　C　D）

（11）我很少完成我列表中的任务。（A　B　C　D）

（12）任何时候，只要我愿意，我就做诸如回信和打电话等每日的常规性事务。（A　B　C　D）

（13）我的办公桌上很杂乱。（A　B　C　D）

（14）我在任务之间跳跃。（A　B　C　D）

（15）我不愿意授权任务。（A　B　C　D）

（16）我讨厌被打断。（A　B　C　D）

（17）我最先做我喜欢做的工作，推迟做我不喜欢的工作。（A　B　C　D）

（18）面对委派给自己的任务，我发现我很难说"不"，即使我真的很忙。（A　B　C　D）

（19）我整晚工作，没有休息。（A　B　C　D）

（20）在我离开办公桌的时候，我不需要告诉别人我要去哪里。（A　B　C　D）

3. 如何评分

（1）对于问题 1~10：选 A 得 4 分，选 B 得 3 分，选 C 得 2 分，选 D 得 1 分。

（2）对于问题 11~12：选 D 得 4 分，选 C 得 3 分，选 B 得 2 分，选 A 得 1 分。

（3）总计得分。

4. 如何解释你的得分

60~80 分：你善于管理时间，知道良好的习惯能节约时间和减少压力。

40 ~ 59 分：你的时间管理还能够改进，你的工作方式会给你和其他人造成一些问题，但并非灾难。

39 分以下：你在时间管理方面做的较差，没有组织好你自己的工作，造成了大量的时间浪费。

5. 启示（针对时间管理）：

（1）设定目标。你现阶段的目标是什么？你的最终目的是什么？

（2）区分工作的优先次序。认识到紧迫任务和重要任务之间的不同。紧迫任务有时间的限制，重要任务与业务目标有关。时刻留意，重要的任务让位给紧迫的任务。在安排你行动的先后次序时，请参照以下的建议：

①A，重要并紧迫的任务——顶级优先权。

②B，重要不紧迫的任务——次级优先权。

③C，紧迫但不重要的任务——第三优先权。

④D，既不重要也不紧迫的任务——最后做（或者放弃不做）。

（3）如果有几项行动都位于同一分类中，请在每个分类中给它们安排优先权，例如 A_1，A_2，A_3，A_4，等等。

（4）将你的行动在你能够利用的时间里计划好——用星期计划和月计划的方式。请用 OATS 原则。

①O 表示目标（Objectives）：明确你的目标。

②A 表示行动（Activities）：安排行动的优先权。

③T 表示时间（Time）：知道自己能够利用的时间。

④S 表示计划（Schedule）：以优先权计划你的行动顺序。

（5）尽可能地授权和委派任务。

（6）排除浪费时间的可能性，认清是谁和有什么东西在浪费你的时间，以及你在浪费谁的时间。

（7）给无法预计的情况留出时间。

二、检查纠偏进行时

（一）实验目的

（1）了解控制工作为什么是管理活动不可或缺的基本职能。

（2）信息的可得性问题是如何影响检查纠偏工作的。

（3）熟悉控制工作中的信息获得方法：现场观察；口头或书面汇报；统计分析报告；专题分析报告；审计或考核；管理信息系统等。

（4）了解管理者进行检查纠偏工作时应遵循的一般规范：以目标和战略为导向；经济性原则；有针对性；简单易行。

（5）了解纠正偏差的常用措施和方法：应急纠偏措施，彻底纠偏措施；反馈控制，即时控制，前馈控制。

（二）实验要求

（1）场地：室内进行，但最好有比较宽敞的空地。

（2）分组：每组 8 人左右为宜。

（3）材料：相关内容的 PPT（幻灯片），由指导老师根据实验需要准备（参考附件一）；印制多份实验资料（"冲突原因轮图及相关问题"），每组 1 份。

（三）实验内容

本实验设计了三个相对独立的小实验，整体上以每个小实验为一个实验阶段。具体内容安排如下：

1. 第一阶段

（1）阶段目的。通过对冲突原因的讨论，了解控制工作的全面性和统一性，以及信息沟通在冲突产生的原因中扮演的角色。

（2）实验设计。通过小组讨论，确定一个现实的冲突案例（个人冲突或团体冲突均可，但一定要对冲突事件有比较全面的了解；此案例每个小组是不同的）；再通过对案例的讨论，形成一份关于冲突原因的书面文稿（此文稿在完善指导老师发下来的"冲突原因轮图"基础上形成，见附件二）。

（3）实验步骤。

①分组（每小组 8 人左右），听取指导老师关于实验目的及具体任务的讲解。

②各小组讨论确定各自准备进一步探究冲突原因的冲突案例。

③指导老师对全体参与实验人员进行冲突原因的引导性讲解（可通过 PPT）。

④给各小组发放"冲突原因轮图"资料，此资料要求各小组通过讨论，集体填空完善。

⑤讨论共享（每小组派 1 名代表发言）对冲突原因及相关问题（问题也在资料上）的认识。

⑥指导老师小结。

（4）具体任务。有三项：一是确定一个冲突案例；二是对确定的冲突案例进行讨论、分析，填写完成"冲突原因轮图"的所有空项；三是讨论并书面回答下发资料上的相关问题。

（5）附件一：指导老师的引导性讲解资料（可以幻灯片形式展示），如图 6－4 所示。

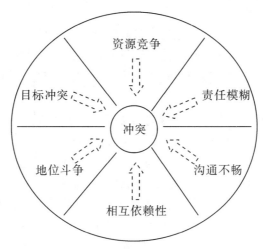

图 6-4 冲突产生的一般原因

（6）附件二：下发给各小组的实验资料（每小组 1 份），如图 6-5 所示。

图 6-5 冲突原因轮图及相关问题

2. 第二阶段

（1）阶段目的。

通过限定方法的信息传达，体验信息流通渠道对控制工作的影响。

（2）实验步骤。

①指导老师向全体参与实验的学员讲解实验目的和实验规则。

②将学员分成若干组，每组学员 8 名左右，每组选派 1 名成员出来担任监督员，监督员监督实验规则的执行，不参与具体实验。

③每小组参与实验的成员站立并排成一列纵队，队列的最后一人到指导老师处，

指导老师将向他下达任务指令。

④指导老师宣布比赛开始，提醒各小组监督员严格履职。

⑤三局比赛结束后，指导老师统计各组积分，宣布比赛结果。

⑥小组讨论，全体交流（以小组代表发言的形式），指导老师小结。

（3）实验规则。

①各小组队列的最后一人来到指导老师处之后，指导老师将对他们下达以下任务指令："我将给你们看一个数字（各组不一样），你们必须把这个数字通过肢体语言让你的全部组员都知道，并且让你小组队列中的第一个队员将这个数字写在白纸上（写上组名），交给指导老师，看哪个小组速度最快、最准确。"

②全过程不允许说话，后面一个队员只能够通过肢体语言向他的前一个队员进行表达，这种表达是一对一的，表达过程中其他组员不允许回头看。通过这样的传递方式层层传递，直到第一个队员将这个数字写在白纸上并交给指导老师。

③这是一场比赛，比赛共进行三局（要传递的数字分别是 0、900、0.01 等，每局有变化，可以由指导老师自主决定），积分多者为胜。

④积分规则是：第一局胜利积 5 分，第二局胜利积 8 分，第三局胜利积 10 分。

⑤每局结束后，可以中间休息 1~2 分钟，再进行下一局。

（4）讨论方向提示。

方向一：在本实验中，P（计划）、O（组织）、L（领导）、C（控制）的管理循环如何得到体现？

方向二：在本实验的管理循环中，哪个步骤更为重要？

方向三：信息的可得性问题是如何影响控制工作的？

方向四：在本实验中，控制工作的信息获得方法有哪几种？

3. 第三阶段

（1）阶段目的。

通过限定被管理者的成熟度，了解控制工作中信息交换的重要性。

（2）实验设计。

这是一个生动、有趣的实验安排，参与者在实验中将通过口头表达方式，指导一位"外星人"穿短袜和网球鞋。注意指导过程不允许进行示范。即使示范，"外星人"也不懂，只允许参与者清晰地发出指令。

（3）实验背景：穿网球鞋的外星人。

刚刚有一个外星人到达你们小组，这个外星人的双脚穿着鞋和袜子。然而出于好奇，这个外星人脱下了一只鞋和袜子，现在他不知道怎么穿回去了。

作为一个热心的地球人，你来教他穿好鞋带，然后将袜子和系上鞋带的鞋穿回脚上。你的任务是进行清晰地指导（抵达地球之前，外星人上过汉语速成班，但水平一般，不会说只会听）。

外星人没有能力模仿你，所以你演示穿自己的鞋和袜子，对他们没有任何帮助；还有，在进化的过程中，外星人形成了只能一次听一个人说话的特点，请和其他参与者相互配合，轮流进行指导。

对了，再提醒一点：不要碰这个外星人。如果你碰了他，没有人会确定将会发生什么？上次碰了这个外星人的人当时就被蒸发掉了。

（4）实验安排。

①分组，每小组8人左右，每小组公推一位"外星人"（由学生扮演）。

②每小组的"外星人"脱下自己的一只鞋子，并解开鞋带（要求鞋子和鞋带分离），同时脱下一只脚短袜。"外星人"坐下，将短袜、鞋带和鞋子放在你面前，等待你指导。

③"外星人"扮演者的任务是帮助其他实验参与者认识到，他们做出的指令必须意思清晰，没有异议。"外星人"不要说话，完全按照他们的指令去做。如果一个参与者说"将短袜放在脚上。""外星人"就捡起短袜放在脚上。如果参与者说"捡起鞋带。"就从中间捡起鞋带，而不是从两头。如果参与者说"将鞋带穿进鞋上的孔。"就将鞋带的头部穿进任何一个空，而不一定是第一个，或者是将鞋带整个塞进孔里，等等。

④如果几个参与者同时进行指导，或某个参与者变得过于情绪化，失落或骂人，"外星人"可以停下来，装傻。如果参与者说了或做了"外星人"愿意继续下去的指令，"外星人"可以继续配合他们进行实验。

⑤本实验限时进行，以10分钟左右为宜。实验结束后，提出问题并进行讨论。如果时间允许，可以再进行一次本实验，参与者在进行第二次实验时，其指导应该比上一次好一些。

（4）讨论方向提示。

方向一：你从指导他人中学会了什么？

方向二：在这个实验中，你会看到"外星人"有时听从指导，有时又不听从指导。那么你怎么让客户或者你的下属理解你的指令并加以实施呢？

方向三：你怎样才能更好地指导你的下属呢？

方向四：管理者在进行控制工作时应遵循哪些一般性的规范？

方向五：常用的纠偏措施或方法有哪些？

三、如何进行控制

（一）实验目的

（1）了解控制工作的内容：大的方面包括检查和纠偏。

（2）了解控制系统的构成：一般包括控制的主体、控制的对象、控制的目标体系和控制的方法手段。

（3）了解控制工作的过程：确立控制标准——衡量实际业绩——进行差异分析——采取纠偏措施。

（4）了解控制工作应遵循的一般原则：重点原则、客观及时原则、灵活性原则和经济性原则。

（5）了解传统控制方式资金（财务）控制、数量控制的基本方法和内容。

（二）实验要求

（1）场地：室内，分组进行，每组人数不限。

（2）材料准备：复印案例资料（包括"模拟市场核算，实行成本否决"和"创立库存管理机制、提升内部控制水平"），每组1~2份。

（3）如有必要，可准备案例资料的幻灯片，在实验开始时由指导老师讲解。

（4）如果时间有限，可选取任意一个案例进行。

（三）实验内容

1. 实验流程

（1）分组，并确定各个小组的组长及记录员。

（2）指导老师向全体参与实验人员讲解实验目的、要求等注意事项。

（3）各小组派人到指导老师处领取案例资料。

（4）各组学习案例资料（也可通过指导老师的幻灯片讲述）。

（5）小组讨论（提醒各小组注意每个案例后面的讨论方向提示），全体交流共享（每个小组选出几位代表发言）。

（6）指导老师总结。

2. 实验规则

（1）本实验主要以讨论形式进行，要求每组围绕实验目的和讨论方向形成各自的看法。

（2）讨论要在开放的氛围中进行，围绕实验目的、案例讨论方向提示进行。

（3）每组可以指定一人进行记录，以供更大范围内的交流共享。

（4）要求每个小组的每位成员都要积极参与讨论，对本小组的讨论结果形成有所贡献。

3. 附件：案例

案例一：模拟市场核算，实行成本否决

河北省邯郸钢铁总厂（以下简称邯钢）是1958年投建的老厂。1990年，邯钢与其他钢铁企业一样，面临内部成本上升、外部市场疲软的双重压力，经济效益大面积滑坡。虽然当时总厂已到了难以为继的地步，但各分厂报表中所有产品却都显示出盈利，个人奖金照发，感受不到市场的压力。造成这一反差的主要原因，是当时厂内核算用的"计划价格"严重背离市场，厂内核算反映不出产品实际成本和企业真实效率。总厂包揽了市场价格与厂内核算用的"计划价格"之间的较大价差，同时职责不清，考核不严、干好干坏一个样。为此，邯钢从1991年开始推行了以"模拟市场核算，实行成本否决"为核心的企业内部管理体制改革，当年实现利润5 000万元。接着从1991年到1995年，邯钢共实现利润21.5亿元，是"七五"期间的5.9倍，钢产量在5年内翻了1倍以上，使邯钢由过去一个一般的地方中型钢铁企业跃居全国11家特大型钢铁企业行列。

邯钢在实行管理体制改革的5年时间，实现的效益和钢产量已经超过了前32年的总和。这巨大的力量来自何处？邯钢的职工喜欢用"当一份家，理一份财，担一份责任，享受一份利益"四句话来概括。而使邯钢人体验到"当家理财"和"当家做主"的新型主人翁地位的，正是"模拟市场核算，实行成本否决"这一体制的成功发明与实践。据统计资料分析，邯钢这5年实现的21.5亿元利润中，有8亿元（占5年利润总额的37.2%），是2.8万名邯钢职工靠挖潜增效得来的。5年来，邯钢在原材料不断涨价的情况下，吨钢成本以平均每年4%的速度下降。邯钢通过将成本责任和每个职工紧紧捆在一起，使大家树立了高度的成本意识，就像居家过日子一样精打细算，人人为成本操心，个个为增效出力。这就是与社会主义市场经济适应的成本中心责任体制的威力。

（1）邯钢"模拟市场核算"的具体做法。

一是确定目标成本，由过去以计划价格为依据的"正算法"变为以市场价格为依据的"倒推法"，即：将过去从产品的原材料进价开始，按厂内工序逐步结转的"正算"方法，改变为从产品的市场售价减去目标利润开始，按厂内工序反向逐步推的"倒推"方法，使目标成本各项指标真实地反映市场的需求变化。

二是以国内先进水平和本单位历史最好水平为依据，对成本构成的各项指标进行比较，找出潜在的效益；以原材料和出厂产品的市场价格为参数，进而对每一个产品都定出"蹦一蹦能摸得着"的目标成本和目标利润等各项指标，保证各项指标的科学性、合理性。

三是针对产品的不同情况确定相应的目标利润。原来亏损、没有市场的产品要做到不赔钱或微利，原来盈利的产品要做到增加盈利。对成本降不下来的产品要求停止生产。

四是明确目标成本的各项指标是刚性的，执行起来不迁就、不照顾、不讲客观原因。如邯钢二炼钢分厂，1990年按原"计划价格"考核，该分厂完成了指标，照样拿了奖金，但按"模拟市场核算"，实际却亏损1 500万元。1991年依据"倒推"方法，确定该分厂吨钢目标成本要比上年降低24.12元，但分厂认为绝对办不到，多次要求调整。总厂厂长刘汉章指出，这一指标是根据市场价格"倒推"出来的，再下调就要亏损；要你们把吨钢成本降低24.12元，你们降低24.11元也不行，不是我无情，而是市场无情。于是，该分厂采用同样的"倒推"方法，测算出各项费用在吨钢成本中的最高限额，将构成成本的各项原材料、燃料消耗，各项费用指标等，大到840元一吨的铁水，小到仅占吨钢成本0.02元的印刷费、邮寄费，逐个进行分解，形成纵横交错的、严格的目标成本管理体系。结果当年盈利250万元，成本总额比上年降低了2 250万元。1994年，该分厂的总成本比目标成本降低了3 400万元，超创内部目标利润4 600万元。

（2）邯钢"实行成本否决"的具体措施。

一是将产品目标成本中的各项指标层层分解到分厂、车间、班组、岗位和职工个人，使厂内的每个环节都承担降低成本的责任，把市场压力及涨价因素消化于各个环节。实行新管理体制的第一年，总厂各个分厂、18个行政处室分解承包指标1 022个，分解到班组、岗位、个人的达10万多个。使得全厂2.8万名职工人人身上有指标，多的到生产每吨产品担负上千元，少的到几分钱，人人当家理财，真正成为企业的主人。

二是通过层层签订承包协议、联利计酬，把分厂、车间、班组、岗位和职工个人的责、权、利与企业的经济效益紧密地结合在一起。

三是将个人的全部奖金与目标成本指标完成情况直接挂钩。凡目标成本指标完不成的单位或个人，即使其他指标完成得再好，也一律扣发有关单位或个人的当月全部奖金，连续2个月完不成目标成本指标的，延缓单位内部工资升级。

四是为防止成本不实和出现不合理的挂账待摊，以确保成本的真实可靠，总厂每月进行一次全厂性的物料平衡，对每个单位的原材料、燃料进行盘点。以每月最后一天的零点为截止时间，次月2日由分厂自己核对，3日分厂之间进行核对。在此基础上总厂召开物料平衡会，由计划、总调、计量、质量、原料、供应、财务等部门的负责同志参加，对分厂报上来的数据与盘点情况进行核对，看其进、销、存是否平衡一致，并按平衡后的消耗、产量考核各分厂目标成本指标完成情况，据此计发奖金。除此之外，每季度还要进行一次财务物资联合大检查，由财务、企管部门抽调人员深入到分厂查账。账物不符的，重新核算内部成本和内部利润；成本超支、完不成目标利润的，否决全部奖金。5年来，全厂先后有79个厂（次）被否决当月奖金，有69个分厂和处室被延缓了工资升级时间。

讨论方向提示：

①邯钢推行"模拟市场核算，实行成本否决"以后，各分厂由原来的单纯生产中心转变成了成本中心还是模拟利润中心？这两种责任中心有何联系和区别（从控制的角度）？它们各有哪些优缺点和适用条件？

②企业中哪些组织层次可作为成本中心来运作？处于不同组织层次的成本中心，应该如何有机地联结起来？

③你认为邯钢依据"市场成本"指标，对有关单位和人员实行"成本对全部奖金的一票否决制"的合理性如何？

案例二：创立库存管理机制、提升内部控制水平

江苏盐阜人民商场集团有限公司内审部门紧紧把握现代内部审计的发展方向，在对原有粗放型管理制度的评审中，既向管理层提交构造新的管理模式、建立新内控制度的设计方案，又对内控制度运行效益和效果跟踪，在评审中不断完善内控制度，始终走在内部控制的前沿。

他们根据多年内审工作实践，深感零售企业营销管理环节中的商品库存管理是影响经营效益的关键。早在1991年10月，他们在对库存商品盘点表进行检查时，就发现柜组普遍存在代销商品不及时入账现象，存在很大程度的效益流失隐患。1995年5月，他们在对某库存结构有问题的经营部做评审时发现：经销的库存商品中，残损、价高质次等有问题商品的比重，高达经销总额的40.53%；柜组库存中"有账无货"的"空头账"占到11.62%，其中既有失窃、少款、盘亏等长期挂账待处理损失和退货、返修而长期无着落的悬案，也有长期擅自赊欠、挪用等。1997年10月，他们在对某柜组做抽盘时，发现有数万元残损、冷背、淘汰的代销商品，因人为因素超付代销货款，已转变成经销商品，几乎全部报废。1998年，在对某部门经理做离任审计时发现，

481.83 万元库存商品中，有问题商品占 26.3%，形成财产净损失 69.28 万元，仅此一项，就吞噬了该部门前五年的全部经营利润。

上述情况引起了公司管理层的高度重视，促使内审人员下决心从建立健全库存管理内控制度的基础性工作做起，逐一调查研究商品进、销、存的每个环节。公司针对管理工作的失控点、薄弱点，依据内控原理和内控要素，起草了《进货管理制度》、《代销商品管理制度》、《商品盘点制度》、《库存商品预警报告制度》等，得到了集团领导的首肯。这四项制度的建立和实施，不但将库存管理的控制点有效前移到产生有问题商品的源头——进货关和付款关，防止"病从口入"，而且对每月一次的库存盘点和盘点后的一系列管理环节、操作规范及违规处罚做了详细的规定。

（1）针对过去柜组擅自接收代销商品、进人情货、付人情款及入库不入账和入账不及时等现象，取消柜台进货权，采取凭代销合同建立柜台代销商品台账，规定代销商品进、退库和销货款结算业务必须当日记载到台账，月终必须按供货单位分户盘点存货，实行了"台账控制和归户盘点双控法"。这一办法的推行，加强了购、销、存的动态管理，使柜组人员、部门经理及职能部门能够随时掌握供货客户的商品存量和销售动态，为及时、准确结算货款，及时清退销售缓慢的库存，加速商品周转，提高库容利用率提供了详实的依据。

（2）针对过去柜台内"有账无货"的"空头库存"造成的损失，创立了"盘点表'往来库存'专项控制法"。明确规定：盘点时必须坚持见货盘货，实实在在地反映实物存量；对与柜组账存总额相关而盘点时不在货架、仓库内的商品，如"已购未提""已提未售""已售未付""已退未冲""返修在途""索赔索补""待处理损溢"等临时账项，必须凭各种有效凭据，在盘点表的末尾或末页集中填写，并逐项写明发生往来的单位、时间、经手人。同时还规定：部门会计必须对柜组盘点表账存额复核、盖章；经理每月审阅盘点表时，必查"往来库存"，督促经手人及时清理、清收；职能部门除随机做抽盘外，对盘点表内挂账时间较长的账项，要跟踪督查，限期清收，超期的要追究责任。因此既有效杜绝了个别员工擅自赊销、挪用，又防止了呆、坏账的发生。

（3）针对过去柜组员工只关心账货相符、对压库的不适销商品缺乏责任感和紧迫感的现象，创立了"库存预警管理法"。明确规定：柜组每月盘点后必须对存货质量、销售态势做分析。凡临近保质期、临近时令或已过时令，及入库出样一定期限后销势缓慢、存量偏多、售价偏高等可能会转化为有问题商品的五种状态商品，必须填写《库存商品预警报告单》；部门经理必须对柜组的预警报告及时审查，及时提出处置意见，限期消化。

对"四项制度"运行情况和效果，内审部平时要经常督查、评价。需进一步改进和完善的，要及时印发《管理内参》，引导整改；一旦发现违规操作或管理脱节而造成损失，则逐级追究经济责任。

上述库存管理内控办法，突出库存商品的"质""价""量"三个动态因素，对管理流程进行再造，使其业务循环控制的要求及内部控制的责任十分明确，强化了内部控制的刚性，提升了内审服务的层次，具有一定的先进性、严密性、合理性和可行性。

其中"库存商品预警法"在 1999 年获江苏省现代化管理成果二等奖。公司实行这一新的库存管理综合控制机制以来，有效地防范了经营风险，堵住了效益流失的漏洞；企业的存货适销率一直保持在 98% 左右，未收账款数量大大下降，资金周转大大加快，资产营运质量明显提高，使企业在激烈的市场竞争中能一直保持活力，商品销售额和利润总额也年年创新高。

讨论方向提示：

（1）案例中的库存控制包括几个方面？都采用了哪些方法？

（2）对于库存的改进方法的第三点，你能不能设计出其他优化库存管理的方法？

（3）结合管理控制的相关内容，谈谈什么是好的控制方法？

（四）延伸知识——横山法则

1. 横山法则简介

（1）内容：最有效并持续不断的控制不是强制，而是触发个人内在的自发控制。

（2）提出者：日本社会学家横山宁夫。

（3）点评：自发的才是最有效的，要激励员工自发地工作。

2. 横山法则解析

有自觉性才有积极性，无自决权便无主动权。在管理控制过程中，我们常常过多地强调"约束"和"压制"，事实上这样的管理往往适得其反。如果人的积极性未能充分调动起来，那么，规矩越多，管理成本越高。聪明的企业家懂得在"尊重"和"激励"上下功夫，了解员工的需要，然后满足他。只有这样，才能激起员工对企业和自己工作的认同，激发他们自我控制，从而变消极为积极。真正的管理，就是没有管理。

促进员工自我管理、自我控制的方法，就是处处从员工利益出发，为他们解决实际问题，给他们提供发展自己的机会，给他们以尊重，营造愉快的工作氛围。做到了这些，员工自然就和公司融为一体了，也就达到了员工的自我控制。

3. 横山法则实例——做软件，到微软

"做软件，到微软。"这是每一位在微软中国研究开发中心工作的人经常自豪地讲的一句话。去微软做软件，可以说是每一个做软件的人梦寐以求的事。为什么？因为除了过硬的技术外，微软能为自己的员工提供最大的实现自己创意的空间，能使你的自我发展和自我实现价值得到最完美的实现。

微软公司的企业文化强调充分发挥人的主动性，让员工有很强的责任感，同时给他们做事情的权力与自由。简单地说，微软的工作方式是"给你一个抽象的任务，要你具体地完成"。对于这一点，微软中国研发中心的桌面应用部经理深有体会。他说，1997 年他刚被招进微软中国研究开发中心时，负责做 Word（编辑）。当时他只有一个大概的资料，没有人告诉他该怎么做，该用什么工具。和美国总部交流沟通后，得到的答复是一切都要靠自己去做。就如同要测试一件产品，却没有硬性规定测试的程序和步骤，完全要根据自己对产品的理解，考虑产品的设计和用户的使用习惯等，发现许多新的问题。这样，员工就能发挥最大的主动性，设计出最满意的产品。

微软是个公平的公司，这里几乎没有特权。盖茨只是近几年才有了自己的一个停车位。以前他来晚了没地儿，就得自己到处去找停车位。正是这种公平和富有挑战性的工作环境，促成了微软员工巨大的工作热情，这种热情就是管理员工的最好工具。在微软，员工基本上都是自己管理自己。

四、麦当劳与戴尔

（一）实验目的

（1）了解控制系统的构成：一般包括控制的主体、控制的对象、控制的目标体系和控制的方法手段。

（2）了解控制工作应遵循的一般原则：重点原则、客观及时原则、灵活性原则和经济性原则。

（3）了解传统控制方法（如财务控制、时间控制、数量控制、质量控制、安全控制、人员控制等）和基于责任感的控制方法（自我控制）的异同。

（4）了解信息控制，了解搜集与处理信息的方法，了解信息的获得对于控制工作的意义。

（二）实验要求

（1）场地：室内分组进行，每组人数不限。

（2）材料准备：提前为每组复印案例资料（包括"麦当劳公司的控制系统"和"戴尔公司与电脑显示屏供应商"）1~2份，备用。

（3）如有必要，指导老师可准备案例资料的PPT（幻灯片），便于在实验中讲解。

（4）如果时间有限，可选取附件中的任意一个案例进行实验。

（三）实验内容

1. 实验流程

（1）分组，并确定各个小组的组长及记录员。

（2）指导老师向全体实验参与人员讲解实验目的、要求等注意事项（尤其提醒各小组最后要形成并提交两份书面文件：麦当劳公司的控制系统构成和戴尔公司的控制系统构成）。

（3）各小组派人到指导老师处领取案例资料。

（4）各组学习案例资料（也可配合指导老师通过幻灯片的讲述进行）。

（5）小组讨论（提醒各小组注意每个案例后面的讨论方向提示，并完成书面文件）。

（6）全体交流共享（每个小组选出几位代表发言）。

（7）提交书面文件给指导老师，并由指导老师进行总结。

2. 实验规则

（1）本实验主要以讨论形式进行，要求每组围绕"实验目的"和"讨论方向"形成各自的看法。

（2）倡导讨论在开放的氛围中进行，并紧密围绕实验目的和案例讨论方向。

（3）每组可以指定一人进行记录，以供更大范围内的交流共享。

（4）要求每个小组的每位成员都要积极参与讨论，并对本小组的讨论结果及书面文件形成有所贡献。

（5）每个小组在实验结束时，都要形成两份书面文件：一是"麦当劳公司的控制系统构成情况"，二是"戴尔公司的控制系统构成情况"。两份文件均要求上交指导老师。

3. 附件：案例

案例一：麦当劳公司的控制系统

麦当劳公司以经营快餐闻名遐迩。1955 年，克洛克在美国创办了第一家麦当劳餐厅，其菜单上的品种不多，但由于食品质量高，价格低廉，供应迅速，环境优美，连锁店迅速发展到每个州。至 1983 年，国内分店已超过 6 000 家。1967 年，麦当劳在加拿大开办了首家国外分店，此后国外业务发展很快。目前，国外销售额约占它的销售总额的 20%。在 40 多个国家里，每天都有 1 800 多万人光顾麦当劳。

麦当劳金色的拱门允诺：每个餐厅的菜单基本相同，而且"质量超群，服务优良，清洁卫生，货真价实"。它的产品、加工和烹制程序乃至厨房布置，都是标准化的、严格控制的。它撤销了在法国的第一批特许经营权，因为他们尽管盈利可观，但未能达到在快速服务和清洁方面的标准。

麦当劳的各分店都由当地人所有和经营管理。鉴于在快餐饮食业中维持产品质量和服务水平是其经营成功的关键，因此，麦当劳公司在采取特许连锁经营这种战略开辟分店和实现地域扩张的同时，也特别注意对各连锁店的管理控制。如果管理控制不当，顾客吃到不对味的汉堡包或受到不友善的接待，其后果就不仅是这家分店将失去这批顾客及其周遭人的问题，还会波及影响其他分店的生意，乃至损害整个公司的信誉。为此，麦当劳公司制订了一套全面、周密的控制办法。

麦当劳公司主要是通过授予特许权的方式来开辟连锁分店。其考虑之一，就是使购买特许经营权的人在成为分店经理人员的同时也成为该分店的所有者，从而在直接分享利润的激励机制中把分店经营得更出色。特许经营使麦当劳公司在独特的激励机制中形成了对其扩展中的业务的强有力控制。麦当劳公司在出售其特许经营权时非常慎重，它总是通过各方面调查了解后挑选那些具有卓越经营管理才能的人作为店主，而且事后如发现其能力不符合要求则撤回这一授权。

麦当劳公司还通过详细的程序、规则和条例规定，使分布在世界各地的所有麦当劳分店的经营者和员工们都遵循一种标准化、规范化的作业。麦当劳公司对制作汉堡包、炸土豆条招待顾客和清理餐桌等工作都事先进行详实的动作研究，确定各项工作开展的最好方式，然后再编成书面的规定，用以指导各分店管理人员和一般员工的行为。公司在芝加哥开办了专门的培训中心——汉堡包大学，要求所有的特许经营者在开业之前都接受为期一个月的强化培训。回去之后，他们还被要求对所有的工作人员进行培训，确保公司的规章条例得到准确的理解和贯彻执行。

为了确保所有特许经营分店都能按统一的要求开展活动，麦当劳公司总部的管理人员还经常走访、巡视世界各地的经营店，进行直接的监督和控制。例如，有一次巡视中发现某家分店自行主张，在店厅里摆放电视机和其他物品以吸引顾客，这种做法因与麦当劳的风格不一致，立即得到了纠正。除了直接控制外，麦当劳公司还定期对各分店的经营业绩进行考评。为此，各分店要及时提供有关营业额和经营成本、利润等方面的信息，这样总部管理人员就能把握各分店经营的动态和出现的问题，以便商讨和采取改进的对策。

麦当劳公司的另一个控制手段，是在所有经营分店中塑造公司独特的组织文化，这就是大家熟知的"质量超群，服务优良，清洁卫生，货真价实"口号所体现的文化价值观。麦当劳公司的共享价值观建设，不仅在世界各地的分店、在上上下下的员工中进行，而且还将公司的一个主要利益团体——顾客也包括进这支建设队伍中。麦当劳的顾客虽然被要求自我服务，但公司特别重视满足顾客的要求，如为他们的孩子们开设游戏场所、提供快乐餐和组织生日聚会等，以形成家庭式的氛围，这样既吸引了孩子们，也增强了成年人对公司的忠诚感。

讨论方向提示：

①麦当劳提出的"质量超群，服务优良，清洁卫生，货真价实"口号如何反映它的公司文化？以这种方式来概括一个组织或公司的文化，具有哪些优点或不足？

②麦当劳公司所创设的管理控制系统，具有哪些基本构成要素？

③该控制系统如何促进了麦当劳公司全球扩张战略的实现？

④请从案例中解析出麦当劳公司的控制系统构成情况。

案例二：戴尔公司与电脑显示屏供应商

戴尔公司创建于1984年，是美国一家以直销方式经销个人电脑的电子计算机制造商，其经营规模已发展到当前120多亿美元的年销售额水平。戴尔公司是以网络型组织形式来运作的企业，它联结有许多为其供应计算机硬件和软件的厂商。其中有一家供应厂商，电脑显示屏做得非常好。戴尔公司先是花很大的力气和巨大的投资使这家供应商做到每百万件产品中只能有1 000件瑕疵品，并通过绩效评估确信这家供应商达到要求的水准后，戴尔公司就完全放心地让他们的产品直接打上"Dell"商标，并取消了对这种供应品的验收、库存。类似的做法也发生在戴尔其他外购零部件的供应中。

通常情况下，供应商需将供应的零部件运送到买方那里，经过开箱、触摸、检验、重新包装，经验收合格后，产品组装商便将其存放在仓库中备用。为确保供货不出现脱节，公司往往要贮备未来一段时间内可能需要的各种零部件。这是一般的商业惯例。因此，当戴尔公司对这家电脑显示屏供应商说"这型显示屏我们今年会购买400万到500万台左右，贵公司为什么不干脆让我们的人随时需要、随时提货"的时候，商界人士无不感到惊讶，甚至以为戴尔公司疯了。戴尔公司的经理们则这样认为，开箱验货和库存零部件只是传统的做法，并不是现代企业运营所必要的步骤，遂将这些"多余的"环节给取消了。

戴尔公司的做法就是，当物流部门从电子数据库得知公司某日将从自己的组装厂提出某型号电脑××部时，便在早上向这家供应商发出配领多少数量显示屏的指令信息，这样等到当天傍晚时分，一组组电脑便可打包完毕分送到顾客手中。如此，不但可以节约检验和库存成本，也可以加快发货速度，提高了服务质量。

讨论方向提示：

①你认为，戴尔公司对电脑显示屏供应厂商是否完全放弃和取消了控制？如果是，戴尔公司的经营业绩来源于哪里？如果不是，那它所采取的控制方式与传统的控制方式有何不同？

②戴尔公司的做法对于中国的企业有适用性吗？为什么？

③请从案例中解析出戴尔公司的控制系统构成情况。

（四）延伸知识——墨菲定律

1. 墨菲定律简介

西方的墨菲定律（Murphy's Law）是这样说的：Anything that can go wrong will go wrong（凡事只要有可能出错，那就一定会出错）。

墨菲定律的原话是这样说的：If there are two or more ways to do something, and one of those ways can result in a catastrophe, then someone will do it（如果有两种或两种以上的选择，而其中一种将导致灾难，则必定有人会做出这种选择）。

根据墨菲定律：

（1）任何事都没有表面看起来那么简单。

（2）所有的事都会比你预计的时间长。

（3）会出错的事总会出错。

（4）如果你担心某种情况发生，那么它就更有可能发生。

墨菲定律说明，事情如果有变坏的可能，不管这种可能性有多小，那么它总会发生。比如你衣袋里有两把钥匙，一把是你房间的，一把是汽车的，如果你现在想拿出车钥匙，会发生什么？是的，你往往是拿出了房间钥匙。

2. 墨菲定律的起源

墨菲是美国爱德华兹空军基地的上尉工程师。1949年，他和他的上司斯塔普少校，在一次火箭减速超重试验中，因仪器失灵发生了事故。墨菲发现，测量仪表被一个技术人员装反了。由此，他得出的教训是：如果做某项工作有多种方法，而其中有一种方法将导致事故，那么一定有人会按这种方法去做。

换种说法：假设一片干面包掉在地毯上，这片面包的两面均有可能着地。但假设你把一片一面涂有一层果酱的面包掉在地毯上，常常是带有果酱的一面落在地毯上。

在事后的一次记者招待会上，斯塔普将其称为"墨菲法则"，并以极为简洁的方式做了重新表述：凡事可能出岔子，就一定会出岔子。墨菲法则在技术界不胫而走，因为它道出了一个铁的事实：技术风险能够由可能性变为突发性的事实。

墨菲定律的适用范围非常广泛，它揭示了一种独特的社会及自然现象。它的极端表述是：如果坏事有可能发生，不管这种可能性有多小，那么它总会发生，并造成最大可能的破坏。

3. 墨菲定律的案例

2003年美国"哥伦比亚"号航天飞机即将返回地面时，在美国德克萨斯州中部地区上空解体，机上 6 名美国宇航员以及首位进入太空的以色列宇航员拉蒙全部遇难。"哥伦比亚"号航天飞机失事也印证了墨菲定律。如此复杂的系统是一定要出事的，不是今天，就是明天，合情合理。一次事故之后，人们总是要积极寻找事故原因，以防止下一次事故，这是人的一般理性都能够理解的，否则，或者从此放弃航天事业，或者听任下一次事故再次发生。这都不是一个国家能够接受的结果。

人永远也不可能成为上帝，当你妄自尊大时，墨菲定律会叫你知道厉害；相反，如果你承认自己的无知，墨菲定律会帮助你做得更严密些。这其实是概率在起作用，人算不如天算。如老话说的"上的山多终遇虎"、"祸不单行"。又如彩票，连着几期没大奖，最后必定滚出一个千万大奖来。灾祸发生的概率虽然也很小，但累积到一定程度，也会从最薄弱环节爆发。所以关键是要平时清扫死角，消除安全隐患，降低事故概率。

4. 墨菲定律的启示

墨菲定律曾经搅得世界人心不宁，它提醒我们：我们解决问题的手段越高明，我们将要面临的麻烦就越严重。事故照旧还会发生，永远会发生。墨菲定律忠告人们：面对人类的自身缺陷，我们最好还是想得更周到、全面一些，采取多种保险措施，防止偶然发生的人为失误导致灾难和损失。归根到底，"错误"与我们一样，都是这个世界的一部分，狂妄自大只会使我们自讨苦吃，我们必须学会如何接受错误，并不断从中学习。

我们都有这样的体会，如果在街上准备拦一辆车去赴一个时间紧迫的约会，你会发现街上所有的出租车不是有客就是根本不搭理你；而当你不需要租车的时候，却发现有很多空车在你周围游弋，只待你的一扬手，车随时就停在你的面前。如果一个月前在浴室打碎镜子，尽管仔细检查和冲刷，也不敢光着脚走路；等过了一段时间确定没有危险了，不幸的事还是照样发生，你还是被碎玻璃扎了脚。

5. 墨菲定律的演化版本

（1）别试图教猫唱歌，这样不但不会有结果，还会惹猫不高兴。

（2）别跟傻瓜吵架，不然旁人会搞不清楚，到底谁是傻瓜？

（3）不要以为自己很重要，因为没有你，太阳明天还是一样从东方升上来。

（4）笑一笑，明天未必比今天好。

（5）好的开始，未必就有好结果；坏的开始，结果往往会更糟。

（6）你若帮助了一个急需用钱的朋友，他一定会记得你——在他下次急需用钱的时候。

（7）有能力的——让他做；没能力的——教他做；做不来的——管理他。

（8）你早到了，会议却取消；你准时到，却还要等；迟到，就是迟了。

（9）你携伴出游，越不想让人看见，越会遇见熟人。

（10）你爱上的人，总以为你爱上他是因为：他使你想起你的老情人。

（11）你最后硬着头皮寄出情书：寄达对方的时间有多长，你反悔的时间就有多长。

（12）东西越好，越不中用。

（13）一种产品保证 60 天不会出故障，等于保证在 61 天一定就会坏掉。

（14）东西久久都派不上用场，就可以丢掉；东西一丢掉，往往就必须要用它。

（15）你丢掉了东西时，最先去找的地方，往往也是可能找到的最后一个地方。

（16）你往往会找到不是你正想找的东西。

（17）你出去买爆米花的时候，银幕上偏偏就出现了精彩镜头。

（18）排队时，另一排总是动得比较快；你换到另一排，你原来站得那一排，就开始动得比较快了；你站得越久，越有可能是站错了队。

（19）一分钟有多长？这要看你是蹲在厕所里面，还是等在厕所外面。

五、整顿公司员工玩游戏成风的现象

（一）实验目的

（1）了解控制的重要性。

（2）领会控制的基本前提。

（3）学习使用有效的控制方法，感受控制的过程。

（二）实验要求

（1）分组：4~6人为一组。

（2）场地：讨论室或会议室。

（3）道具：自备纸、笔。

（4）学时：建议为3学时。

（三）实验内容

1. 阅读背景材料

公司的写字间里，最近大家都玩兴正浓，因为偷菜游戏深深地吸引着大家。上着闹钟收菜的，看着时间偷菜的，琢磨着种什么菜不容易让别人偷的，真是忙得不亦乐乎。偷菜的热度还没过去呢，又有人开始玩抢车位了。其实公司有几个人一直是各种网络游戏的玩家，但像现在这么全民热衷的情形还真是从未有过。显然这开始影响到工作了，总经理希望能整顿一下这种风气，也借此约束一下那几个老玩家。但是，公司不可能不让大家上网，再说QQ（即时通信）这种交流工具在工作中也确实很有用。行政人事经理正在思考该怎么办。

2. 为解决公司的上述问题，分组制订一个完整有效的控制方案。

3. 各组宣布自己的控制方案，并为自己的方案进行答辩。

4. 指导老师点评各方案。

六、调查某单位的管理信息系统

（一）实验目的

（1）认识管理信息系统在组织管理工作中的作用。

（2）理解管理信息系统与计划工作的关系。

（3）感受用管理信息系统实施控制的过程。

（二）实验要求

（1）分组：4~6 为一组。

（2）场地：讨论室或会议室。

（3）道具：自备纸、笔。

（4）学时：建议为 3 学时。

（三）实验内容

（1）实验准备。教师提前 2 周布置任务，要求各组自选一家单位，了解其管理信息系统建立和使用的情况。完成一份总结报告，要求介绍该单位管理信息系统的构成、工作流程和计划与控制之间的关系，以及在组织管理中的作用。

（2）实验课中，各组汇报自己的调查和总结，教师点评。

七、赫洛克反馈实验

（一）实验目的

通过模拟赫洛克反馈实验，了解不同类型的反馈机制对员工工作绩效的影响。

（二）实验要求

（1）分组：分四组进行，每组约 10 人。

（2）学时：计划学时 3 学时。

（3）一份供模拟企业预算编制用的案例资料。

（三）实验内容

把被试者分成 4 个组，在 4 个不同诱因的情况下完成企业预算编制任务。第一组为激励组，每次工作后予以鼓励和表扬；第二组为受训组，每次工作后对存在的一点问题都要严加批评和训斥；第三组为被忽视组，每次工作后不给予任何评价，只让其静静地听其他两组受表扬和挨批评；第四组为控制组，让他们与前三组隔离，且每次工作后也不给予任何评价。

预算任务完成后，比较不同小组的工作成绩，将实验结果告知同学。分析有反馈和没有反馈对工作绩效的影响，即时反馈和远时反馈的效应。

（四）实验点评

有效的反馈机制是控制活动进程，达成组织目标的必要条件，对于别人的活动必须及时地反馈调节。无论是在管理还是在指导活动中，要用多种多样的手段即时地搜集和评定活动效果，如观察交谈、现场提问、效果评价等，然后及时反馈信息，随时调节活动过程；对存在的问题，也不必马上实施惩罚，而要有针对性地讲解疑难，不使问题累积。

在反馈时，要正确运用鼓励和批评。鼓励和批评都是控制的基本方式，不能偏废。鼓励很重要，但不能夸大其词；对错误和问题的批评要及时、慎重，但不能讥笑和嘲讽。要使鼓励和批评收到实效，关键是理解和尊重，要凭敏锐的感觉和沟通的智慧对症下药。

第七章 综合类实验

第一节 管理学的基础知识

一、对管理学的认识

（一）管理学的产生

管理学是一门系统研究管理活动基本规律和一般方法的科学。管理学以研究管理一般问题为己任，以组织管理为主要研究对象，致力于研究管理者如何有效地管理其所在的组织。

管理学作为一门科学来加以研究始于近代。系统化的管理理论一直到 19 世纪末 20 世纪初，才随着生产力的高度发展和科学技术的进步，在西方初步建立并逐步发展起来。

从管理的二重性出发，管理学着重研究生产力、生产关系和上层建筑三个方面。从生产力角度讲，管理学主要研究如何合理地组织生产力，如何配置组织的人、财、物等，如何使各要素充分发挥作用，实现组织目标；从生产关系角度讲，管理学研究如何协调组织与国家、各社会利益团体和职工的经济合作关系，研究如何正确处理组织中人与人的关系、如何建立完善的组织机构和管理体制；从上层建筑的角度讲，管理学研究如何使组织的规章制度和文化与社会的政治、经济、法律道德等上层建筑保持一致，从而维持正常的生产关系，促进生产力的发展。

（二）管理学的特点

管理学作为一门科学，有以下特点：

（1）管理学是一门不精确的科学。

（2）管理学是一门综合性科学。

（3）管理学是一门实践性很强的应用科学。

（4）管理学是一门发展中的科学。

（三）管理学科体系

管理学科体系可以按研究对象区划，也可以从研究层次和研究范围区划，综合如表 7-1 所示。

表 7-1   管理学科体系

层次与研究范围	类别	研究对象	
		营利性组织或活动	非营利性组织或活动
微观	单个组织或活动	工业企业管理学	社团管理学
中观	一类组织或活动	工业经济管理学	行业管理学
宏观	一群组织或活动	国民经济管理学	非营利性组织管理学
基础	所有组织或活动	管理学	

（四）管理学的研究对象

管理学的主要研究对象主要有组织和管理者。

1. 组织

（1）组织的产生。根据丹尼尔·A. 雷恩在《管理思想的演变》中的描述，组织的产生如图 7-1 所示。

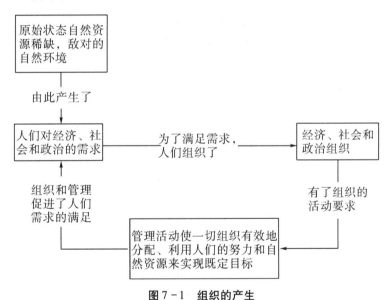

图 7-1　组织的产生

（2）组织的特点。一是都由两个或两个以上的人组成，这一群人被称为组织成员；二是每一个组织都有明确的目的，并以一个或一组目标来表示；三是每一个组织都有一个系统化的结构，用以规范和限制组织成员的行为。

（3）组织的功能和本质。组织通过分工，发挥每一个成员的特长；通过合作，弥补每一个成员的不足。其功能与本质如图 7-2 所示。

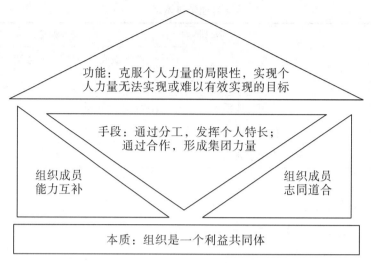

图7-2 组织的功能与本质

2. 管理者

（1）管理者的类型。按照管理者在组织中的地位或管理层次分类，可将管理者分为高层管理者、中层管理者和基层管理者；按照管理者在组织中所从事的工作领域分类，可将管理者分为业务管理者、财务管理者、人事管理者、行政管理者和其他管理者。不同层级和不同领域的管理者之间的关系如图7-3所示。

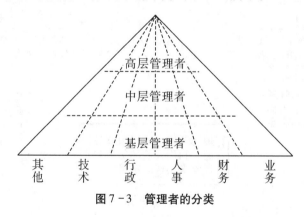

图7-3 管理者的分类

（2）管理者的素质要求。管理者的素质包括品德、知识水平和能力三个方面。品德体现了管理者的世界观、人生观、价值观、道德观等，持续地指导着他对现实的态度和行为方式。知识是管理者提高管理水平和管理艺术的基础和源泉。能力是管理者把各种管理理论与业务知识应用于实践，进行具体管理、解决实际问题的本领。三者的具体内容如表7-2所示。

表7-2   管理者的素质要求

素质分类		具体构成或示例
品德	强烈的管理意愿	管理的主动性和责任感。它是决定一个人能否学会并运用管理基本技能的主要影响因素。
	良好的精神素质	包括创新精神、实干精神、合作精神和奉献精神等。
知识	人文社科方面的知识	如政治、经济、法律、心理、社会、管理等方面的知识。丰富的知识是管理者把握组织发展、协调人与人之间的关系、进行有效管理的基础。
	科学技术方面的知识	如计算机及其应用、本行业科研及技术发展等。掌握本行业的科技基础知识，可以根据本行业的技术特征组织有效管理。
	其他各类知识	如信息论、系统论、控制论等。
能力	技术技能	执行一项特定任务所必需的能力，包括诊断技术、决策技术、计划技术、组织设计技术、评价技术、书写技术等。它是履行计划、组织、控制、决策等管理职能的基础。
	人际技能	与人共事、激励或指导组织中各类员工或群体的能力，包括表达能力、倾听技术、协调能力、激励能力、领导能力、公关能力等。它是获取信息、履行领导职能、组织落实和创造良好组织环境所必需的。
	概念技能	分析判断一种状况并能识别其因果关系的能力，包括分析能力、综合能力、决断能力等。它是进行管理决策活动和履行计划、组织、领导、控制等管理职能活动的重要前提。

不同管理技能对不同层次管理者的重要性是不同的，不同层级管理者的管理技能要求也是不同的，如图7-4所示。

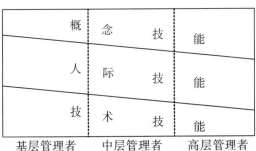

图7-4　不同层级管理者的管理技能要求

二、对管理的认识

(一) 管理的产生

管理是在一定的环境下，通过计划、组织、领导、控制工作，科学地运用各类资源，以有效实现组织目标的活动或过程。

管理存在于社会生活的方方面面、时时刻刻。

管理产生的根本原因与生产、战争、贸易、法律、道德等一样，在于协调人的欲望的无限性和人所拥有的资源的有限性之间的矛盾。如图7-5、图7-6所示。

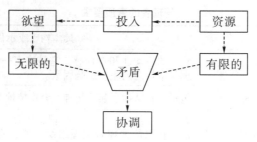

图7-5 人类发展的一大难题

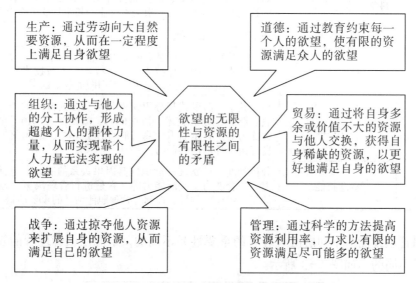

图7-6 解决人类发展难题的方式或手段

（二）管理的形式和内容

管理的形式是多种多样的。管理的核心内容则都是协调，即使看上去相互矛盾的事物、状态（如现状与目标、长期目标与短期目标、组织与组织、个人利益与集体利益、活动与活动、人与人等等）之间有机结合、同步和谐，以实现以有限资源更好地满足人们需求的目标。

（三）管理的有效性衡量

管理的有效性从效率和效益两个维度去衡量，其中效益是第一位的。如图7-7所示。

（四）管理的职能

管理的基本职能一般认为由计划、组织、领导、控制四个方面工作组成。其中，计划工作着眼于有限资源的合理配置，包括确立目标和制订方案两个方面；组织工作侧重于合理的分工与明确的协作关系的建立，包括机构设计和配置资源两个方面；领导工作致力于人员积极性的调动和方向的把握，包括指导和激励两个方面；控制工作致力于监督检查和偏差纠正，包括检查和纠偏两个方面。

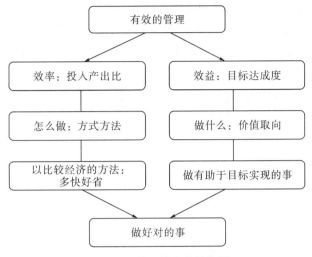

图7-7　管理的有效性衡量

管理的四个基本职能之间是一种相互包含、循环往复的关系，这个关系显示了一个完整的管理过程。如图7-8所示。

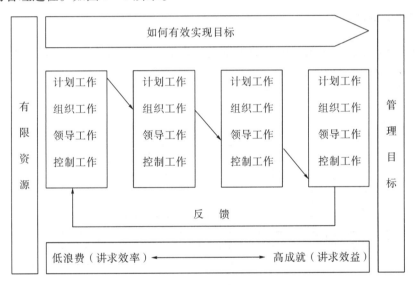

图7-8　管理四大职能的关系

三、对人性的认识

（一）人性的基本假说

（1）自然人假说：人是动物，具有动物本能：人具有情欲、学习能力和求生本能。

（2）经济人假说：人是高度理性的，其行为依据于他们的理性思考；人生性好争而且自私，力求以最小代价获得最大满足。

（3）社会人假说：人是社会人，其行为受到社会群体规范的制约；这些规范一般包括强制性的法律制度和非强制性的伦理道德。

（4）复杂人假说：人是矛盾的统一体，人与人是不同的，人是会变的，因此，人是复杂的；每一个人由于受社会教育的程度不同和不断地接受着社会的再教育，因此处于不断的变化之中。

（二）美国行为科学家麦格雷戈的 X 理论—Y 理论

X 理论认为，人是懒惰的、没有追求的、不喜欢负责的，据此，管理者应采取强制性的管理方法。

（三）管理启示

每一个管理者，不论他们是否意识到，其心中都有一个关于"人是什么"的人性模式，并按照这一模式对下属进行管理。

在人性模式中，任何一个单独的模式都不足以解释清楚个人行为的各个方面。人在不同的情况下有不同的行为，甚至在类似的情况下，其行为也可能不同。有效管理者应以权变的思想吸收各人性模式的精华，认识到人与人是不同的，人是会变的，人的态度、思想、行为是一个整体，且受到外部环境的影响。

四、对管理环境的认识

管理环境是指存在于组织内部或外部的、影响组织业绩的各种力量和条件因素的总和。其具体构成如图 7-9 所示。

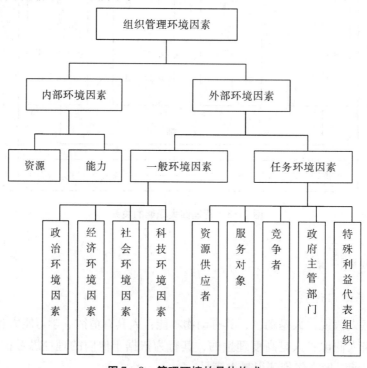

图 7-9　管理环境的具体构成

第二节　综合类实验项目

一、尽你们的所能去赢

（一）实验目的

（1）了解管理中的人性问题，在本实验中主要体现为诚信问题。

（2）了解如何发挥管理的领导职能，在本实验中体现为如何避免冲突。

（3）了解如何进行团队建设，本实验强调从大团队（更大组织的团队）着想的重要性。

（4）了解沟通在管理各项职能工作（计划工作、组织工作、领导工作、控制工作）中的作用。

（二）实验要求

（1）场地：室内进行。

（2）分组：分为 4 组，每组人数不限。

（3）指导老师要全程指导、参与实验过程。

（4）材料准备："尽你们的所能去赢"支付表多份（附件一）；"尽你们的所能去赢"说明书多份（附件二）；钱币（每组 7 元）；筹码（每小组 4 个红筹码和 4 个蓝筹码）；信封或袋子（每组一只信封或袋子用于装实验中的筹码）；奖品（可有可无）。

（5）任务：实验结束后，各小组要形成一份"学到的关键点"书面文件，并上交指导老师。

（三）实验内容

1. 实验概要

实验的目标就像题目所说的"尽你们的所能去赢"。参与者被分成 4 个小组，实验有 4 个回合。每回合中，每小组必须决定是选择蓝色筹码还是选择红色筹码。各小组根据附件一中描述的可能出现的结果来做出决策（在实验开始前仔细阅读附件一，认真听取指导老师讲解）。可以将附件一中的信息与其他小组可能的选择结合起来考虑自己决定。举例来说：是否每个小组都将选择蓝色的筹码，使每个人都会赢，从而使整体获得更多？或者，是否每个小组只从自身利益出发追求自己的利益最大化？（注意：预先不要让各小组知道这个信息。）

每个小组会有 8 个筹码，4 个红的、4 个蓝的（筹码可以是纸板上切下来的小方块、扑克牌或是实验用的筹码）。每个团队还会有 7 元钱，这可以是象征性的 7 个硬币或是真的钱，也可以是 7 个巧克力金币或是扑克牌（如果已经用了扑克牌，那么用其他颜色的，不要再用红色和蓝色）。每一回合中，每个小组都要求选择是红色的还是蓝色的筹码。在每一回合结束之前，他们的选择只有指导老师知道，而每个小组并不知道其他小组的选择。

指导老师掌握着有限的信息，并且不允许在实验开始时互相讨论。

2. 指导老师掌握的信息

实验开始时，宣布如下内容：

你们的目标是尽你们的所能去赢。你们通过选择红色还是蓝色的筹码来赢。你们可以根据你们目前的"尽你们的所能去赢"支付表（附件一）以及对其他小组情况的了解或假设做出你们的选择。随着实验的进程，你们会了解更多对方的信息。

你们将有 4 个回合的"尽你们的所能去赢"。在每个回合中，你要和你的组员讨论，并做出一致的选择。每个回合结束时，我将到你们的组中收集你们选择的红色或蓝色的筹码。你们要将你们的选择塞入信封，没有人会知道其他小组的选择，直到这一回合结束。第一个回合结束后，我们将公布一些信息以便知道每个小组做出选择的原因。第二回合之后，你们可以委派一位组员作为代表与其他小组的代表协商。代表会有 5 分钟的时间和另外 3 个代表达成一个协议，使你们在第三回合"尽你们的所能去赢"。

当你们的代表回到小组后，他（她）必须寻求你们对所达成共识的支持。

那么我们就会接着进行第三轮。第三轮后，你们还会有机会去和其他小组协商并达成协议，使你们在第四轮中"尽你们的所能去赢"。你们可以指派同一个人或是用一个新人。

3. 预期什么

如果每个小组每次都选择蓝色的筹码，那么实验结束后每小组将会有 11 元，这个团队总共有 44 元（每小组起始资金 7 元，4 轮中每轮加一元）。显然（虽然并不是马上可看出），要每个小组都能赢就需要每个小组都选择蓝色的筹码。然而，参与者通常会认为选择蓝色有风险，因为他们不相信每个小组都会选蓝色的筹码。红色筹码是风险较小的选择，同时它可能使一个小组比其他小组赢得更多。参与者经常把"尽你们的所能去赢"中的你们当成单个的小组，而不是整体。

这个实验的目标大多被理解为要赢得比别人多（或者打败别人），而不是"尽你们的所能去赢"。

选择蓝色筹码的小组可能会经历如下挫败：

（1）其他小组不能"显而易见"地看出，如果一致选择蓝色，每个小组都会赢。

（2）其他小组对选择蓝色没有足够的信任。

当有小组违背达成的协议时，这些挫败会加剧（通常的协议是大家都选择蓝色的筹码）。小组违背协议通常出于以下三个原因：

（1）他们不相信其他小组会遵守协议。

（2）他们在前两个回合选择了蓝色，但是别的小组没有，使他们失去了信心，因而他们也这么做了。

（3）小组仍然将实验目标理解为必须打败其他人，因此不择手段。

指导老师在听取汇报时面临的挑战：

（1）阻止参与者产生消极的思想。

（2）防止小组违背协议（通常当他们意识到对实验目标理解错误时会感到困窘，

结果可能被别人看出）。

（3）帮助小组理解实验的问题不是缺乏信任，而是缺乏共同的理解和公开的交流，以至于缺乏信任与产生冲突。如果在实验一开始就具有这些条件，那么每个小组可能每次都选择蓝色的筹码。

注意：在实验开始时，可能会有人问你，"尽你们的所能去赢"指的是单独的小组还是整个集体。告诉他们这必须由他们自己决定如何理解。

4. 实验步骤（在指导老师的全程主持下）

（1）分组，分发实验资料，包括附件一、二中的资料和钱币、信封。

（2）阅读实验资料，介绍"指导老师掌握的信息"后面提供的信息。

（3）开始第一回合。让各小组考虑 5～10 分钟，就是选择红筹码还是蓝筹码达成一致（可以在以后几个回合缩短一点时间，而在这一回合中，实验参与者需要花一定的时间理解这个实验）。

（4）将各组选择的筹码收上来。让各组将他们选出的筹码倒进你的信封或袋子。

（5）一旦四个小组的筹码都已经收上来，你可以夸张地公布结果。你可以让他们先猜一下结果，然后将筹码一枚一枚地从信封或袋子中取出，一一展示给各小组。如果其中只有一枚红色或蓝色筹码，暂且将其放在一边。

（6）根据实验规则，收/发钱币。

（7）进行短暂的讨论，问各小组为何做出这样的选择。

（8）告诉各参与者，他们已经进一步拥有了额外的信息，他们已经知道人家是如何考虑的。提醒他们，实验的目的是"尽你们的所能去赢"。

（9）在第二回合，允许有 5 分钟的决策时间。

（10）与步骤（4）、（5）和（6）一样，收筹码和收发钱币。

（11）即将进入第三回合，让各小组推荐一名谈判代表。

（12）给各小组 5 分钟时间向自己的代表交代他们希望达成的协议。

（13）给 5～10 分钟时间，让谈判代表们达成协议。

（14）让各代表向本小组成员解释达成的协议，并检查是否得到一致的支持。

（15）进行第三回合，到各小组收取他们选出的筹码（红色或蓝色），重复步骤（4）、（5）、（6）。

（16）可能会有一个或几个组违背协议。无论是什么结果，请大家讨论。

讨论方向如下：

你可以问："你们如何看待这个结果？"

如果所有小组在这一步达成了一致，可能的回答是"很棒"。如果至少有一个小组违背了协议，可能的回答是"痛心"、"失望"、"生气"和"挫折"。

让遵守协议的小组与违背协议的小组进行对话。违背协议的小组可能会说："我们不相信你们。""我们认为本实验中的'你们'应该是各小组，因此我们的任务是要想办法获胜。"

你可以问选择蓝色筹码的小组，对于接下来的最后一回合作何打算。可能的回答是："我们不相信他们。"

这可以引导他们展开关于重建信任的困难的讨论。你可以问：

"在这种情况下，我们如何才能重建信任？"可能的回答是："进行最后一回合，检验是否每个小组都能遵守协议。"

（17）进行第四回合。

（18）讨论不太可能的仍有某个小组会违背协议。无论结果如何，应强调：

①这个实验的设计目的是鼓励有人选择红色筹码，从而引出信任问题并导致了潜在的冲突；冲突不是由个体以及个人价值观引发的，而是由有缺陷的过程引发的。

②请大家鉴别过程中的缺陷。

参与者可能会说：

"你没有明确实验的目的，也没有给我们讨论的机会。"

"我们没有机会达成有效的协议。"

"你不允许我们在实验一开始进行小组间的沟通，以后的沟通也受到了限制。"

"我们没有充分参与。你让我们选出为我们说话的谈判代表，要我们支持我们并没有参与其中的协议。"

如果遗漏了上面的任何一条，请向他们指出。

③请他们讨论这个过程是如何引起不信任以及潜在冲突的。可能是：

"我们没有弄清楚实验的目的，各小组都按自己的方式理解这个实验。"

"我们以为其他小组也会有同样的理解。"

"我们以为其他小组的做法是和我们一样的。"

"因为我们没有公开地交流，因此我们不知道是否应该信任他们。"

"你把我们分成小组就意味着让我们各行其是。"

（19）清点总共赢了多少。他们赢得的总数肯定小于从一开始就作为一个整体并且都选择蓝色筹码所赢得的总数。

（20）鼓励从参与实验中学习，要求各参与者将前面的讨论用于工作中。

（21）要求各参与者归纳学到的关键点。根据你使用本实验的目的，可以请他们将关键点写成"学到的关键点"书面文件，并以小组为单位上交。

5. 总结与评估

这次实验提供了一个很好的学习经历。与大多数类似经历一样，这里也存在着风险。这个实验营造了一种可能发生冲突的状态。这个实验需要一个老练的指导老师来引导团队，并且需要足够的时间来进行充分的讨论，还要解决随时可能发生的问题。

6. 附件

附件一：支付表（如表7-3所示）

表7-3　　　　　　　　　　　　　　　　支付表

你如何赢（输）	赢或输
可能的组合	做出选择的小组
4个小组选红筹码	选红筹码者输1元

你如何赢（输）	赢或输
3 个小组选红筹码 1 个小组选蓝筹码	选红筹码者赢 1 元，选蓝筹码者输 3 元
2 个小组选红筹码 2 个小组选蓝筹码	选红筹码者赢 2 元，选蓝筹码者输 2 元
1 个小组选红筹码 3 个小组选蓝筹码	选红筹码者赢 3 元，选蓝筹码者输 1 元
4 个小组选蓝筹码	选蓝筹码者赢 1 元

附件二：实验说明书

①你们的目的是"尽你们的所能去赢"。

②你们将有 7 元用于支付。你们有 4 个回合来赢取尽可能多的钱。

③在每一个回合中，你们要做出一个简单的决定（选择蓝筹码还是红筹码）。你们可以根据提供的"支付表"、你们对其他小组的了解或推测以及你们对他们选择的期望来做出你们的决定。

④在每一回合中，指导老师会来到你们中间，要求你们将你们选出的筹码倒入他的信封或袋子。注意不要让其他小组知道你们的选择。

⑤在第二和第三回合后，你们将选出你们小组的一名谈判代表。谈判代表的任务是达成一个能在第三、第四回合中尽量使你们能赢的协议。

⑥实验概要

第一回合，各小组选择一个红色或蓝色的筹码，指导老师收回这些筹码。公布结果，清算。

第二回合，各小组选择一个红色或蓝色的筹码，指导老师收回这些筹码。公布结果，清算。

第三回合，经过谈判，各小组选择一个红色或蓝色的筹码，指导老师收回这些筹码。公布结果，清算。

第四回合，经过谈判，各小组选择一个红色或蓝色的筹码，指导老师收回这些筹码。公布结果，清算。

（四）延伸知识——雷鲍夫法则

1. 内容

该法则由美国管理学家雷鲍夫提出。雷鲍夫法则的核心是：认识自己和尊重他人。

雷鲍夫法则要求，在你着手建立合作和信任时要牢记我们语言中：

（1）最重要的八个字是：我承认我犯过错误。

（2）最重要的七个字是：你干了一件好事。

（3）最重要的六个字是：你的看法如何。

（4）最重要的五个字是：咱们一起干。

（5）最重要的四个字是：不妨试试。

（6）最重要的三个字是：谢谢你。

（7）最重要的两个字是：咱们。

（8）最重要的一个字是：你。

2. 点评

（1）记住经常使用，会让你事半功倍。

（2）最重要的四个字是：不妨试试。

（3）最重要的一个字是：你。

3. 启示

雷鲍夫法则从语言交往的角度，言简意赅地揭示了建立合作与信任的规律。在我们着手建立合作与信任的时候，应该将雷鲍夫法则自觉而灵活地运用到我们的交流与沟通之中，自然就会产生事半功倍的效果。

4. 应用

《圣经》旧约"创世纪"中记载着这样一件事情：诺亚领着他的后代乘着方舟来到了一个地方。居住在这块平原上，他的子孙打算造一座通天塔以扬名显威。上帝知道后深为不悦，他并不直接阻止他们造塔，而是搅乱了他们的语言，使他们彼此语言不通。结果由于缺乏共同语言，无法协作配合，通天塔最终未能建成。这一故事充分道出了语言在人们交往中的重要功能。

职场中的人经常遇到两类沟通：一是组织沟通，一是人际沟通。所谓组织沟通，指企业按照组织程序进行的沟通。一个企业如果制度完善，有健康的企业文化，它的组织沟通就会运行顺畅。人际沟通概念比组织沟通更为宽泛。人际沟通既发生在组织内部，也发生在组织外部。与上司、同事、下属、供应商、经销商、家人、朋友等的沟通，都是人际沟通。

虽然能力和勤奋很重要，但会沟通，能让你工作起来更轻松，也能让组织更和谐。

（1）应答上司交代的工作：我立即去办。

冷静、迅速地做出这样的回应，会让上司直观地感觉你是一个工作讲效率、处理问题果断，并且服从领导的好下属。如果你犹豫不决，只会让上司不快，会给上司留下优柔寡断的印象，下次重要的机会可能就轮不到你了。

（2）传递坏消息时：我们似乎碰到一些情况……

一笔业务出现麻烦，或市场出现危机，如果你立刻冲到上司的办公室报告这个坏消息，就算不关你的事，也会让上司怀疑你处理危机的能力，弄不好还会惹来上司的责骂，成为出气筒。正确的方式是你可以从容不迫地说：我们似乎碰到一些情况……千万不要乱了阵脚，要让上司觉得事情并没有到不可收拾的地步，并且让他感到你会与他并肩作战、解决问题。

（3）体现团队精神：××的主意真不错！

小马的创意或设计得到了上司的欣赏，虽然你心里为自己不成功的设计而难过，甚至有些妒忌，你还是要在上司的听力范围内夸夸小马：小马的主意真不错。在明争暗斗的职场，善于欣赏别人，会让上司认为你本性善良，并富有团队精神，从而给你更多的信任。

（4）如果你不知道某件事：让我再认真地想一想，一点前答复您好吗？

上司问了你某个与业务有关的问题，你不知道如何作答，千万不要说"不知道"。而"让我再认真地想一想，一点前答复您好吗？"不仅暂时让你解围，也让上司认为你不轻率行事，而是个三思而后行的人。当然，要记得按时给出答复。

（5）请同事帮忙：这个策划没有你真不行啊！

有个策划，你一个人搞不定，得找个比较内行的人帮忙，怎么开口呢？你可以诚恳地说：这个策划没有你真不行啊！同事为了不负自己内行的形象，通常是不会拒绝的。当然，事后要记得感谢人家。

（6）减轻工作量：我知道这件事很重要，我们不妨先排一排手头的工作，按重要性排出先后顺序。

首先，强调你了解这项工作的重要性，然后请求上司指示，将这项工作与其他工作一起排出先后顺序，不露痕迹地让上司知道你的工作量其实很大，如果不是非你不可，有些事就可交给其他人或延期处理。

（7）承认过失：是我一时疏忽，不过幸好……

犯错误在所难免，所以勇于承认自己的过失很重要，推卸责任只会使你错上加错。不过，承认过失也有诀窍，就是不要让所有的错误都自己扛，这句话可以转移别人的注意力，淡化你的过失。

（8）打破冷场的话题：我很想知道您对这件事的看法……

当你与上司相处时，有时不得不找点话题，以打破冷场。不过，这正是你赢得上司青睐的好机会。最恰当的话题就是谈一些与公司有关、上司很关心又熟悉的话题。当上司滔滔不绝地发表看法时，也会对你这样一个谦虚的听众欣赏有加。

（9）面对批评：谢谢你告诉我，我会仔细考虑你的建议的。

面对批评或责难，不管自己有没有不当之处，都不要将不满写在脸上，但要让对方知道，你已接受到他的信息。不卑不亢让你看起来又自信又稳重，更值得敬重。

二、分粥的故事

（一）主要实验目的

（1）了解管理的基础——对人性问题的认识。

（2）认识管理的职能活动（计划工作、组织工作、领导工作、控制工作）的边界与相互关系。

（3）了解制度在管理工作中的价值，了解管理制度的形成基础。

（4）了解作为管理者和被管理者的人在有效管理中的作用。

（二）实验要求

（1）本实验可以在室内分组进行，是一次开放性讨论。要求小组成员在针对背景故事的分析讨论中尤其注意沟通方法，倡导多提开放性问题，倡导认真倾听他人意见，不要轻易否定别人。

（2）每个小组可以指定一人进行记录工作，记录下本小组讨论中的精彩言论，以供随后在更大范围内的交流中分享。

3. 讨论的话题可以参考后文列示的相关管理学讨论方向，但不限于这些方向。

（三）实验内容

1. 背景故事介绍及简析

制度对权力的制约问题一直是令人类头疼的难题。

请看下边的这个小故事，这是一位叫阿克顿（1834—1902 年）的英国历史学家讲过的故事，它可以给从事企业管理的人士一些感性的体悟。

有七个人组成了一个小团体共同生活，其中每个人都是平凡而平等的，没有什么凶险祸害之心，但不免自私自利（基本的人性假设）。他们想用非暴力的方式，通过制订制度来解决每天的吃饭问题：分食一锅粥，但没有称量用具和有刻度的容器。大家试验了不同的方法，发挥了聪明才智、多次博弈形成了日益完善的制度，使权力得到制度的制约。

大体说来主要有以下几种：

方法一：选定一个人负责分粥事宜。很快大家就发现，这个人为自己分的粥最多，于是又换了一个人，但总是主持分粥的人碗里的粥最多最好。

这证明，权力导致腐败，绝对的权力导致绝对腐败。此时，管理处于一种靠自觉的阶段，放任自流，结果的好坏全凭个人的善恶，这是管理的初级阶段。

方法二：大家轮流主持分粥，即每个人分一天粥。结果发现当轮到自己分粥的那一天，别人的粥少，自己的特别多。

这样等于承认了个人有为自己多分粥的权力，同时给予了每个人为自己多分的机会。虽然看起来平等了，但是每个人在一周中只有一天吃得饱而且有剩余，其余 6 天都饥饿难挨。

这说明，这种方式导致了资源浪费。

方法三：推选一个德高望重的人分粥。这种方法开始还能比较公平，但渐渐地这个人就会为自己和与自己亲近、经常拍马屁的人多分粥。

这说明，道德不能构成对权力的硬约束。虽然对管理进行了一定程度的约束来控制个体的行为，但选择一个信得过的人来进行管理，而不是靠制度来管理，人治而不是法治的结果往往会导致崩溃。如果不愿意放任其道德堕落和风气败坏，还得寻找新思路。

方法四：选举一个分粥委员会和一个监督委员会，对分粥工作形成监督和制约。结果是分粥工作的公平基本上做到了。可是由于监督委员会常提出多种议案，分粥委员会又据理力争，等分粥完毕时，粥早就凉了，形成了互相指责和埋怨的情况。

也就是说，有了制度的约束，并在组织内部实施了相互监督和相互制约的机制，但往往又造成了相互推诿、协调困难、效率低下、出现部门矛盾等问题。一句话，为了效益牺牲了效率的做法仍然有瑕疵。

方法五：每个人轮流值日分粥，但是分粥的那个人要最后一个领粥。令人惊奇的是，在这个制度下，七只碗里的粥每次都差不多一样。每个主持分粥的人都意识到，如果七只碗里的粥不相同，他确定无疑将享有那份最少的。

所以，制度至关紧要，制度既是交易的结果，也是人的理性选择。好的制度浑然天成，清晰而精妙，既简洁又高效，令人为之感叹。成功的企业管理者，一定擅长于借制度之力，敢于跳出传统的思维去寻找新的解决问题的办法。在管理中，要把每个人的利益放到工作当中，使他们自觉地干好工作、完成任务。形成一套好的机制对管理者来说远比自己事无巨细、事必躬亲要有效得多。

方法五并不十全十美，也不是最后的答案。任何正式组织中都有非正式的组织存在。如果这个七人小组中存在着小集团（非正式团体），那么又会如何影响到分粥的公平与效率呢？分粥人之外的其他人该按怎样的顺序领用自己的那一份粥呢？该用什么方法来确定分粥人之外的其他人的领粥顺序呢？

2. 从制度安排角度进行的延伸分析

（1）经济的发展和劳动效率的提高来源于人们通过分工、交易的形式实现的合作。人们之间的合作需要适宜的制度安排，良好的制度安排是经济发展的首要保证。

制度是什么？经济学家诺斯认为，制度是一个社会的游戏规则。或者更规范地说，制度是构建人类相互行为的人为设定的约束。大到整个社会，小到一个企业之中，人们追求自身利益的行为常常是相互牵制乃至相互冲突的。如果只有行为主体的功利性，就会出现好事没人做，坏事人人争先的结局。为了协调人们之间的利益冲突、维持集体的生存和社会的秩序，人们无时无刻不需要用制度去规范个体的行为。事实上，如果没有制度提供的秩序，人类社会将仍然停留在诺斯所设想的"一切人与一切人作战"的丛林时代。

那么，究竟什么样的制度才是好制度？好制度的标准又是什么？第五种分粥制度是相对的好制度。其原因是它与前四个制度相比，显得既公平，又有效。前四个制度，要么是如第三种制度，有效率而无公平；要么是如第四种制度，有公平而无效率；要么是如第二种制度，既无公平，又无效率。由此可知，有效、公平就是好制度应具备的两个基本特征。

企业管理的现实，远远比这个虚构的故事复杂得多。就分粥而言，所谓"有效"，就是能方便快捷地实现分粥目的、解决吃饭问题。所谓"公平"，就是所分的粥，对每个人都没有差异。分粥的故事假设了在 7 个平等的人中分配既定成果这一前提。而企业管理中，更重要的是要把蛋糕做大。也就是，要求制度能提供一种激励机制，促使人们相互合作去谋取最多的共同成果，同时又公正合理地分配所取得的成果，这两者相辅相成，成为企业制度设计所追求的价值目标。

值得指出的是，第四种制度的例子让管理者知道，民主虽然能保证公平，但有时不见得有效率。在有更好的方法可用的情况下，就不必非要用民主的表决程序。这就是说，作为程序形式的民主，其实也只是我们实现目的的一种工具。当然，这里说的只是表决程序层次上的民主。

（2）另一个问题是，好的制度从何而来？

政治规则决定着经济规则，而政治市场远非那种经济意义上强调效率的市场。政治规则从来就不是按照效率原则发展的，它受到当权者的自我利益、政治上的意识形态，以及其他观念、文化等的约束。在现实中，制度的选择是一系列利益主体和观念力量交量或博弈的结果。

故事中，7个人组成的小团体，在尝试了制度一、制度二、制度三、制度四之后，终于能够找到了一种相对较好的制度五。一个重要前提，在于这是一个民主团体，他们对分粥中的不公平能够议论、表达不满，且对于如何改进能够发表意见、民主协商。试设想在一个权利集中的组织中，一个专权跋扈的领导者把握了绝对的权利，分粥者由他指定，不管粥分得多么不公平（当然决不会亏待有权者）也不准提意见，谁胆敢提意见就会遭到打击报复。这样，富有激励作用且公平高效的机制就永远不会产生，组织也可能长期锁定在一种无效率的状态中，忍受低效率和停滞。

更根本、更基础的制约因素是体制。好的体制是好的机制产生的前提。实际上，在有缺陷的体制下，即使仿效先进体制建立好的机制，也往往不能得到有效遵循，从而在执行中走样。在企业中，这种体制主要表现为公司治理结构。

公司治理是指有关公司控制权或剩余索取权分配的一整套法律、文化和制度性安排，这些安排决定公司的目标、谁拥有公司、如何控制公司、风险和收益如何在公司的一系列组成人员，包括股东、债权人、职工、用户、供应商以及公司所有的社区之间分配等一系列问题。这些安排决定了公司的目标、行为，决定了在公司利益相关者中在什么状态下由谁来实施控制，如何控制，风险和收益如何分配等有关公司生存和发展的一系列重大问题。它是公司具体管理、分配机制形成的背景平台。公司治理结构是当前我国企业改革与发展探讨的热点。西方企业界提出的利益相关者治理等理论，推动着公司治理理念的变化。建议企业经理人关注这些问题。这样，我们对企业制度建设问题才能有更本质的把握。

3. 其他的管理学讨论方向

（1）有人说：每一个管理者心中都有一个关于"人的本性是什么"的人性模式，而且他们都是根据其对于人性的认识来采取相应管理行为的。你对此判断是如何理解的？

（2）什么是自然人、经济人、社会人、复杂人？对人性的不同认识对我们的具体管理工作会带来什么影响？这种影响通过什么途径发生作用？

（3）人的基本行为模式是什么？这样的行为模式对管理者提出了怎样的要求？

（4）谈谈你对管理制度万能论的看法。

（5）管理的起源问题。

（6）管理环境的构成及影响问题。

（7）管理的有效性问题。

（8）管理者的基本职责和素质要求。

（9）组织管理中决策模式及方法。

（10）什么是目标管理法？目标在管理工作中居于怎样的位置、发挥着怎样的作用？目标的制订应该遵循哪些基本原则？

（11）计划工作、组织工作、领导工作、控制工作是如何在组织制度的形成和应用过程中发展作用的？

（12）组织的分工与合作对其运作产生了哪些影响？组织是如何配置其人力资源的？

（13）组织中的非正式团体如何对正式组织产生影响？

（14）组织中的集权与分权问题。

（15）管理中的公平与效率问题。

（16）不限于制度安排，列举一些解决故事中分粥问题的更好办法。

（四）延伸知识——洛克忠告

1. 提出者

英国哲学家、教育家洛克。

2. 内容

规定一定要少，但一旦制订就要严格执行。

洛克忠告言简意赅，蕴含"简则易行、言则必行"的哲理。没有有效的监督，就不会有满意的工作绩效。明智的管理者会利用监督这把利剑，促使员工们既心存紧迫感，又能满怀热情地投入到工作中去。

在管理中，把事情程序化、制度化，让各职能部门有章可循，员工按部就班，可以提高管理效率。要做到这些，制订各种各样的规定就不可避免。俗话说：没有规矩，不成方圆。如何制订规定，从而使企业能以最好的状态运转，是每个管理者都不能忽视的问题。过多的规定会使员工们无所适从，规定应该少定。少定规定会给员工们以较大的个人发展空间，在工作中充分发挥积极性和创造性，从而提高企业的产出效率。但是，规定要是不能严格得到执行，那就会比没有规定还差。适当的规定，然后严格执行是成功的保证。

3. 启示

古语云：慈不掌兵！一个优秀的管理者就应该坚持正确的原则。虽然推行的结果可能因得罪一些高层人士导致自己职位不保，但如果你的政策推行不下去那你同样没有前途。这就是机会成本，它所运用的就是经济学最常用的一种理论：博弈论。其实，只要你是真正客观公正地执行规定，而不是关注自己的私利，你是会得到员工们的尊重的。

总之，规定应该少定，一旦定下，便要严格遵守。所谓令出必行才能保证成功。

4. 应用

当前，制度建设已成共识，不同部门、单位、行业也都建立起了科学合理、全面覆盖、切实可行的制度体系。但在实际工作和现实生活中，制度建设的情况往往与洛克忠告的要求背道而驰：规则很多，且得不到很好的执行。其严肃性、约束力面临挑战，严重制约了制度建设的效力。

把握制度建设的关键就是要在科学制订和健全制度的基础上，在制度的兑现和执行上狠下功夫，提高执行力。一是强化制度执行意识，做到"真心"执行。要避免制度写在纸上、说在嘴上、挂在墙上，要做到"有心"制订，"真心"执行。一方面，要树立制度面前人人平等的意识，特别是领导干部要率先垂范，自觉增强规矩意识，自觉维护制度的严肃性，自觉遵守、带头执行。另一方面，要增强制度的全员参与意识。加强对制度的宣传，教育引导干部职工把制度的要求体现到日常工作、生活和学习的各个方面，把执行制度的理念渗透到干部职工的行为准则、价值观念、道德标准之中，让制度入脑入心，牢固树立按制度办事的观念。二是提高制度执行效率，做到"无情"执行。按照有"法"必依、执"法"必严、违"法"必纠的要求，既注重人本管理，更突出制度兑现。要严格督促检查。制度一旦推行，就要组织力量，开展经常性地督促检查，采取定期督查与不定期督查、上级督查与自我检查相结合等方式，及时发现和纠正制度落实中的问题。要坚决兑现奖惩，把制度落实情况的好坏直接纳入考核奖惩范畴，加大违反纪律、制度行为的查处兑现力度，做到奖罚分明，决不姑息迁就。要严格责任追究，明确领导干部、具体责任人抓制度落实工作的责任，对在制度执行过程中履责不力、友情操作甚至徇私舞弊的应从严追究相关责任人的责任，防止出现无人抓落实、无人管兑现，最终形同虚设的局面。三是完善制度执行机制，做到"借力"执行。监督是执行力的灵魂。要制订管制度的"制度"，以此监督检查制度的落实情况，对制度的调研、出台、执行等每一个环节都要纳入监督的范围，做到环环相扣，公开透明。坚持将制度的具体内容公开、执行情况公开、处理结果公开，以监督促执行，以监督促落实，确保制度真正落到实处，真正发挥效力，真正成为全体组织成员共同遵守的准则和行为规范。

三、猎狗的故事

（一）实验目的

（1）熟悉管理的职能活动，包括计划、组织、领导和控制。

（2）了解管理是在特定环境之下进行的，环境因素对管理活动具有重要影响。

（3）了解环境因素的构成。

（4）了解权变管理理论。

（二）实验要求

（1）室内分组进行，每组人数不限。

（2）每组在实验开始前指定一名记录员，并准备记录用的纸笔。

（3）实验"背景资料"复印多份（每组最少一份）。

（三）实验内容

1. 实验步骤

（1）分组并指定每组的记录员。

（2）指导老师发放背景资料（每组一份）。

（3）各组集体学习（阅读）背景资料。

（4）各组讨论并形成要求文件（记录员整理、记录）。

（5）全体参与实验人员分享各组的书面文件（由各组代表发言阐述）。

（6）指导老师点评、总结。

2. 实验任务

各组在集体阅读背景资料后，要充分讨论，最后形成以下两份书面文件：

（1）继续故事接龙：要求至少再接续五段内容，每段内容都要有新发现的管理问题及对应解决方案。

（2）管理诊断书：辨识背景资料中每段内容所提及的管理策略的实质，将这些管理策略分类列示在计划、组织、领导、控制这四大管理职能的框架之下。

3. 背景资料

阅读下列资料，设想你就是猎人，你应怎样对待猎狗？接下来你该怎么办？

一条猎狗将兔子赶出了窝，一直追赶它，追了很久仍没有捉到。牧羊人看到此种情景，讥笑猎狗说："你们两个之间，小的反而跑得快得多。"猎狗回答说："你不知道我们两个的跑是完全不同的！我仅仅为了一顿饭而跑，它却是为了性命而跑呀！"

这话被猎人听到了，猎人想："猎狗说的对啊，那我要想得到更多的猎物，得想个好法子才行。"

想想都有什么方法呢？

如果猎人这样：

——猎人又买来几条猎狗，凡是能够在打猎中捉到兔子的，就可以得到几根骨头，捉不到的就没有饭吃。这一招果然有用，猎狗们纷纷努力去追兔子，因为谁都不愿意看着别人有骨头吃，自己没的吃。就这样过了一段时间，问题又出现了。大兔子非常难捉到，小兔子好捉。但捉到大兔子得到的奖赏和捉到小兔子得到的骨头差不多，猎狗们善于观察，发现了这个窍门，专门去捉小兔子。慢慢地，大家都发现了这个窍门。猎人对猎狗说：最近你们捉的兔子越来越小了，为什么？猎狗们说："反正没有什么大的区别，为什么费那么大的劲去捉那些大的呢？"

接下来又该怎么办呢？

如果猎人这样：

——猎人经过思考后，决定不将分得骨头的数量与是否捉到兔子挂钩，而是采用每过一段时间，就统计一次猎狗捉到兔子的总重量。按照重量来评价猎狗，并决定一段时间内的待遇。于是猎狗们捉到兔子的数量和重量都增加了。猎人很开心。但是过了一段时间，猎人发现，猎狗们捉兔子的数量又少了，而且越有经验的猎狗，捉兔子的数量下降得越厉害。于是猎人又去问猎狗。猎狗说："我们把最好的时间都奉献给了您，主人，但是我们随着时间的推移会变老的，当我们捉不到兔子的时候，您还会给我们骨头吃吗？"

接下来还要怎么办呢？

如果猎人这样：

——猎人做了论功行赏的决定。分析与汇总了所有猎狗捉到兔子的数量与重量，规定如果捉到的兔子超过了一定的数量后，即使捉不到兔子，每顿饭也可以得到一定数量的骨头。猎狗们都很高兴，大家都努力去达到猎人规定的数量。一段时间过后，终于有一些猎狗达到了猎人规定的数量。这时，其中有一只猎狗说："我们这么努力，只得到几根骨头，而我们捉的猎物远远超过了这几根骨头。我们为什么不能给自己捉兔子呢？"于是，有些猎狗离开了猎人，自己捉兔子去了。

怎么办呢？

如果猎人这样：

——猎人意识到猎狗正在流失，并且那些流失的猎狗像野狗一般和自己的猎狗抢兔子。情况变得越来越糟，猎人不得已引诱了一条野狗，问它到底野狗比猎狗强在哪里。野狗说："猎狗吃的是骨头，吐出来的是肉啊！"接着又道："也不是所有的野狗都顿顿有肉吃，大部分最后骨头都没的舔！不然也不至于被你诱惑。"于是猎人进行了改革，使得每条猎狗除基本骨头外，可获得其所猎兔肉总量的一定比例，而且随着服务时间加长，贡献变大，该比例还可递增。就这样，猎狗们与猎人一起努力，将野狗们逼得叫苦连天，纷纷强烈要求重归猎狗队伍。

故事还在继续：

——日子一天一天地过去，冬天到了，兔子越来越少，猎人们的收成也一天不如一天。而那些服务时间长的老猎狗们老得不能捉到兔子，但仍然在无忧无虑地享受着那些它们自以为是应得的大份食物。终于有一天猎人再也不能忍受，把它们扫地出门，因为猎人更需要身强力壮的猎狗。

被扫地出门的老猎狗们得了一笔不菲的赔偿金，于是它们成立了 MicroBone 公司（小骨头公司）。它们采用连锁加盟的方式招募野狗，向野狗们传授猎兔的技巧，它们从猎得的兔子中抽取一部分作为管理费。当赔偿金几乎全部用于广告后，它们终于有了足够多的野狗加盟。公司开始赢利。一年后，它们收购了猎人的家当。

MicroBone 公司许诺给加盟的野狗本公司 10% 的股份。这实在是太有诱惑力了。那些自认为是怀才不遇的野狗们都以为找到了知音：终于做公司的主人了，不用再忍受猎人们呼来唤去的不快，不用再为捉到足够多的兔子而累死累活，也不用眼巴巴地乞求猎人多给两根骨头而扮得楚楚可怜。这一切对这些野狗来说，远比多吃两根骨头更加受用。于是野狗们拖家带口地加入了公司，一些在猎人门下的年轻猎狗也开始蠢蠢欲动，甚至很多自以为聪明实际愚蠢的猎人也想加入。好多同类型的公司像雨后春笋般地成立了……

一时间，森林里热闹起来。

猎人凭借出售公司的钱走上了老猎狗走过的路。经过千辛万苦与 MicroBone 公司的谈判，老猎狗出人意料地答应了猎人，把 MicroBone 公司卖给了猎人。老猎狗们从此不再经营公司，转而开始写自传《老猎狗的一生》，又写《如何成为出色的猎狗》、《如何从一只普通猎狗成为一只管理层的猎狗》、《猎狗成功秘诀》、《成功猎狗 500 条》、《穷猎狗，富猎狗》等等，并且将老猎狗的故事搬上屏幕，取名《猎狗花园》、《功夫猎狗》等等，四只老猎狗成为了家喻户晓的明星 F4。

故事仍在继续……

（四）延伸知识——权变管理理论

1. 简介

20 世纪 50 年代以来，西方管理学界出现了百花齐放的局面，相继涌现出一大批各具特色的管理理论。比如：案例理论、人际行为理论、集体行为理论、系统理论、数学分析理论、管理任务理论、经营理论等等。权变管理理论是其中之一，由卢萨斯和司徒华于1977年提出，在企业管理领域颇具影响力。

权变管理理论的核心是力图研究组织的各子系统内部和各子系统之间的相互联系，以及组织和它所处的环境之间的联系，并确定各种变数的关系类型和结构类型。它强调在管理中要根据组织所处的内外部条件随机应变，针对不同的具体条件寻求不同的最合适的管理模式、方案或方法。

权变管理的提出使得长期以来处于传统管理理论两极的管理过程学派和行为科学学派以及后来的计量学派等有了统计学的基础，成为相互关联的理论系统。根据这一理论，各种管理程序的运用也好，个人或组织行为要素分析也好，各种计量或数学方法的支持也好，均不是万能的，而是有条件的。比如，甲企业职工队伍比较稳定，员工熟悉企业状况，关心企业利益，"让普通职工参与管理"这样的办法就比较容易调动起职工的积极性；而乙企业职工流动性大，亦没有参与企业事务的强烈要求，上述办法就不一定奏效。

2. 基本内容

美国尼布拉加斯大学教授卢萨斯（F. Luthans）在1976年出版的《管理导论：一种权变学》一书中系统地概括了权变管理理论。他认为：

（1）过去的管理理论可分为四种，即过程学说、计量学说、行为学说和系统学说。这些学说由于没有把管理和环境妥善地联系起来，其管理观念和技术在理论与实践上相脱节，所以都不能使管理有效地进行。而权变理论就是要把环境对管理的作用具体化，并使管理理论与管理实践紧密地联系起来。

（2）权变管理理论就是考虑到有关环境的变数同相应的管理观念和技术之间的关系，使采用的管理观念和技术能有效地达到目标。在通常情况下，环境是自变量，而管理的观念和技术是因变量。这就是说，在特定环境条件下，为了更快地达到目标，就要采用特定的管理原理、方法和技术。比如，如果在经济衰退时期，企业在供过于求的市场中经营，采用集权的组织结构就更适于达到组织目标；如果在经济繁荣时期，在供不应求的市场中经营，那么采用分权的组织结构可能会更好一些。

（3）环境变量与管理变量之间的函数关系就是权变关系，这是权变管理理论的核心所在。环境可分为外部环境和内部环境。外部环境又可以分为两种：一种由社会、技术、经济和政治、法律等所组成；另一种由供应者、顾客、竞争者、雇员、股东等组成。内部环境基本上是正式组织系统，它的各个变量与外部环境各变量之间是相互关联的。决策、交流、控制、技术状况等管理变量包括上面所列四种学说所主张的管理观念和技术。

总之，"没有绝对最好的东西，一切随条件而定"，这句格言就是权变管理的核心思想。

3. 特点

（1）它强调根据不同的具体条件，采取相应的组织结构、领导方式、管理机制。

（2）它把一个组织看做社会系统中的分系统，要求组织各方面的活动都要适应外部环境的要求。

4. 贡献

（1）批判地总结和继承了以往管理理论的遗产，以新的管理思维方式把它们统一于管理理论之中。

（2）对"万能主义"提出了挑战，强调管理动态性，即不同的具体条件应采用不同的管理方法。

（3）企业管理研究的出发点不是单纯的企业，而是整个社会系统。

（4）增强了管理理论指导管理实践的有效性，在管理理论与管理实践之间架起了桥梁。

5. 局限性

（1）仅仅以简单的两维模型来描述多重复杂的管理实践，解决管理问题，尤其是忽视了人这一决定性的因素，未能把人作为权变理论基础中的能动变数，从而制约了该管理理论的发展与创新。

（2）把个案情况与普遍趋向对立起来，把具体和一般对立起来。只强调特殊性，否认普遍性；只强调个性，否认共性。

（3）排斥用科学的方法论进行概念分析，使得概念缺乏统一性，内容缺乏有机联系，从而使管理理论和管理实践缺乏相应的科学标准。

6. 应用

权变管理理论的应用非常广泛。比如：在组织结构设计中，权变管理认为企业的组织结构要与外部经营环境的稳定性、企业产品品种的多寡以及所使用的工艺技术相适应，各种组织结构并无高下优劣之分。在领导方式中，权变管理认为没有什么固定的最优领导方式，应当根据领导者的个性、工作任务的性质、领导者拥有的职位权力、组织内的人际关系等具体情况，采用不同的领导方式。

四、跨越障碍

（一）实验目的

（1）找到影响创造力发挥的障碍因素，培育创新意识。

（2）了解管理创新的思维方法。

（3）了解管理创新的主要模式与原则。

（4）了解管理创新主要技法。

（二）实验要求

（1）地点：室内分组进行，每组 10 人左右。

（2）时间：全部完成大约需 3 小时。

（3）材料：为参与实验人员提供数量相当的卡片以及组织因素问卷、个人因素问卷。

（4）材料：组织因素问卷题统计表（用一大张纸制作）或用幻灯片（如条件允许）。

（三）实验内容

1. 第一阶段：寻找影响创造性发挥的组织因素

（1）将参与实验人员分成 10 人左右一组，不足 10 人也可以，但不要过少。

（2）发给参与实验人员每人一张诊断问卷，共有 57 道题（见组织因素问卷）。要求每个实验参与人员认真填写。

（3）准备一张大纸，把 57 个题号抄在上面，挂在前面作统计用。

（4）做完题后，由小组先进行统计，然后填在前面的大表中。

（5）为了鼓励大家参与，可由每个人大声读出，指导老师将其填入表中。

（6）根据表上的统计结果，指导老师组织大家讨论如何加以改进；也可以先由小组讨论，然后派代表发表本组的讨论结果，最后指导老师进行总结。

（7）整个时间至少为 60 分钟，根据情况可以适当延长，争取每个人都有发言的机会。

2. 第二阶段：判断影响创造性发挥的个人因素

（1）发给每个参与者一份影响个人创造性发挥的自我评价表，该表共有 38 个问题（见个人因素问卷），由参加者按要求填写。

（2）答卷可以分别做，也可一起做，但务必认真。

（3）答完问卷后，每个人把眼睛闭上，回忆自己在以往工作中常发生的压抑自己创造性的情况，以 5 分钟为宜。

（4）写下自己的感受，作为今后改善时的参考。

（5）如有志愿者，可将自己的感受和改善方法告诉大家。

（6）指导老师点评影响创造性发挥的个人因素。

（7）时间限制为 30~60 分钟。

3. 第三阶段：找出影响他人创造性的因素。

（1）发给每个参与者一张卡片。

（2）指导老师告诉每个参与者在卡片上写三句自己最常用的话。这些话应该是在别人提建议或发表看法时你常说的。例如：老板不会喜欢的！我想这行不通！这事看看再说！

（3）指导老师把卡片收回并打乱，然后每人分一张，由每个实验参与人员轮流念出卡片上的三句话。

（4）指导老师在黑板或大纸上写下这些话，内容大致相同的归为一类，并统计次数。

（5）写出次数最多的三句话，交小组讨论，每组人数仍是 10 人左右。

（6）每组选派一名代表，发表小组讨论的结果。

（7）指导老师进行针对性点评。

4. 附件：组织因素问卷题

下面的词语会影响创造性，在你看每一个题目的时候，仔细想一想在以往开会或工作时，是否运用过这些语言？如果有，就在后面的括号内做个记号（打√）；如果没有，就让括号空着。

(1) 以前我们从来没这样做过！（　　　）

(2) 这样绝对行不通！（　　　）

(3) 我们的人力不够……（　　　）

(4) 我们没有这样的预算……（　　　）

(5) 我们的时间不够……（　　　）

(6) 这个以前我们试过！（　　　）

(7) 这样做我们还早呢！（　　　）

(8) 理论上行得通，但实际上……（　　　）

(9) 这太学术了……（　　　）

(10) 顾客会怎么想呢？（　　　）

(11) 如果真有效，别人早就……（　　　）

(12) 太新奇、太时髦了！（　　　）

(13) 太老气了！（　　　）

(14) 这个问题，我们以后再讨论。（　　　）

(15) 你不知道我们的问题在哪里！（　　　）

(16) 我们的规模太小了，做不了这样的事。（　　　）

(17) 我们的规模太大了，不能做那样的事。（　　　）

(18) 我们现有的计划太多了……（　　　）

(19) 我们先调查一下再说。（　　　）

(20) 我们一直就这样做，不应该有错。（　　　）

(21) 这是谁出的馊主意？（　　　）

(22) 我就知道行不通！（　　　）

(23) 让我们成立一个委员会吧！（　　　）

(24) 再考虑一下，看看发展再说吧！（　　　）

(25) 这不是我们的问题……（　　　）

(26) 某某部是不会接受的……（　　　）

(27) 别人会以为我们在胡闹……（　　　）

(28) 我们做不出这样的东西！（　　　）

(29) 这在我们这儿行不通！（　　　）

(30) 头儿绝对不会接受这种观念！（　　　）

(31) 不要发展得太快！（　　　）

(32) 我们现在干得不坏，为什么要改变？（　　　）

(33) 这样员工一定会反对！（　　　）

(34) 让我们先看看其他人，然后……（　　　）

(35) 这不又跟以前一样了吗？（　　　）

(36) 这也不过是谈谈而已，还是……（　　　）

(37) 我倒看不出有什么关系……（　　　）

（38）在我们这个行业里，这样行不通。（　　）

（39）根据规章，我们不能这样做。（　　）

（40）神经病！（　　）

（41）政治味儿太浓了！（　　）

（42）听起来不错，但我想不会成为……（　　）

（43）这不在计划内……（　　）

（44）这样做没有根据……（　　）

（45）我们从来没这样试过……（　　）

（46）没有这样的规定！（　　）

（47）这样做意味着增加了工作量……（　　）

（48）这不是我们的责任……（　　）

（49）话是这么说，但是实际上……（　　）

（50）这样会超过预算的……（　　）

（51）这样做还太早……（　　）

（52）这样做太晚了……（　　）

（53）这不会有什么结果的。（　　）

（54）我们自己都接受不了，别人……（　　）

（55）你不了解问题的所在……（　　）

（56）你们还嫩着呢！（　　）

（57）这样做会触犯……（　　）

5. 附件：个人因素问卷题

当你提出创意或进行思考时，是否受下列因素约束，使你缺乏自信心？仔细阅读下面的每一个问题，看看你自己是否存在这样的情况，如果有，请在后面的括号内做记号（打"√"）；如果没有，就让括号空着。

（1）这也许不适用……（　　）

（2）这样做还缺乏足够的根据……（　　）

（3）这也许行不通。（　　）

（4）这样做别人会觉得……（　　）

（5）我自己也不清楚是否需要这样做。（　　）

（6）不知道是否会拨经费……（　　）

（7）这大概是条死胡同……（　　）

（8）如果这样做了，是不是有什么不好的结果？（　　）

（9）照别人的看法，有否这种可能性？（　　）

（10）听起来可能没什么，但是……（　　）

（11）这样可能浪费时间或金钱……（　　）

（12）我不知道别人的想法是什么，因此……（　　）

（13）大概有人不会喜欢，因此……（　　）

（14）这恐怕难以被别人接受，因此……（　　）

（15）这会与规定相抵触，因此……（　　　）

（16）这可能还不是时候，因此……（　　　）

（17）这个观念似乎没有用，因此……（　　　）

（18）我能做得比这个好，不过……（　　　）

（19）如果我再年轻些，身体更好些……（　　　）

（20）别人已经这样做了，因此我……（　　　）

（21）这些我还不太熟悉，因此……（　　　）

（22）这样做我的投入太大，因此……（　　　）

（23）专家（领导）不知对这会有什么看法？（　　　）

（24）这好像不完全合乎主题，因此……（　　　）

（25）我一时还想不清楚，因此……（　　　）

（26）别人听了可能会笑我，因此……（　　　）

（27）我的意见可能价值不大，因此……（　　　）

（28）我又不是天才，因此……（　　　）

（29）这似乎不能跟领导说，因此……（　　　）

（30）我觉得这个建议可能没有什么分量。（　　　）

（31）这也许不太重要，因此……（　　　）

（32）研究研究再说吧！（　　　）

（33）先听听别人的意见再说吧……（　　　）

（34）这事可能很复杂，我看还是……（　　　）

（35）某人并不同意我的意见，因此……（　　　）

（36）这样也许于事无补，因此……（　　　）

（37）如果我离谱，请大家指正。（　　　）

（38）这是我不成熟的想法，大家……（　　　）

6. 附件：沙漠奇案

这是发掘参与实验人员创造力的一个实例，可以在本实验的最后阶段，安排进行。

任务：请实验参与人员用问封闭性问题的方法，还原案情始末。

（1）由指导老师交代案情——一个男人，在沙漠深处一丝不挂地躺着，死了，周围没有任何痕迹。

（2）请参与实验人员充分发挥想象力，自告奋勇，通过向指导老师问封闭性问题的方式去还原案情的始末，描述男人的死因。

（3）指导老师在回答参与实验人员的问题时，只能给予肯定或否定（"是"或"不是"）的答复，不可以描述。

（4）创造性的答案：一对夫妇乘坐热气球在一望无际的沙漠上空进行空中探险，不幸途中热气球燃料不足，需要减轻热气球的重量。夫妇想尽办法，将一切可以扔的东西都全部扔掉，甚至包括衣服，但是这仍不能解决问题。最后，丈夫为了他心爱的妻子能够逃出，就舍弃了自己的生命，跳入沙漠中身亡。

（四）延伸测试——你是一位开创性的人吗？

该测验由心理学家 John Braun 教授设计。该测验或能帮助你加深对自己的了解，摘录如下：

（1）如果你的双亲是移民，你的测验积分就加一分，否则减一分。

（2）通常在学校中，你并不是顶尖的人物。假如你是顶尖的学生，扣四分；相反地，加四分。

（3）"开创人"在学校中，并不热心于团体活动。假如你参加这些活动，则扣一分；否则，加一分。

（4）作为一个年轻人，"开创人"总是喜欢独处。你喜欢独处吗？是的，加一分；否则，减一分。

（5）如果孩童时代就从事企业工作，譬如小摊贩之类，加两分。因为早期就从事工作的人，比较懂得选择工作。否则，扣两分。

（6）坚持自己的立场做事，即使遭遇到艰难困苦仍然继续的加一分，否则减一分。

（7）"小心"即意味着不愿冒险。你是否为小心的人？是的，扣四分；否则，加四分。

（8）假如你比你的同伴胆大，加四分；否则，扣四分。

（9）假如在行事时，他人的意见常盖过你的意见，减一分；否则加一分。

（10）假如对日常例行事物的厌烦，有时是激发你去做事的一种激励因素的话，加两分；否则减两分。

（11）假如你喜欢工作的话，你愿意熬夜吗？是的，加两分；否则扣两分。

（12）假如要你不眠不休地工作，你仍愿意，加四分；否则减四分。

（13）"开创人"一般都喜欢各项活动，以致不停地由一项计划跳到另一项计划。当你完成一项计划后是否立即进行另一项计划？是的，加两分；否则减两分。

（14）你愿意用你的积蓄，去开创事业吗？去加强学习提高自己的层次吗？是的，加两分；否则减两分。

（15）假如你愿意向人借贷，以弥补资金的不足，加两分；否则减两分。

（16）假如你失败了，是否会重新开始？是的，加四分；否则，扣四分。

（17）假如你的失败反而让你想去寻求高薪的工作，是的，扣一分；否则加一分。

（18）你认为"开创人"是冒险的吗？是的，减两分；否则加两分。

（19）假如你会制订长期与短期目标，是的，加一分；否则减一分。

（20）假如你比他人对现金流动有更丰富的知识和经验，就加两分；否则减两分。

（21）假如你是勇往直前的就加两分；否则就减两分。

（22）假如你是个乐观主义者，就加两分；相反的，若是悲观主义者，就扣两分。

结论解读：

最后计算你的得分，若你的最后得分大于 30 分，你可以做任何事情！若你的得分在 30 和 15 分之间说明你有创造力的潜质，但还须加强！如你的最后得分小于 15 分，说明你的能力可能在其他方面。

（五）相关知识——管理创新

（1）管理创新的分类，如表7-4所示。

表7-4 管理创新分类

根据	内容		
根据创新的内容	管理观念创新	指形成能够比以前更好地适应环境的变化并更有效地利用资源的新概念或新构想的活动	
	管理手段创新	组织创新	指创建适应环境变化与生产力发展的新组织形式的活动
		制度创新	指形成能够更好地适应环境变化和生产力发展的新规则的活动
		方法创新	指创造更有效的资源配置工具和方式的各种活动
	管理技巧创新	指在管理过程中为了更好地实施调整观念、修改制度、重组机构，或更好地进行制度培训和贯彻落实，以及员工思想教育等活动所进行的创新	
根据创新的程度	渐变性创新	更多的是基于对原事物的改进	
	创造性创新	更多的是基于对新事物的引入	
根据创新的主体	自主创新	指组织通过自身的努力、依靠自身的力量，不断发现问题、解决问题的管理创新活动	
	模仿创新	指通过学习、模仿别人的创新思路和创新行为，吸取别人先进经验与管理模式，并在此基础上形成自己独特的管理模式的创新过程	
	合作创新	指企业组织与科研机构、高等院校、管理咨询公司等共同联合进行的创新活动，它以合作伙伴的共同利益为基础，以资源共享或优势互补为前提，通常有明确的合作目标、合作期限和合作规则	

（2）管理创新原则，如表7-5所示。

表7-5 管理创新原则

原则	内容和要求
还原原则	现有的管理方式或方法都是建立在一定的前提假设基础之上的，当我们通过事实调查推翻了这些假设时，新的管理方式或方法就有可能得以形成。推翻原有假设就意味着创新，还原原则要求创新主体在管理创新的过程中不要就事论事，就现有事物本身去研讨管理创新问题，而应进一步寻找源头，从前提假设出发寻找创新的原点
木桶原理	指几块长短不一的木板所围成的一个水桶，其最大盛水量是由最短的一块木板决定的；在组成事物的诸因素中最为薄弱的因素就是瓶颈因素，事物的整体发展最终将受制于该因素。这说明只有在最薄弱环节上取得突破性创新，才能最终提高企业整体管理水平
兼容性原则	指根据自身的实际情况，在吸收别人先进管理思想、管理方式、管理方法的基础上，进行综合、提高和创新。管理理论的创新往往是一种兼容关系，是从不同角度对旧理论的完善与补充，而不是对旧理论的简单否定

表7-5(续)

原则	内容和要求
交叉综合原则	指管理创新活动的展开或创新意向的获得可以通过各种学科知识的交叉综合得到。这要求在管理创新中，既要用新的科学技术、新的学科知识来研究、分析现实管理问题，也要将以往的学科知识、方法、手段综合起来，系统地看待管理问题
宽容失败原则	没有新尝试，就没有新作为；进行管理创新，就有可能面临失败，就可能犯错误。宽容失败，才能致力创新。管理者最大的错误就在于怕犯错误

五、模拟经营管理

(一) 实验目的

通过对企业经营管理活动的模拟，帮助学生感受企业经营决策活动与管理工作各项职能之间的关系，实现对计划、组织、领导和控制的四项基本职能相结合的初步实践，并加深对各职能相互之间有机联系的体会，从而对管理活动产生整体认识。

(二) 实验要求

(1) 分组：6~8人一组（6人最佳）。组员分饰总经理、人力资源经理、人事助理、技术经理、生产经理、销售经理。当人数多于6人时，可以由2人共同兼任一个部门经理。

(2) 场地：讨论室或会议室。

(3) 道具：无特殊要求。

(4) 学时：建议8学时。

(三) 实验内容

1. 阅读企业模拟经营的情景材料，熟悉竞争规则

情景材料：各小组为一个模拟公司，公司的组织结构为直线职能制，设技术、营销、生产、人力资源四个部门。市场现有需求和公司现有产品的品种为P1，在下一周期市场上将还会出现P2。对市场需求量的预测如表7-6所示。

表7-6　　　　　　　　　模拟市场产品需求预测表

市场需求　　年度	P1		P2	
	数量（个）	单价（万元）	数量（个）	单价（万元）
第一周期	240	6		
第二周期	270	5	140	6

(1) 人员状况。公司除了总经理、部门经理及助理为管理层外，其他人员均为普通员工。普通员工的等级由高到低分为高级、中级和临时工三个层次。初始时，各公司分别有两名中级的生产、技术、销售人员。临时工可在当期根据公司需要进行聘用。

除管理层之外的各类人员，在经营过程中各公司都可根据需要进行相应的增减。各级人员的能力有所不同，具体如表7-7所示：

表7-7　　　　　　　　　各级人员能力情况表

生产人员（人）		生产能力（个）		销售人员（人）	销售能力（个）
高级	15	高级	15		
中级	10	中级	10		
临时工	5	临时工	5		

各周期各类人才市场上的人才供给情况，如表7-8、表7-9、表7-10、表7-11、表7-12、表7-13所示。

表7-8　　　　　　第一周期校园招聘的人才供应情况表

技术		生产		销售		临时工	
高级	中级	高级	中级	高级	中级	生产	销售
0	0	0	0	0	1	0	5

表7-9　　　　　　第一周期人才市场招聘的人才供应情况表

技术		生产		销售		临时工	
高级	中级	高级	中级	高级	中级	生产	销售
1	1	0	1	0	1	2	2

表7-10　　　　　　第一周期媒体广告渠道上的人才供应情况表

技术		生产		销售		临时工	
高级	中级	高级	中级	高级	中级	生产	销售
1	1	1	2	1	2	7	3

表7-11　　　　　　第二周期校园招聘的人才供应情况表

技术		生产		销售		临时工	
高级	中级	高级	中级	高级	中级	生产	销售
0	1	0	1	0	1	0	1

表7-12　　　　　　第二周期人才市场招聘的人才供应情况表

技术		生产		销售		临时工	
高级	中级	高级	中级	高级	中级	生产	销售
1	1	1	1	1	1	4	3

表 7 - 13　　　　　　第二周期媒体广告渠道上的人才供应情况表

技术		生产		销售		临时工	
高级	中级	高级	中级	高级	中级	生产	销售
2	2	2	1	1	2	6	6

（2）财务状况。公司初始时，划拨管理费用为 80 万，以后将按销售收入的 40% 进行划拨。如果公司管理费用超支，则没有任何借款渠道，故不得超支。在本实验中，管理费用暂只考虑用于员工薪酬、招聘等项目。

（3）产品情况。公司最初产品为 P1 产品，以后随着市场对 P2 产品的需求，可选择生产销售 P2 产品。P2 的生产对公司的研发能力有要求，要有足够的研发能力才能进行相应的生产。具体要求如表 7 - 14 所示。

表 7 - 14　　　　　　　　　　P2 产品研发人员要求表

研发方式	方式一	方式二
P2	2 个高级技术人员	1 个高级技术人员，2 个中级技术人员

注：当技术人员数量不足时，该企业不能从事 P2 的生产和销售

（4）分配订单的规则。公司每周期上报《市场销售计划单》，公司按所报销售计划瓜分市场需求量。当市场需求总量小于各公司所报销售计划总额时，则根据公司销售部门人员的级别及其人数情况进行分配，排名前两名的公司能够满足销售能力（如不能满足前两名，则第一名优先满足，其余留给第二名），其他公司按比例瓜分剩余订单。

各公司所获订单 = 剩余订单数 ×（公司销售能力 ÷ 市场剩余销售能力）

当订单不能完成时，超出部分即为违约，按违约产品销售收入冲减当年销售收入。

（5）薪资规则。公司每周期期初提交本年度的《员工薪酬计划书》。最低薪资标准为 1 万/周期·人（低于最低薪资标准的按最低薪资标准计算）；工资标准以 0.5 万元为一个单位，如按提成比例计算，不到 0.5 的按 0.5 计算，超过 0.5 的按 1 计算。

管理层员工薪酬分为基本薪酬与绩效薪酬。绩效薪酬的考核标准是公司年度单位人均贡献率。它分为三档，由企业决定每档绩效工资金额。每一周期结束时，根据企业在市场中的人均贡献率的实际排名情况兑现绩效工资。

员工层的员工薪酬：基本薪酬 + 业绩薪酬

业绩薪酬 = 当年平均市场销售收入 × 公司所定提成比例

临时工、人事助理实行固定薪酬制。

（6）招聘规则。招聘渠道种类及费用如表 7 - 15 所示。

表 7 - 15　　　　　　　　　　招聘渠道及其费用情况表　　　　　（单位：万/次）

招聘渠道	费用
校园招聘	1（不限人数）
人才集市	2（不限人数）
媒体广告	3（不限人数）

各公司在年初时，填写《人才招聘竞单》。每一渠道中每类、每等级人员需有一张招聘竞单。各渠道优先满足总报酬（底薪＋奖金＋提成额）高的公司的人才需求。如果总收入相同，则比较底薪。如果底薪仍然相同，则由教师扮演的市场随机决定。短期劳动力市场会有一定数量的各类临时工，聘期为一年，进行公开招聘。应先满足收入高的公司；如果收入相同，则由教师扮演的市场随机决定。

各公司提交招聘申报表后，按校园招聘、人才集市、媒体广告顺序选聘人才。如果前一渠道已完成招聘计划，可申请放弃后一渠道。如想增加计划中没有选定的招聘渠道，可在该渠道开始招聘前申请增加。

公司对富余人员可进行辞退。公司主动辞退需支付辞退费，为年薪资的 10%。

（7）公司业绩的衡量。每周期期末根据各公司单位人均贡献率进行排名。

单位人均贡献率＝［销售收入×0.4－人工成本（招聘＋工资＋辞退）］/当期员工人数（不含临时工）

2. 在老师的安排下，开展模拟经营过程并及时填写各项表单

学生需要填写的表单，如表 7 - 16、表 7 - 17、表 7 - 18、表 7 - 19、表 7 - 20 和图 7 - 10 所示。

表 7 - 16　　　　　　　　　　　　员工薪酬计划书

第一周期　　　　　　　　　　　　　　　　　　　　　　　公司：

部门	职位	基本工资	绩效工资		业绩工资		预计总收入
			绩效奖金	考核办法	业绩奖金	业绩提成比例	
总经理办公室	总经理			前两名	/	/	
				居中	/	/	/
				后两名	/	/	
人力资源部	经理			前两名	/	/	
				居中	/	/	/
				后两名	/	/	
	助理			不考核	/	/	/

表7-16(续)

部门	职位	基本工资	绩效工资		业绩工资		预计总收入
			绩效奖金	考核办法	业绩奖金	业绩提成比例	
技术部	经理			前两名	/	/	
				居中	/	/	/
				后两名	/	/	/
	高级人员		/	/			
	中级人员		/	/			
生产部	经理			前两名	/	/	
				居中	/	/	
				后两名	/	/	
	高级人员		/	/			
	中级人员		/	/			
	临时用工		/	/	/	/	
销售部	经理			前两名	/	/	
				居中	/	/	/
				后两名	/	/	/
	高级人员		/	/			
	中级人员		/	/			
	临时用工		/	/	/	/	

填写人：人力资源部经理 审核人：总经理

表 7-17 员工薪酬计划书

第二周期 公司：

部门	职位	基本工资	绩效工资		业绩工资		预计总收入
			绩效奖金	考核办法	业绩奖金	业绩提成比例	
总经办	总经理			前两名	/	/	
				居中	/	/	/
				后两名	/	/	/
人力资源部	经理			前两名	/	/	
				居中	/	/	/
				后两名	/	/	/
	助理		不考核	/	/	/	

表7-17(续)

部门	职位	基本工资	绩效工资		业绩工资		预计总收入
			绩效奖金	考核办法	业绩奖金	业绩提成比例	
技术部	经理			前两名	/	/	
				居中	/	/	/
				后两名	/	/	/
	高级人员		/	/			
	中级人员		/	/			
生产部	经理			前两名	/	/	
				居中	/	/	/
				后两名	/	/	/
	高级人员		/	/			
	中级人员		/	/			
	临时用工		/	/	/	/	
销售部	经理			前两名	/	/	
				居中	/	/	/
				后两名	/	/	/
	高级人员		/	/			
	中级人员		/	/			
	临时用工		/	/	/	/	

填写人：人力资源部经理　　　　　　　　　　　　　审核人：总经理

人力资源财务核算表

第一周期：　　　公司：

表7-18　　　　　　单位：万元

上期现金余额（a)	80
招聘支出：	
校园	
人才	
媒体	
小计	
薪酬支出：	
管理人员基本薪酬	
销售人员基本薪酬	

人力资源财务核算表

第二周期：　　　公司：

表7-19　　　　　　单位：万元

上期现金余额（a)	
招聘支出：	
校园	
人才	
媒体	
小计	
薪酬支出：	
管理人员基本薪酬	
销售人员基本薪酬	

表7－18（续）　　　　　　　　　　　　表7－19（续）

生产人员基本薪酬	
技术人员基本薪酬	
临时人员基本薪酬	
小计	
绩效及业绩薪酬：	
管理人员绩效	
销售人员业绩	
生产人员业绩	
技术人员业绩	
其他	
小计	
辞退金支出：	
本期现金支出总计（b）	
本期现金收入总计	
本期现金余额（a－b＋c）	

生产人员基本薪酬	
技术人员基本薪酬	
临时人员基本薪酬	
小计	
绩效及业绩薪酬：	
管理人员绩效	
销售人员业绩	
生产人员业绩	
技术人员业绩	
其他	
小计	
辞退金支出：	
本期现金支出总计（b）	
本期现金收入总计	
本期现金余额（a－b＋c）	

备注：

单位人均贡献率＝［销售收入×0.4－人工成本（招聘＋工资＋辞退）］/当期员工人数（不含临时工）

第一期单位人均贡献率：

第二期单位人均贡献率：

核算人：人事助理　　　　　　　　　　　　审核：人事经理

表7－20　　　　　　　　　　市场销售计划单

公司：

	P1 产品销售计划	P2 产品销售计划
第一周期		
第二周期		

填报人：市场经理　　　　　　　　　　　　审核：总经理

校园人才招聘竞单

公司名称________ 人员类别________

能力级别________ 招聘数量________

底　　薪______/人 提成比例______/人

媒体人才招聘竞单

公司名称________ 人员类别________

能力级别________ 招聘数量________

底　　薪______/人 提成比例______/人

人才市场人才招聘竞单

公司名称________ 人员类别________

能力级别________ 招聘数量________

底　　薪______/人 提成比例______/人

临时工市场人才招聘竞单

公司名称________ 人员类别________

能力级别________ 招聘数量________

底　　薪______/人 提成比例______/人

图 7－10　招聘竞单

指导教师注意控制以下流程：

（1）在学生熟悉竞争规则后，发出召开各公司第一周期战略工作会议的指令，引导各公司制订公司发展战略，确定第一周期的经营目标。时间约 15 分钟。

（2）发出召开人力资源工作会议的指令，引导各公司确定各类人员需求量及需求缺口，制订薪酬计划，填写各渠道的招聘竞单。时间约 30 分钟。

（3）按照校园招聘、人才市场、媒体广告的顺序，统一进行各个渠道的人才招聘活动。时间约 5 分钟。

（4）各公司在平衡经营能力和调整人力资源后，制订市场销售计划，填写市场销售计划单。时间约 20 分钟。

（5）教师对市场订单按规则进行分配。时间约 5 分钟。

（6）各公司计算人均贡献率，并在总经理的主持下进行第一周期模拟经营和管理活动的总结，各部门均要总结发言。时间约 30 分钟。

按照以上程序开始第二周期的经营管理模拟。

3. 在每一周期结束后，计算企业绩效指标，并根据指标大小进行经营业绩的排名

4. 回答问题

（1）在所有步骤结束后，仔细回顾：在你们的经营活动中，对于计划、组织、控制工作，分别进行了哪些内容？并且是如何实现衔接的？在实验过程中，有哪些同学展现出了领导才能？其具体表现是什么？

（2）影响你们计划有效性的主要因素有哪些？你们制订的计划对业绩有怎样的影响？

（3）在实验中，你们进行组织分工的方式和依据分别是什么？各部门之间用哪些方式实现协调？

（4）用了哪些控制方法？效果怎样？

六、吴经理的一天

（一）实验目的

根据实验所设定的环境，在限定的时间里完成对各类事务的处理；通过对信息分析能力、计划安排能力、分析决策能力、沟通协调能力等的运用，全面锻炼统筹管理能力。

（二）实验要求

（1）学时数：4 学时。
（2）道具：背景资料。

（三）实验内容

（1）教师简要介绍实验目的和实验流程，回顾相关理论知识点。
（2）每个小组领取 2 份实验资料，在教师带领下了解背景信息和主要任务情况。
（3）每个小组提出一种解决方案，时间约 90 分钟。
（4）每个小组分别陈述方案，教师点评，时间约 90 分钟。

（四）实验材料

今天是××年×月×日，恭喜你有机会在接下来的几个小时内担任新华贸易公司人力资源部副总经理。由于人力资源部的刘总经理正在外地分公司视察，你将在他回来之前代理他的职务。新华贸易公司是一家大型国有股份制企业，其人力资源部下设三个处室：人事处、劳资处、福利处，分别处理人力资源调配、工资奖金和员工福利等工作。

现在是上午九点钟，在听取了下属的工作汇报、做好了今天的工作安排之后，你来到办公室。秘书已经将你需要处理的近日来的积压文件整理好，放在文件夹内。文件的顺序是随机排列的。你必须在一个半小时内处理好这些文件，并做出安排。十点半在会议室还有一个重要的会议等你主持。（可灵活采用约定面谈、电话、邮件、文件批示、便条等多种形式进行事务处理）

在公司，你被员工称为"吴副总"或"吴总"。

好了，现在可以开始工作了，祝一切顺利！

1. 文件一

吴总：

前一段时间，福利处对同行业的员工福利状况进行了一次调查。就每个月用于员工的人均福利费而言，我们公司位于同行业的中上水平。但考虑到现在行业的激烈竞争和员工的高流动率，为了增强我们公司的凝聚力和吸引力，我们认为，提高员工的福利待遇是一项有力的激励措施。因此，我们提出一项增加员工福利的计划，也就是将现在的人均福利费从 1 000 元/月提高到人均 1500 元/月的较高水平。不知您对这项计划的意见如何？

请指示。

福利处
年　月　日

2. 文件二

吴副总：

近几周来，有第三分公司员工反映他们的工资分配不合理，他们指责分公司经理王卫在进行绩效考核时不能客观、有效地对员工进行评定。此外，第三分公司还有克扣临时工工资的现象，他们有可能会集体罢工或辞职。

此事如何处理？请您批示。

劳资处
年　月　日

3. 文件三

吴总：

收到一份通知，本月××日在北京饭店召开北京地区大型企业人力资源管理研讨会。届时到会的均为各企业人力资源部总经理或副总经理以及国内外一些人力资源管理专家和学者。

您是否参加？请回复，以便我及早做出安排，办理相关报名事务。

开会时间：×月×日上午 8：00－11：30，下午 13：30－16：30。

秘书
年　月　日

4. 文件四

吴副总：

根据刘总经理上周的指示，我们做了一个工资分配调整方案，基本思路是增加公司核心岗位优秀员工的工资收入，吸引他们为企业长期服务，同时降低公司一般事务性岗位上员工的工资收入，因为他们可以很容易地被劳动力市场上的其他人所替代，他们的流动不会影响企业的发展。

此方案当否，请批示。

劳资处
年　月　日

5. 文件五

吴副总：

近期各部门相继反映，由于我公司的不断发展扩大，各部门的事务性工作量大幅度增长，因此需要聘用一批专职秘书以缓解各部门的工作压力。以往我们的做法是从公司的员工中选拔能胜任此项工作的人员。总的感觉是，这些员工从事一般性秘书工作是可以的；但是，从现代管理的角度出发，他们的个人素质还是限制了公司秘书工作的质量和效率。因此，我们拟从社会招聘一批素质较高的秘书人员，数额大约 20名，对此项工作您的意向如何？

另外，如果决定招聘这批秘书人员，您是否参加面试？请批示。

人事处
年　月　日

6. 文件六

吴副总：

公司办公室转来一封群众来信。信中说公司总务处员工李小军在其居住地扰得四邻不安，群众很有意见。如果情况属实，将会对公司名誉产生负面影响，特别是其居住地附近住着我们公司重要大客户的一些中高级管理人员。要求尽快处理此事。

秘书
年　月　日

附：群众来信

新华贸易公司：

我们是富豪居民小区24栋楼的部分住户。贵公司员工李小军在我们这里租房居住。他经常在家中搞舞会接待朋友，唱卡拉OK，夜里很晚也不结束，影响了我们正常的生活和休息。此外，他还常与社会上一些不三不四的无业人员来往密切，令人反感。希望贵公司能够对此人进行帮助教育。如果他继续这样下去，我们将与派出所联系解决。

24栋楼部分居民
年　月　日

7. 文件七

吴总：

根据我们的调查，公司中青年员工离职率高与公司现有住房制度有一定关系。目前，公司已停止为员工建设或购买住房，仅为员工提供住房补贴，让他们自行租房居住或由公司提供帮助向银行抵押贷款买房居住。但由于房价太高，中青年员工无力购买，租房又不稳定，员工没有安全感。我们考虑，是否可由公司出资建设或购买一些小型公寓，以适当价格出租给暂时无房的员工，并规定在一定的期限后迁出公寓，给后来的员工租住。这样可以使中青年员工安居乐业，降低核心员工流失率。此建议当否，请指示。如果可行，我们将向总裁办公室提出报告。

福利处
年　月　日

8. 文件八

吴副总：

最近，从财务部的部分员工那里反映上来的一些情况引起了我们的注意。您知道，前两个月我们刚刚从其他公司调入了具有丰富管理经验和特长的刘东林任财务部经理，目的是进一步开展财务部的工作。但近来我们发现，因为多种原因，原来的财务部副经理在与刘东林的工作配合上不尽如人意，并产生了一些矛盾。虽然二人之间的冲突尚未公开化，但已在财务部内部引起一些反映，并对工作和人员的情绪产生了不利的影响。这件事如何处理，想征求您的意见。

人事处
年　月　日

9. 文件九

吴总：

由于受全球金融危机的影响，公司近来效益有所下降。目前公司保持较高的薪酬有一定困难。总裁提出适当降低公司的薪酬水平，但这又有可能造成企业核心员工流失。另外，如果真的降低薪酬水平，是降低固定工资水平还是降低奖金水平？请批示。

劳资处
年 月 日

10. 文件十

吴副总：

关于开展"如何建设我们公司的企业文化"的讨论现已告一段落，我们计划下周三上午10点召开一个中层管理人员参加的专题讨论会。会议主题是：如何确立公司的企业文化、怎样建设我们公司的企业文化。会上想请您说一说对这个问题的看法。届时我们准备把您的讲话要点打印成文件下发。希望您务必参加，并将您的看法写成文字资料交给我们以便打印。

人事处
年 月 日

11. 文件十一

吴副总：

我们对近年来公司的人员变动情况进行了统计，将结果呈报给您。为了减少人员流动、保持员工的相对稳定性，我们采用了许多手段，如提高福利待遇水平、增加工资性收入、提高本公司工龄津贴水平，但总觉得收效不明显。我部对此问题探讨了很久，尚不能确定问题的症结何在，望您指示。

人事处
年 月 日

12. 文件十二

吴副总：

我们根据总裁办公室的意见，分析了目前公司工资水平及工资结构。与同行业其他公司相比，本公司的工资水平处于中上等，但这并未能对员工提高工作绩效产生良好的推动作用。我们认为，这可能是因为公司的固定工资和绩效奖金的比例不尽合理。目前，前者与后者的比例大致为8：2，绩效奖金所占比例太少，同等资历的员工即使工作绩效大不一样，但他们的收入相差也不大，这未能产生良好的激励作用。因此，我们建议调整公司的工资结构，将固定工资与绩效奖金的比例增加到6：4或5：5。

此建议当否，请批示。

劳资处
年 月 日

（四）实验点评

首先简要了解各事件的概况，根据轻重缓急迅速对事件进行简要排序，重要而且紧急的事件应首先处理。

分析事件信息，给出解决方案。注意：可要求进一步了解相关信息，并灵活选择不同的处理形式以帮助事件得到圆满解决。

七、取水实验

（一）实验目的

通过取水实验，全面锻炼计划、组织、沟通、领导和决策能力。

（二）实验要求

1. 分组要求

10～12 人分为一个大组，每个大组又分为 5～6 人的两个小组；在规定的时间内共同完成该实验项目。

2. 实验时间要求

（1）分组 3～5 分钟，阅读材料 3～5 分，答疑 5 分钟，共计 10～15 分钟。

（2）游戏过程时间安排

①在规定时间内完成游戏。增加寻求最优解环节，时间限制 30 分钟，共 90（60 + 30）分钟。

②未在规定时间内完成游戏，最多允许增加 30 分钟，共 110（80 + 30）分钟。

③公布各组路线与得分约 10 分钟。

④休息 5～10 分钟。

⑤反思，时间约 30 分钟。

⑥各组共享，时间为 20～30 分钟。

⑦教师总结，10 分钟。

实验合计 170～180 分钟，计划学时 4 学时。

（三）实验内容

1. 一队的任务说明书

（1）任务

你队的任务是用一只特别的、能装 100 只一公升瓶的容器在地图所示区域内收集空瓶，收到瓶子越多越好。每个瓶子都能装满一公升水，由于重量限制，你们收集的只能是空瓶。如果瓶里装满水的话，必须把水倒掉。倒水及装瓶的时间不计算入内。

你队必须集中行动，穿梭于旅店之间。

你们可以以 5 公里的时速行进，但下午三点前必须返回营地，路上不能停留或等待。在规定时间内每收回一只空瓶，得 10 分。

（2）路线设计

你队的任务是从如图 7-11 所示的旅店内收集空瓶，一只瓶子得 10 分。

你队总分加上另一队的得分即是两队的累计分。累计分至少必须达到 1 750 分，多多益善。

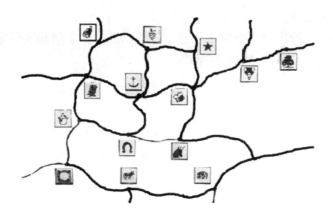

图7-11　一队和二队的地图

选择一条能得高分的路线，把所做选择告知情报中转站，我们会将你们两队的累加分告诉你。允许任意多次尝试不同的路线，看选哪条得分更高。

如果能在60分钟里完成这个练习，你队将得50分的额外奖。

（3）瓶子的位置

有两支队伍参加，你队作为一队制订计划。两队将在同一地图所示的同样区域内执行相似的任务。

你队的营地设于起锚旅店。你队于早上8点出发，下午3点返回，任务是收集空瓶。你知道能在下列地方找到水瓶，如表7-21所示。

表7-21　　　　　　　　　　　　　　一队可找到的水瓶

君首旅店	10瓶
鼓栈	10瓶
野猪扣哨子旅社	20瓶
皇冠宾馆	20瓶
马蹄旅店	20瓶
独角兽旅社	20瓶
大象旅社	10瓶

（4）交流

你队想与另一个队交流，可将你队的信息写在白纸上交到情报中转站，情报中转站可以为你队传递信息。同样你队也能够获得信息。信息到时我们会通知你队。使用中转站没有限制。

两队也可以面谈。练习开始后20分钟内两队不能会面，之后每20分钟可以面谈一次，时间为1分钟。每队只能有一名队员参加，面谈不能携带任何文件或书写工具，会议安排通过中转站进行。

（5）行进时间

表 7 - 22 是你队在旅店间行进分别所需的时间，以分计算。

表 7 - 22　　　　　　　　　　一队在旅店间行进所需的时间

老公牛——大象	90	皇冠——君首	90	起锚——马蹄	90
大象——独角兽	150	君首——钟铃	30	葡萄——星星	30
独角兽——马蹄	30	钟铃——葡萄	60	独角兽——鼓	90
马蹄——皇冠	60	葡萄——起锚	30	鼓——星星	30
皇冠——满月	60	君首——起锚	60	鼓——野猪	90
满月——老公牛	90	起锚——鼓	30	野猪——橡树	30

2. 二队任务说明书

（1）任务

你队的任务是用一只特制的、能盛 100 公升水的容器去地图所示区域内提水，提回的水越多越好。由于重量限制，你队只能打水而不能收瓶子，但把水从瓶中倒入容器的时间不作考虑。

你队必须集体行动、穿梭于旅店之间。

你队可以以 10 公里的时速行进，但下午 5 点前必须返回营地。

路上不能停留或等待，在规定时间内每提回 1 公升水得 10 分。

（2）路线设计

你队的任务是从如图 7 - 11 所示的旅店内提水，一公升水得 10 分。

你队总分加上另一队的得分即是两队的累计分。累计分至少必须达到 1 750 分，多多益善。

选择一条能得高分的路线，把所做选择告知情报中转站，我们会把你们两队的累加分告诉你队。允许任意多次尝试不同的路线，看选哪条得分更高。

如果能在 60 分钟里完成这个练习，你队将得 50 分的额外奖励。

（3）水的位置

有两支队伍参加。你队为二队制订计划。两队将在同一地图所示的同样区域内执行相似的任务。

你队驻营在老公牛旅店，早上 10 点起程，下午 5 点返回，任务是提水。你知道能在下列地方找到水瓶（每瓶容量 1 公升），如表 7 - 23 所示。

表 7 - 23　　　　　　　　　　二队可找到的水瓶

钟铃宾馆	10 瓶
葡萄旅社	10 瓶
星星旅店	10 瓶
皇冠宾馆	20 瓶

表(续)

马蹄旅店	20 瓶
独角兽旅社	20 瓶
皇家橡树	20 瓶

（4）交流

你队想与另一个队交流，可将你的信息写在白纸上交到情报中转站，情报中转站可以为你队传递信息。同样你也能够获得信息。信息到时我们会通知你。一条信息可容纳 30 个字。使用中转站没有限制。

两队也可以面谈。练习开始后 20 分钟内两队不能会面，之后每 20 分钟可以面谈一次。

在历时 2 分钟的面谈会上，每队只能有一名队员参加，且不能携带任何文件或书写工具。会议安排通过中转站进行。

（5）行进时间

表 7 - 24 下是你队在旅店间行进分别所需的时间，以分计算。

表 7 - 24　　　　　　　　　二队在旅店间行进所需的时间

老公牛——大象	45	皇冠——君首	45	起锚——马蹄	45
大象——独角兽	75	君首——钟铃	16	葡萄——星星	15
独角兽——马蹄	15	钟铃——葡萄	30	独角兽——鼓	45
马蹄——皇冠	30	葡萄——起锚	15	鼓——星星	15
皇冠——满月	30	君首——起锚	30	鼓——野猪	45
满月——老公牛	45	起锚——鼓	15	野猪——橡树	15

3. 一队和二队的地图，如图 7 - 11 所示。

（四）实验点评

1. 反思引导问题

（1）做这一游戏反映了我们工作环境中的哪些问题？

①游戏进程中的小组行为。

②游戏规则中对于工作环境的隐喻。

（2）若要提高游戏得分——盟友组总得分，我们应该怎样做？联系到工作中，如果要提高工作绩效，我们能做些什么？

①自身行为，团体行为。

②游戏规则。

2. 感悟要点

（1）同理心与自我参照准则

我们每个人在思考问题、做出判断和采取对策时，都容易采用自我参照准则。即根据自己的目标、利益、思维方法、做事准则来推测他人的思维与行为，即"以己推人"。

因此，有的小组就会认为盟友组的目标也是取水（瓶），并且认为这是理所当然的。这就容易出现利益的冲突（赢—输）模式的思维方法。因此，就会出现盟友组避开采集点，取用资源的情况。事实上，每个人的目标与利益有所不同，可以通过合作各取所需，共同获得更大利益（如同游戏中一个取瓶，一个取水）。因此在合作时，可以在了解对方所需以及其目标后，再决定是协作，还是分割工作区域，以免互相干扰。

（2）信息共享与沟通。工作环境中，部门间的关系如同盟友组一样，需要合作，需要沟通，才能有效完成工作。而部门间的信息沟通是一个瓶颈环节。游戏中中转站的设置就是一个沟通障碍，信息只有通过中转站才能交流传达，这大大降低了沟通速度与效率。企业在组织设置时也存在此类问题。

而20分钟一次的面谈隐喻了部门间的信息交流往往是由领导个人采取的行为。这种交流显然也是效率低下的。因此，部门间应打破藩篱，充分共享信息，了解彼此的目标与需要，提供对对方可能有用的信息（类似于游戏中，互相交换采水点资源信息），在达到己方目标的同时协助对方达到目标。

（3）整体与局部（部门）利益。部门利益的提升不应以毁坏总体利益及资源为代价。有时部门利益的提高无意中会给其他部门带来麻烦，造成不可挽回的损失（如游戏中，先取瓶的组可能将水倒掉，毁坏资源）。

协作与配合应该有三个层次：

①不考虑其他部门（人）的利益，达到自己目标的最优化就可以了。"其他人的目标不关我的事"。

②考虑其他部门（人）的利益，避免利益冲突，权责区分明确。"我们各管一块，互不冲突"。

③进行协作。我们怎样做才能提升我们二者的利益。为了这一目标需要我做什么，我是否能做到？我需要对方哪些协助？我们如何协调工作步调？（如游戏中，共走路线，先走水，后走瓶）

（4）组织规定的协调与优化。有时，企业各部门间的利益冲突是由于组织规定不合理形成的（例如游戏中，共享路线应该二队先走，一队后走，但游戏规则规定一队8点出发，而二队10点出发。若双方同时向共享路线的起点皇冠走，则一队先到45分钟，可能造成资源浪费）。如果能根据各部门实际情况，改进规定，就会减少部门间利益冲突，提高功效。

（5）沟通。

①信息控制与保密应适当。部门内信息的共享可以加速信息的理解与统一认识的过程，也有利于开发每个人的智慧，使大家积极思考，协助决策。每小组只有一份资料阻碍了信息共享。某些企业出于保密的考虑，为了防止资料外泄，控制文字材料或其他信息。有时可能要以沟通效率下降为代价。

②圆桌会议。头脑风暴的方法对于组内发散性思维是有利手段。

③会说。能够清楚地告诉别人你的目标与需要（自己成功的必要条件），取得对方的理解与支持。

④会听。能够正确地理解别人告诉你的信息。如果不确定，会利用结构式提问求证。

（6）工作中应有所取舍，很难做到利用所有资源，获取所有利益。

（7）时间压力与目标选择。

有时由于时间压力，很难保证在规定时间内圆满完成任务。此时可以考虑降低目标，将完成工作任务放在第一位。如：有的组认为在规定时间内不能完成最优化路线，他们就选择满意目标（合起来达到必须分值）。

（8）互相信任与换位思考。

在游戏中，二队与一队的速度不一样，二队的速度为一队的 2 倍，因此在沟通路线时会出现一队认为二队无法走完那么多水点的情况。类似的，在现实工作中，互相不理解不信任，也是会产生的。这与我们习惯使用自我参照准则思维有关。在工作中，应当尽量相信其他部门行为与要求的合理性，因为这对于他们往往是合理的优化过的选择。

3. 游戏答案：

取水游戏最高分可达到 1 900 分，加上加分 100，合计 2000 分。

（1）路线

二队：公牛——满月——皇冠——马蹄——独角兽——鼓——野猪——野猪——鼓——独角兽——大象——公牛。

比规定时间提前 5 分钟到达。

得分：1000 分

一队：锚——葡萄——锚——君首——皇冠——马蹄——独角兽——鼓——锚

或 锚——君首——铃——君首——皇冠——马蹄——独角兽——鼓——锚。

规定时间正好用完。

得分：900 分。

（2）要点

二队于 11 点 15 分到达皇冠，一队于 11 点 30 分到达皇冠，只要二队比一队先到重合路线，则共享资源不会浪费。因此，一队可以去葡萄或铃一次，等二队到皇冠后再到皇冠。

八、一次管理练习

（一）计划

（1）实验情景

王散、周易是商场上的朋友。两人均对经营儿童玩具有共同想法，于是相约合作设立儿童玩具的经营门店。同时，两人对前期筹备工作进行了大致的分工：王散负责联系供应商，拓展初期客户；周易负责制订门店设置计划，内部机构建立以及人员招募。同时约定：各门店负责人的人选需要两人同时决定。之后，两人各自顺序开展工作。

（2）实验安排

①根据参与实验的小组情况，分别确定实验角色：王散及其团队、周易及其团队、

各经营门店（数量不等）。

②实验任务

——确定该店经营宗旨，以及前三年的经营目标；

——王散及其团队拟定前三年的市场开拓计划，以及物资供应计划；

——周易及其团队制订门店设置计划，拟定门店负责人的招募标准；

——各经营门店制订第一年的经营计划。

③计划用时：4 学时。

（3）课前准备

①掌握计划的理论知识；

②多渠道了解儿童玩具行业的市场状况及基本常识。

（4）实验小组相互交流、互评；教师总结

（5）填写实验报告，上交各项计划案

（二）组织

（1）实验情景

王散认可了周易的门店设置计划，二人商定可据此设置企业的组织机构，并开始门店负责人的招募和安置。

（2）实验安排

①实验任务。

——确定企业的组织机构（确定主要的职能部门和经营部门）。

——拟出主要的职能部门和经营部门的职能说明书；明确内部工作流程。

——分解目标任务，要求分解到二级经营部门。注意处理好"三年的经营目标"与"第一年经营计划"的关系；处理好部门职责与目标任务的关系。

——模拟招募各门店负责人。

②根据机构设置要求，结合实验参与的小组情况，确定小组承担的门店经营角色。各门店负责人进行岗位与人及任务的配置。

③计划用时：4 学时。

（3）课前准备

①掌握组织设计的理论。

②多渠道了解对经营门店负责人的素质要求。

（4）实验小组相互交流、互评；教师总结

（5）填写实验报告

（三）运行与控制

（1）实验情景

前期准备就绪，门店生意正式开张。部门及门店各司其职，各负其责，进入营运阶段。与供应商、客户的联系也紧锣密鼓地展开。

（2）实验安排

①实验角色安排：供应商、门店、客户、考察小组。

②实验任务

——按照计划，各部门及门店各司其职，各负其责，进入营运程序。

——王散、周易两人承担对门店负责人的考察，看有无脱岗、违规情形；门店负责人承担对本门店员工的考察任务，看有无脱岗、违规情形。如有脱岗、违规情形，需要及时纠正。

——将考察结果记录在案，作为对门店负责人及员工的业绩评价依据。

——公布考察评价结果，分析形成特定结果的原因。

③计划用时：4学时。

（3）课前准备

①掌握控制的理论。

②多渠道了解对玩具经营门店的运行程序。

（4）实验小组相互交流、互评；教师总结

（5）填写实验报告

（四）领导与激励

（1）实验情景

前一、二季度运行平稳，全体员工情绪高涨，王散、周易二人也喜形于色。不料想，第三季度市场行情急剧变化，使经营变得不太顺利。首先是原材料价格上涨，供应商抬高商品价，致使运营成本增加；接着竞争加剧，销售下滑，加上有些客户拖延回款，加剧了企业的资金紧张，并因此影响了员工的收入。第四季度前一个月的情况没有好转，员工情绪因此不稳，有些员工甚至心生去意。面对这种形势，王散、周易二人深感忧虑，决定采取措施，改变现状。

经过努力，第四季度末，经营趋稳。同时，第二年的经营预期向好。

（2）实验安排

①实验角色安排：王散、周易，门店经理2人，员工数人。

②实验任务

——拟定分层次的、具体可实施的激励方案。

——王散、周易两人负责实施对门店经理的激励，门店经理负责实施对本店员工的激励。

——现场演示激励过程。

——现场评估激励效果。

③计划用时4学时。

（3）课前准备

①掌握领导与控制的理论。

②完成现场演示方案及激励方案。

（4）实验小组相互交流、互评，教师总结

（5）填写实验报告

第八章　管理学实验教学的相关支持文件示范

文件一："管理学实验教学大纲" 模板

一、课程代码

　　□□□□□□

二、课程名称

（一）中文名：

（二）英文名：

三、课程管理院、系

　　　　□□□□□□学院□□□□□□系

四、使用教材介绍

　　□□□□□□□□，□□□□□□□□。

五、大纲说明

（一）适用专业、层次

　　本校开设《□□□□□□》的相关院系的本科专业。

（二）学时与学分数

　　□□□学时，□□□学分。

（三）课程的性质、目的与任务

　　1. 本课程是一门□□□□□□□□□□□□□□□□。
　　2. 本课程的教学目的是□□□□□□□□□□□□□□。
　　3. 实验教学任务是□□□□□□□□□□□□□□。

（四）先行、后续课程

　　1. 先行课程：□□□□□□□□，□□□□□□□□。

2. 后续课程：□□□□□□□，□□□□□□□□。

（五）考核方式与成绩构成比例

1. 考试方式：□□□□□□□□。

2. 成绩评定：平时成绩（考勤占□□□%；作业占□□□%；实验课堂表现占□□□%；其他占□□□%）；实验报告成绩占□□□%。

六、纲目

实验项目一：□□□□□□□，□□□□□□□□。
实验项目二：□□□□□□□，□□□□□□□□。
实验项目三：□□□□□□□，□□□□□□□□。
……

七、课程学时分配表（如附表所示）

附表　　　　　　　　　　　课程学时分配表

序号	实验项目名称	实验项目类型						开设性质			学时安排	
		决策	计划	组织	领导	控制	综合	必修	选修	开放	课内	课外安排及说明
1												
2												
3												
4												
5												
合计												

注：表中"决策""计划""组织""领导""控制""综合""必修""选修"和"开放"栏可用"√"表示对应的选择。

八、建议教学参考书

1. □□□□□□□□□□，□□□□□□□□□出版社，□□□□□主编，□□□□年□□□□月。

2. ……

九、本教学大纲使用说明

□□□□□□□□□，□□□□□□□□□。

文件二："管理学实验项目教学指导书" 模板

一、本实验使用的设备、资料

1. 设备（含软件）：□□□□□□□□，□□□□□□□□□。
2. 必备资料清单
(1) □□□□□□□□，□□□□□□□□。
(2) □□□□□□□，□□□□□□□□。
……

二、本实验的目的、任务和要求

1. 目的：□□□□□□□，□□□□□□□□。
2. 任务：□□□□□□□，□□□□□□□□。
3. 要求：□□□□□□，□□□□□□□□。

三、本实验的内容

1. 所属类型：□□□□□□□，□□□□□□□□□。
2. 内容概要：□□□□□□，□□□□□□□□□。

四、实验基本步骤（实施流程）

1. □□□□□□□，□□□□□□□□。
2. □□□□□□□，□□□□□□□□。
3. □□□□□□□，□□□□□□□□。
……

五、实验控制注意事项

1. 实验记录及数据处理
(1) 实验记录要求：□□□□□□□，□□□□□□□□□。
(2) 数据处理要求：□□□□□□，□□□□□□□□□。
(3) 应急处理：□□□□□，□□□□□□□□。
……

2. 本实验的主导教学方法
(1) 提问：□□□□□□□。
(2) 角色扮演：□□□□□□。
(3) 案例研究：□□□□□□。
……

六、本实验其他特殊要求

1. 实验预习与准备：□□□□□□□，□□□□□□□□□。
2. 实验思考题
(1) □□□□□□□□□。
(2) □□□□□□□□□。
……
3. 实验报告的特殊要求：□□□□□□□，□□□□□□□□□。
4. 道具使用要求：□□□□□□□，□□□□□□□□□。
……

文件三： "管理学实验报告" 模板

□□□□大学 □□□□学院
管理学实验报告

实验名称：_____
专业、班级_____
学　号：_____
姓　名：_____
小组成员：_____
指导教师：_____

年　月　日

一、实验目的

二、实验过程

三、实验内容与结果总结

四、实验心得与体会

五、小组意见

组长：_____
年　月　日

六、指导教师意见

成绩：_____　指导教师：_____
年　月　日

参考文献

1. 邢以群. 管理学 [M]. 北京：高等教育出版社，2007.

2. 周三多. 管理学 [M]. 北京：高等教育出版社，2007.

3. 王凤彬，李东. 管理学 [M]. 北京：中国人民大学出版社，2005.

4. 斯蒂芬·P. 罗宾斯. 管理学 [M]. 李原，等，译. 北京：中国人民大学出版社，1997.

5. 周耀烈. 现代管理实验教程 [M]. 杭州：浙江大学出版社，2008.

6. 里基·W. 格里芬. 管理学 [M]. 刘伟，译. 北京：中国市场出版社，2008.

7. 彼得圣. 第五项修炼——学习型组织的艺术与实务 [M]. 张成林，译. 上海：上海三联书店，1998.

8. 胡铨. 管理核变来自互动：管理培训互动游戏 100 例 [M]. 北京：中国标准出版社，2002.

9. 瞿宝忠. 管理实验启示录 [M]. 上海：上海科学技术出版社，1989.

10. 陈丽新. 管理学实验教学的规划与设计探索 [J]. 北京工商大学学报：社会科学版，2008.

11. 陈丽新. 管理学实验课程的整体实验项目构成研究 [M]. 成都：西南交通大学出版社，2010.

12. 谢刚，万迪昉. 管理实验——管理研究的重要方法 [J]. 管理科学，2003 (2).

13. 万迪昉，谢刚，乔志林. 管理学新视角：实验管理学 [J]. 科学学研究，2003 (2).

14. 谢刚，胡笑寒，乔志林，等. 管理实验与设计研究 [J]. 管理工程学报，2004 (4).